KB259776

한국을 다시 위대하게

국민이 만들어 갑니다

"일찍이 아세아의 황금시기에 빛나던 등촉의 하나인 코리아 그 등불 다시 한번 켜지는 날에 너는 동방의 밝은 빛이 되리라." 인도의 시성(詩聖)으로 불리는 라빈드라나트 타고르(Rabindranath Tagore)가 1929년 당시 일제 식민 지배하에서 신음하던 조선 민족에게 보낸 시 구절이다. 우리나라는 5~7세기 동안 동아시아 강국으로서 전성기를 누리다가 그 후로 점점 형세가 기울어 20세기 초·중반 신흥 강대국인 일본에 나라를 뺏겨 36년간 식민 지배를 받은 것이다. 그런데 그 당시 시성 타고르의 예언대로 우리 대한민국은 일제 식민 지배와 세계 최빈국이라는 가난과 질곡의 기나긴 세월을 거쳐 오늘날 세계 10위권의 경제대국으로 우뚝 서게 되었다. 이제 남은 절차는 다시 한번 '코리아'의 등불을 환하게 켜서 동아시아를 밝게 비추는 것이다.

지금 우리나라에는 전혀 상반되는 두 개의 기운이 서려 있는 것 같다. 그 하나는 우리나라가 인공지능(AI) 시대 필수재인 메모리 반도체 등 일부 첨단기술 분야에서 세계 선두를 달리고 있는 것이다. 나머지 하나는 안보와 경제 불안, 민생 파탄, 각종 적폐 현상 등으로 나라 앞날이 깜깜한 가운데 정치권과 정부 그리고 전 국민이 현 위기를 벗어나 혁신과 번영을 이루고자 하는 의지를 전혀 보이지 못하고 있는 것이다.

그래도 다행스러운 것은 우리나라에 안 좋은 기운과 함께 좋은 기운도 함께 서려 있다는 점이다. 그 안 좋은 기운을 좋은 기운으로 돌려놓기만 하면 두 기운이 상생 작용을 일으켜 엄청난 빛을 발휘하게 될 것이며, 환하게 켜진 '코리아'의 등불이 다시 한번 동아시아를 밝게 비추게 될 것이다. 이 책은 그 두 번째 안 좋은 기운을 좋은 기운으로 돌려놓기 위한 방법론을 제시한 것이다. 아무쪼록 우리나라에서 두 기운이 상생 작용을 일으켜 동방을 환하게 밝히는 등불이 되고, 한국을 다시 위대하게 만드는 원동력이 되어주기를 빌고 또 빈다.

2025년 7월
지은이 이용우

CONTENTS

제4부 / 대한민국 미래비전

제1부

한국을 다시 위대하게

월드컵 4강 신화, 다시 쓸 수 있을까?

　2002년 6월 22일 광주월드컵경기장에서 열린 2002 월드컵 8강전에서 우리의 자랑스러운 태극전사들은 유럽의 강호 스페인을 꺾고 아시아 최초의 월드컵 4강 진출이라는 쾌거를 이뤄냈다.

　이날 우리 대한민국은 월드컵 공식 응원단인 '붉은악마'를 중심으로 끝없이 이어지는 붉은 물결이 광주월드컵경기장은 물론 서울 시청 앞 광장을 비롯한 전국 방방곡곡을 찬란하게 수놓았으며, '대~한민국'을 외치는 거대한 함성과 박수 소리에 온 나라가 들썩이고 세계를 놀라게 했다.

　지금 이렇게 23년 전의 일을 떠올리며 "아! 언제 또 그렇게 온 국민이 한마음 한뜻으로 똘똘 뭉쳐 '대~한민국'을 목청껏 외치면서 서로 손을 맞잡고 즐거워할 날이 있을까?"라고 되뇌어 본다. 월드컵이든 또 다른 일이든 "온 국민이 흥분의 도가니에 빠져 환호작약하면서 즐거워할 날이 또 언젠가 돌아올까? 아닐까?" 이렇게 생각이 오락가락하는 것은 지금 우리의 처지가 낙관적인지 비관적인지 갈피를 잡을 수 없기 때문이 아닐까?

대한민국의 명(明)과 암(暗)

오늘날 이 땅의 젊은이들 사이에 회자되는 단어 가운데 가장 먼저 떠오르는 것은 '헬조선'이 아닐까 싶다. 우리는 1960년대 초까지만 해도 필리핀은 물론 북한보다 못사는 나라였다. 그러다가 1960년대 중반 이후 급속한 경제 성장으로 지금은 세계 10위권의 경제 대국이 되었으나, 그동안 경제 성장 과정에서 심화된 부의 양극화 현상으로 인해 상대적으로 가지지 못한 계층에 속한 사람들의 삶은 팍팍하고, 계층 이동의 기회마저 사라져가는 것으로 인식하게 된 것이다. 더욱이 최근 들어 극심한 경제 침체, 집값·전셋값 급등, 고금리, 고물가 등으로 한국인의 삶은 갈수록 더 팍팍해지고 있는 실정이다. 이것은 우리나라가 유엔이 발표한 2024년 세계 행복지수에서 52위에 머물렀다는 사실에서도 잘 나타난다.

그러나 지금 우리에게는 꼭 이렇게 비관적인 면만 있는 것도 아니다. 생각하기에 따라서는 매우 자랑스럽고 희망적인 발전상들이 우리 눈앞에 펼쳐져 있다. 나 또한 여러 자료를 섭렵하면서 '헬조선'이라는 소리까지 듣는 우리나라에 이렇게까지 밝고 희망적인 요소가 많이 부존해 있는 것을 보고 놀라움을 금할 수 없었다.

　지난 문재인 정부의 경제 역주행 등으로 이대로 가다가는 정말 나라가 망할 것만 같았는데, 뜻밖에도 2021년 유엔무역개발회의(UNCTAD)에 의해 대한민국이 '개발도상국 그룹'에서 '선진국 그룹'으로 국가 위상이 높아지게 되었다. 더욱이 4차 산업혁명 시대 필수재로서 세계 강대국 간 최고의 경쟁 품목으로 부상(浮上)한 메모리 반도체 분야에서 세계 1위를 차지하게 되었고 스마트폰, 5G, 배터리, 조선(造船) 등 첨단산업 분야에서도 최강자의 반열에 올라 있다. 또 2022년 6월 21일 순수 우리 기술만으로 '누리호'를 지구 궤도에 올려놓음으로써, 실용 위성을 실어 우주로 쏘아 올린 세계 일곱 번째 나라가 되었으며, 드라마와 가요를 중심으로 출발한 '한류 1.0'은 디지털 신기술과 결합한 '한류 4.0'으로 도약해 전 세계를 휩쓸고 있다. 전 세계적으로 인기를 끈 넷플릭스 시리즈 '오징어 게임 3'은 2025년 6월 기준 전 세계 93개국에서 1위를 차지했다. 이제 우리 대한민국은 경제력, 군사력 중심의 '하드파워'와 문화력 같은 '소프트파워' 부문 모두에서 강대국들과 당당히 겨룰 수 있는 실력을 보유하게 된 것이다.

　그동안에 정작 국가 혁신과 발전을 주도해 나가야 할 책무를 지닌 정치권과 지도층은 오직 이념과 진영 대결 및 기득권 유지에 몰두하면서 혼돈과 퇴행만 이어가는 와중에, 대한민국이 망하지 않고 오히려 이만한 성과를 누리게 된 것은 오로지 삼성, SK, LG, 현대, 한화 등 우리나라 대표기업과 창의력 넘치는 한류 메이커들의 덕분이라 할 것이다. 미국, 중국, 일본, 대만 등 경쟁국 정부들이 쏟아내는 수준의 전폭적 지원은커녕, 이들 경쟁국들에 존재하지 않는 반(反)대기업 정서와 온갖 비합리적 규제 속에서 이뤄낸 성과다. 따라서 지금부터라도 미국, 중국, 일본, 대만 등 경쟁국들 수준의 친(親)기업 정책과 전폭적 지원, 규제 완화가 이뤄진다면 대한민국은 지금 우리가 상상할 수 없을 정도로 기적 같은 성장을 다시 한번 이룩할 수 있게 될 것이다.

현 위기를 기회 삼아 지금부터 이 책에서 논의하고자 하는 각종 개혁 과제들을 차질 없이 수행하기만 하면, 머지않아 온 국민이 '위대한 대한민국'을 목청껏 외치면서 서로 손을 맞잡고 즐거워할 날이 반드시 오게 될 것이다.

일체유심조(一切唯心造)
: 세상 모든 일은 마음먹기에 달렸다

삼국시대 신라의 고승 원효대사는 '일체유심조'라는 명언을 남겼다. 세상 모든 일이 '마음먹기'에 달려 있다는 말이다. 얼핏 생각하면 그리 대단하지 않은 평범한 이야기처럼 여겨지기도 한다. 그러나 생각하면 생각할수록 의미심장하고 한 사람의 인생뿐 아니라 한 나라의 운명을 바꿀 수도 있는 심오한 철학이 담긴 말이라고 할 수 있다. 동서양의 난해한 여러 고전과 철학을 다 섭렵하는 것은 무척 어려운 일이지만, '일체유심조'라는 다섯 글자를 깊이 이해하고 실천하기만 해도 불행을 행복으로, 실패를 성공으로 이끌어 줌으로써 더없이 행복한 삶을 영위할 수 있다고 생각한다.

지금 밖으로 눈을 돌려 지구촌 여러 곳의 모습을 한번 둘러보자. 안심하고 먹을 물조차 구하지 못해 흙탕물과 더러운 물을 마시며 힘겹게 살아가는 아프리카 빈민과 어린이들. 그래도 이들은 우크라이나 사람들에 비하면 나은 편이다. 지금까지 우크라이나는 21세기 최첨단 문명 시대에 도저히 있을 법하지 않은 강대국 침공으로 국가 운명이 풍전등화인 상황에서 볼로디미르 젤렌스키 대통령의 뛰어난 지도력에 부응한 국민들의 결사 항전 의지, 그리고 미국과 유럽 주요국들의 지원 덕에 3년을 잘 버텨왔다. 그런데 트럼프 2기 출범과 함께 철석같이 믿었던 미국이 돌연 태도를 돌변하면서 또다시 한 치 앞을 내다볼 수 없는 위기 상황에 몰리게 됐다. 우크라이나에서는 아무 죄 없는 선량한 사람들이 지난 3년간 10만 명 넘게 죽거나 다쳤으며, 1,000만 명이나 되는 많은 사람들이 한순간에 집과 터전을 잃고 정처 없이 떠돌고 있는 실정이다.

우리는 지금 우리가 처해 있는 경제 침체, 집값·전셋값 급등, 고금리, 고물가 등 안 좋은 측면만 부각할 것이 아니라, 이와 같은 민생 불안을 초래하게 된 근본 원인이 무엇인지 한 번쯤 생각해 볼 필요가 있다. 사실 따지고 보면 우리나라에서 민생 불안을 초래하는 가장 큰 주범은 핵을 보유한 북한의 도발 위협이다. 북한 도발 위협만 없다면 우리 국민들의 행복지수는 지금보다 훨씬 높아질 것이다. 그렇지만 한순간 마음을 돌려 생각하면 북한의 도발이 우크라이나처럼 실제 상황으로 이어지지 않고, 우리가 대비할 수 있는 시간과 기회가 주어져 있는 것이 얼마나 다행스러운가. 우리는 지금 국가 안보와 경제를 우리 스스로 지키고 살려낼 기회가 주어져 있을 뿐 아니라, 부국강병을 위한 기초 체력과 실력도 충분히 보유하고 있다. 일체유심조다. 앞으로 우리에게 다가올 미래가 어떤 모습일지는 오로지 우리 마음먹기에 달렸다.

지금 우리는 우리나라가 처한 대내외적 환경이 최악의 상황이라고 당연히 생각할 수 있다. 국제적으로는 그동안 대외 의존도가 높은 우리 경제를 든든하게 떠받쳐 주었던 자유무역 질서가 서서히 무너져 내리면서, 갈수록 침체의 늪에 빠져들어 가는 우리 경제에 치명적 타격을 줄 수 있는 보호무역주의가 성행하고 있다. 또한, 트럼프 2기 들어 미국 우선주의 강화로 북한 핵 위협에 대한 확장 억제 보장을 확실히 장담할 수 없게 되는 등 안보 불안마저 가중되고 있는 실정이다. 게다가 국내적으로는 탄핵 여파로 정치권이 평정심을 잃고 극심한 분열과 상호 불신을 가중시키면서 국민 통합을 저해하고 민생을 도탄에 빠뜨리고 있다.

하지만 이 또한 한순간 마음먹기에 따라서는 이 모든 불행이 기회가 될 수도 있다. 미국 우선주의와 미국의 대중 제재 덕분에 우리는 최근 들어 무서운 기세로 추격해 오는 중국과의 초 기술 격차를 유지하거나 추격을 늦출 수 있었고, 우리나라가 국제 자유무역 질서가 무너져 내리기 직전에 선진국 대열에 진입할 수 있었던 것도 행운이라 할 수 있다. 무엇보다 다행인 것은 인공지능(AI)이 세계적인 기술 트렌드로 부상하는 시대에 우리나라가 AI 구현에 필수 요소인 반도체 메모리 분야에서 아직까지 세계 1위를 고수하고 있으며, 미국이 목말라하는 조선(造船)업 분야에서 세계 2위의 경쟁력을 보유하고 있다는 사실이다.

미국 우선주의는 미국에 대한 과도한 안보 의존 행태를 반성할 수 있는 계기로 작용해 우리의 자주국방 의지를 고취할 수 있는 기회가 될 수 있다. 깜깜한 밤이 지나야 새벽이 오는 법이다. 그동안 탄핵 여파로 우리 정치권이 최악의 분열과 상호 불신하는 모습을 보여주고 있지만, 한편으로는 2025년 조기 대선을 계기로 진보 성향의 더불어민주당(민주당)이 파격적인 우클릭 행보를 보이기 시작했다는 점도 한 가닥 희망의 불씨를 지피는 듯 보인다. 집권 후 공약(空約)이 될 수도 있지만 그래도 선언 그 자체만으로도 꽤 의미가 커 보이는 것은 사실이다. 국민의힘(국힘)도 그동안 거리를 두어 왔던 '아스팔트 극우 세력'이 안방까지 들어와 공생하게 되는 등으로 중도층이 등을 돌릴 수도 있는 최대 위기 상황이지만, 어쩌면 극심한 위기 상황에서 뼈아픈 자성을 통해, 그동안 한없이 미뤄 오기만 했던 당 혁신을 단행함으로써 환골탈태할 수 있는 소중한 기회를 맞이한 것으로 볼 수도 있다.

제2부

위기는 개혁을 부른다

위기의식 결여:
위기를 인식하지 못하는 것이 진짜 위기

1957년 10월 4일 소련이 인류 최초의 인공위성인 스푸트니크 1호를 쏘아 올리자 미국 국민들의 충격은 두려움으로, 두려움은 분노로 바뀌었다. 그동안 정부는 뭐 했느냐는 비난이 쏟아지면서 '우리가 어쩌다 2등이 됐느냐'라는 탄식이 터져 나왔다. 의회는 우주개발 예산을 늘려야 한다고 정부를 압박했다. '스푸트니크 충격'은 미국이 본격적으로 우주 경쟁에 뛰어드는 계기가 됐고 군사, 과학기술 및 항공·우주 분야에서 대규모 연구 프로젝트와 초대형 투자가 이어졌다. 1958년 10월 1일 미항공우주국(NASA)이 창설된 것도 이 사건이 계기가 됐다. 이후 외부 충격에 위기의식을 느끼고 분발해야 할 때 '스푸트니크 충격'이라는 말이 회자되곤 했다. 결국 미국은 1980년대에 이르러 소련과의 우주 패권 경쟁에 승리하게 되고, 1991년 12월 26일 마침내 소련은 붕괴되었다.

우리는 어떤가? 북한은 2006년 10월 제1차 핵실험을 시작으로 2017년 9월 제6차 핵실험까지 여섯 차례나 핵실험을 강행했으며, 11월에는 미국 본토에 도달할 수 있는 대륙간탄도미사일(ICBM) 시험 발사에 성공했다. 이것은 소련이 미국보다 먼저 인공위성을 쏘아 올린 것보다 10배, 100배나 더 충격적인 사건이었다. 스푸트니크 쇼크는 소련이 우주 경쟁에서 미국보다 한발 앞서간 정도였지만 우리는 핵 개발을 하고 싶어도 할 수 없는 상태에서 북한이 먼저 핵 개발에 착수해 결국 10여 년 만에 성공한 것을 의미한다. 미국은 소련이 우주 경쟁에서 한발 앞서간다고 해서 자국 안보에 큰 영향이 미치는 것도 아니지만, 우리에게는 북한 핵 개발이 국가 안보에 심각한 위협이 되는 일이다.

그런데 우리 국민들은 어쩌면 위기 불감증에 걸린 것은 아닌지 모르겠다. 북한이 여섯 차례에 걸쳐 핵실험을 하건, ICBM을 쏘아 올리건, 북한 무인기가 우리 상공을 휘젓고 다녀도 그다지 놀라거나 개의치 않는다. 우리 경제가 저성장의 늪에서 헤어나지 못하는 가운데, 그나마 우리 경제의 버팀목이 되어주는 반도체 수출이 반토막 나는 등 심상치 않게 돌아가도 정치권이나 국민들에게서 위기의식을 전혀 찾아볼 수 없다.

2013년 4월 미국 경영 컨설팅 회사인 '맥킨지 글로벌 연구소'는 보고서를 통해 "지금 한국 경제는 뜨거워지는 냄비 속의 개구리와 같다"라고 지적했다. 개구리를 물속에 넣고 서서히 데우면 자신이 죽어가는지도 모른다는 것이다. 그리고 2018년 8월 "한국 경제는 여전히 물이 끓는 냄비 속 개구리 상태다. 5년 전보다 물 온도는 더 올라갔다"라고 경고했다. 문제는 그로부터 또다시 7년이 지난 지금 미국 우선주의를 내세우는 트럼프 2기 들어 우리 안보와 경제가 예전보다 훨씬 더 심각한 위기 상황임에도 뜨거운 냄비 속 분위기는 전혀 달라진 것이 없다는 사실이다. 세계는 2차 대전 이전의 정글 세상으로 회귀하고 있는데, 우리는 연작처당(燕雀處堂)[1]의 우(愚)를 범하고 있는 것 같다. 이것이야말

---

1) 처마 밑에 사는 제비와 참새처럼 편안한 생활에 젖어 위험이 닥쳐오는 줄도 모른다.

로 진짜 위기가 아닐까?

위기를 제대로 인식하여
개혁의 첫발을

지금 우리나라는 트럼프 2기 들어 안보와 경제 위기가 한층 더 심각해졌음에도 위기를 제대로 인식하지 못해 그 자체로 위기 상황이다. 그러니 지금부터 정치권과 정부 그리고 전 국민이 현재 우리가 처해 있는 안보와 경제 위기 상황을 똑바로 인식하고, 한마음 한뜻으로 결집하여 위기 극복 대열에 동참해야 한다.

북유럽 낙농 강국인 덴마크는 1864년 당시 프로이센과의 전쟁에 패하여 국토의 대부분을 빼앗기고 남은 땅도 대부분 황무지로서 국민들은 실의에 빠져 나라가 망하기 직전이었다. 그때 퇴역 장교인 엔리코 달가스(Enriko Mylius Dalgas)가 나서서 국민들에게 위기의식을 심어주고 "밖에서 잃은 것을 안에서 찾자"라고 외치며 위기를 대역전의 기회로 만들기 위한 국가부흥 운동을 일으켰다. 이에 덴마크 국민들은 다 함께 황무지 개간에 나서 거친 땅을 옥토로 만들어 가며 세계적인 낙농업 국가를 건설하는 토대를 구축하였다.

개혁의 필요성

◆ 왜 '개혁'을 하지 않으면 안 되는가

우리 대한민국은 세계 주요 강대국에 둘러싸인 지정학적 여건과 남북 대치 상황으로 인해 세계 10위권의 경제력을 가졌으면서도 19세기 말처럼 주변 강대국의 그림자에서 완전히 벗어나지 못한 상태에 있다. 만약에 우리나라가 현재의 국력으로 한적한 남아메리카 대륙 어딘가에 존재해 있다면 전 국민이 위기의식을 전혀 느끼지 않고 풍족한 삶을 누릴 수 있게 될 것이다. 그런데 현실은 그렇지 못하다.

우리는 숙명적으로 초목이 우거진 초원에서 한가로이 풀을 뜯는 것이 아니라 사자와 호랑이 같은 맹수들이 득실거리는 정글에서 치열한 생존경쟁을 벌여야 하는 처지에 놓여 있는 것이다. 우리가 사는 세상이 따사롭고 평온한 초원이 아니라 냉혹하고 살기등등한 정글 속이라면 우리가 사는 방식도 이에 따라야 할 것이다. 우리가 다른 맹수들의 지배를 받거나 잡아먹히지 않으려면 우리 스스로 지혜를 갖추고, 힘을 기르고, 단결하지 않으면 안 된다.

다시 말해서 한적한 남아메리카 대륙 어딘가에서 이름 없는 나라들과 어울려 살아가는 방식과 격동하는 동아시아에서 주요 강대국들과 함께 살아가는 방식은 엄연히 다를 수밖에 없는 것이다. 우리는 싫든 좋든 중국, 일본, 러시아 등 주변 강대국들 못지않게 담대하고 비범한 국가 경영 스타일을 유지하지 않으면 안 된다.

우리가 비대칭 전력에서 우리보다 월등한 북한과 대치 상태에 있으면서, 동시에 우리보다 영토, 인구, 경제력, 군사력 면에서 월등한 주변 강대국들과 함께 동아시아의 일원으로서 안전하게 살아갈 수 있으려면, 고강도 국가 개혁을 통해 하루속히 부국강병을 이룰 수 있도록 속도를 내는 수밖에 없다.

세계 최대 투자은행인 모건 스탠리(Morgan Stanley)의 신흥시장 부문 총괄 사장인 루치르 샤르마(Ruchir Sharma)는 『After the Crisis(위기 후 10년)』에서 이렇게 말했다. "국가는 위기로부터 벗어나기 위해 안간힘을 쓸 때 더 나은 변화를 할 가능성이 가장 높다. 그리고 국가가 곤란한 입장에 처해 있을 때 일반 대중과 정치 엘리트들은 가혹한 경제 개혁을 수용할 가능성이 가장 크다. 반면에 경제가 호황일 때에는 부단한 개혁이 필요하다는 사실을 인식하지 못한 채 안주함으로써 국가가 최악의 상태로 변할 가능성이 높다".[2]

우리는 안보와 경제 위기가 심각한 상황에 처해 있는 지금이 개혁의 적기라고 생각해서 정치권, 정부, 기업 그리고 전 국민이 합심하여 현 위기를 기회로 만들기 위한 국가 개혁 추진에 총력을 기울이지 않으면 안 된다.

---

2) 루치르 샤르마 지음, 이진원 옮김, 『After the Crisis(위기 후 10년, 다음 승자와 패자는 누구인가)』, 더 퀘스트, 2017, 110~111쪽.

◆ 나약한 토끼에서 포효하는 호랑이로

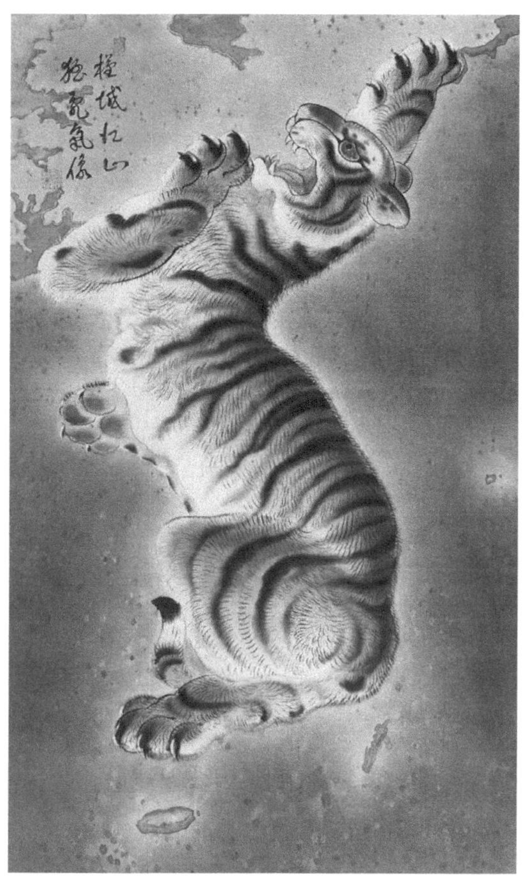

남북한을 합한 한반도 지도를 동물로 형상화한다면 어떤 모습일까?
생각하기에 따라서 토끼 모습으로 나타낼 수도 있고 호랑이 모습으로
나타낼 수도 있을 것이다. 16세기 조선 시대 풍수지리학자였던 남사고
(南師古)는 조선 명종 때 저서인 『산수비경(山水秘境)』에서 "한반도는 백
두산 호랑이가 앞발로 만주 땅을 할퀴는 형상이고, 백두산은 호랑이

의 코, 호미곶(虎尾串)[3]은 호랑이의 꼬리에 해당한다"라고 말했다. 반면에 20세기 초 한일합방 직전에 일본은 조선통감부를 중심으로 조선인을 나약한 민족으로 깎아내리기 위해 한반도를 토끼 모습으로 비유해서 널리 퍼뜨렸다고 한다.

'일체유심조'다. 단 하나뿐인 한반도 땅덩어리를 토끼 모습으로도 볼 수 있고 호랑이 모습으로도 볼 수 있는 것처럼, 우리가 사는 그리고 자손만대에 걸쳐 살아가야 할 대한민국을 특별한 비전이 없는 보통 국가로 생각할 수도 있고, 웅대한 비전을 지닌 잠룡 국가로 생각할 수도 있을 것이다. 우리는 '현 위기 상황을 대충 넘겨서 주변 강대국들의 눈치를 보며 살아가는 약소국으로 전락할 것이냐, 국가 대개혁을 통해 동아시아 강국으로 자리매김할 것이냐'의 갈림길에서 어느 한 길을 선택해야 한다. 당연히 후자의 길을 선택해 국가 대개혁을 추진함으로써 한국을 다시 위대하게 만들어야 하지 않을까.

개혁의 허와 실

◆ 대증요법으로는 해결이 안 된다

지금 우리나라는 1970년대 말 영국이 '영국병'을 앓았던 것처럼 일종의 '한국병'을 앓고 있다. 따라서 우리나라가 앓고 있는 여러 병증의 원인이 무엇인지 정확하게 그리고 빠짐없이 찾아내어 개혁의 대상으로 삼

---

3) 경상북도 포항시 남구 호미곶면에 있는 장기반도의 돌출된 부분이다.

   한국을 다시 위대하게

고, 이를 치유·개선하는 데 심혈을 기울여야 한다. 그런데 이 과정에서 정말 유념해야 할 것은 근본적인 병의 원인을 찾아내 뿌리를 뽑을 생각을 하지 않고, 겉으로 드러난 증상에만 의존해 대중요법에 빠져들어 가는 우를 범해서는 안 된다는 점이다. 커다란 가마솥에서 펄펄 끓는 물을 식히고자 할 때 위에다 찬물을 계속 들이부어서는 물을 식힐 수 없다. 물을 식히고자 하면 물이 끓는 원인이 되는 아궁이의 땔나무를 빼어내야 한다(釜底抽薪).

마오쩌둥의 '대약진 운동'은 대표적인 개혁 실패 사례이다. 20세기 중반 중국 최고 권력자였던 마오쩌둥은 1958년부터 "10년 이내에 미국과 영국을 따라잡겠다"는 목표를 세우고 국가 경제 성장을 위한 '대약진 운동'을 시작했다. 그런데 당시 중국으로서는 서구 선진국보다 형편없이 낙후된 경제 구조와 경제적 폐쇄주의, 열악한 투자 환경 등 경제 발전을 가로막는 장애 요인들을 개선하는 방향으로 본격적인 개혁·개방 정책을 추진하여야 했다. 그런데도 자국 경제의 근본적인 문제점을 개선할 생각은 하지 않고 겉으로 드러나는 생산 실적에만 집착하여 인민에게 과도한 할당량을 부과하는 등 무모한 농공업 증산 정책을 추진함으로써, 농업 경제의 파탄과 대규모 아사자 발생[4] 등 엄청난 부작용만 가져왔다. 중국에서는 그로부터 20년이 지난 1978년부터 불세출의 개혁 지도자인 덩샤오핑에 의해 제대로 된 개혁·개방이 시작되었다.

---

4) 당시 취약한 산업구조에서 무리하게 공업 생산량을 늘리기 위해 농촌 인력까지 강제 동원하는 등으로 농업 생산량이 급격하게 저하된 데다, 과도한 식량 징발, 자연재해로 인한 흉년까지 겹쳐 2,000만 명이 넘는 아사자가 발생하게 된 것이다.

◆ 대처의 개혁: 영국병 치유

1980년대 영국은 지금 우리와 비슷한 경제 위기 상황에서 위기 극복을 위해 총체적이고 근본적인 개혁을 추진함으로써 국가 경제를 살리는 데 성공했다. 특히, 지금 우리가 앓고 있는 여러 병증도 당시 영국병 증세와 비슷하므로, 우리가 국가 개혁을 본격적으로 추진하면서 대처의 개혁 사례를 참조하는 것이 여러모로 많은 도움이 될 것으로 보인다.

1979년 5월 총리로 취임한 마거릿 대처(Margaret Thatcher)는 고질적인 영국병으로 위기에 처한 경제를 살리기 위해 취임 전부터 치밀한 사전 준비를 거쳐 '대처리즘(Thatcherism)'이라는 개혁 이념과 프로그램을 분명하게 설정해 둠으로써 취임과 동시에 본격적인 개혁에 착수할 수 있었다. 그렇지만 개혁의 성과가 금방 나타나지 않는 데다가 인플레와 불황이 동시에 발생하는 스태그플레이션 상황을 극복하기 위해 국민들에게 인기가 없는 재정 안정화 정책을 추진하는 과정에서 지지율이 떨어져, 1983년 총선에서 재집권이 어려운 상황이었다. 그런데 때마침 1982년 4월 아르헨티나가 영국령 포클랜드 제도[5]를 침공한 사건이 발생했고, 대처는 과감한 전략으로 아르헨티나군을 물리쳐 승리를 거두었다. 당연히 대처의 인기는 치솟아 올랐고 이후 두 차례 총선에서 재집권에 성공한 대처는 용의주도한 전략과 역동적인 추진력으로 집권 11년 동안 수많은 개혁 과제들을 성공적으로 추진할 수 있었다.

대처는 재정 안정화 정책과 함께 세율을 대폭 낮추고 각종 규제를 완화 또는 철폐하는 등 친기업 정책을 펼쳐 국가 경제 성장 동력을 되

---

5) 아르헨티나에서 동쪽으로 480㎞ 떨어진 곳에 있는 남대서양의 영국령 제도.

　한국을 다시 위대하게

살려 놓았다. 대처는 또 영국병의 가장 큰 원인 가운데 하나로 꼽히는 강성노조의 세력을 약화시키기 위해 강력한 노동 개혁을 추진하였다. 1980년부터 1988년까지 수차례에 걸친 고용법과 노동조합법의 개정을 통해 강성노조의 힘을 누그러뜨리고 노동 시장이 공정한 게임의 법칙으로 움직이도록 만들었다. 아울러 강성노조의 불법적인 파업 행위에 대하여는 단호하게 경찰력을 동원하여 이를 진압하고, 엄정한 법 적용을 통해 불법 파업 행위를 용납하지 않을 것이라는 정부의 확고한 의지를 보여주었다. 그 밖에도 대처는 집권 초부터 국영기업 민영화에 대한 명확한 목표와 전략을 수립하고 장기간에 걸쳐 단계별로 적절한 민영화 기법을 적용함으로써 재임 중 48개의 국영기업을 민영화하였고, 임기 막바지에는 빅뱅식 금융개혁을 추진하기도 했다.

대처의 개혁은 고질병인 영국병을 치유하고 영국 경제를 부흥시킨 성공 사례로 많은 사람의 입에 오르내렸으며, 대처리즘은 그 후 세계 경제의 흐름을 주도한 신자유주의의 효시가 되었다. 신자유주의는 그로부터 2000년대 중반까지 20여 년에 걸쳐 선진국의 경제적 부흥을 이끌어내는 데 주효했다.

◆ 슈뢰더, 메르켈의 릴레이식 개혁이 독일 경제를 살렸다

독일은 1990년 10월 통일 이후 구동독 주민들에 대한 복지 지출을 크게 늘리고 각종 통일 비용을 충당하느라 재정 상황이 극도로 악화되어 국가 경제가 위기에 처했다. 1998년 10월 총리에 취임한 좌파의 슈뢰더는 집권 5년 차인 2003년 3월 위기에 처한 경제를 살리겠다는 일념으로 소속 정당의 정치 이념을 초월한 중·장기 개혁 프로젝트인 '어젠다 2010'을 선언하였다.

그는 2010년까지 독일 경제·사회 분야의 고비용 구조와 비능률을 개혁함으로써 국가 경쟁력을 회복시킨다는 목표 아래 소득세율 인하, 근로자 해고 요건 완화 등 노동 시장 유연화, 복지 예산을 비롯한 정부 재정지출 축소 등의 우파적 개혁 정책을 강하게 밀어붙였다. 특히 '어젠다 2010'에 포함된 '하르츠 개혁'은 성공한 노동 개혁으로 유명하다. 즉 2002년부터 민간 전문가들만으로 구성된 '하르츠위원회'를 통해 작성된 노동 개혁안을 그대로 시행함으로써 위기에 처한 경제를 살리는 데 큰 기여를 한 것이다. 우리나라의 열악한 기업 환경 개선을 위해 노동 개혁이 절실한 마당에 노동 개혁의 롤모델이라고 할 수 있는 슈뢰더의 개혁 사례를 벤치마킹하는 것도 매우 유용할 것이다.

그런데 첫 개혁을 주도한 슈뢰더 전 총리는 지지도 허락으로 2005년 총선에서 우파인 기민당에 정권을 내주게 되었다. 이때 집권한 우파의 메르켈 전 총리는 여론의 거센 반대를 무릅쓰고 슈뢰더 전 총리의 개혁 정책을 계승하여 그대로 밀고 나갔다. 메르켈 전 총리는 집권 후 내각의 절반을 좌파인 사민당 출신으로 채우고, 특히 사회, 노동 부처 장관들을 사민당 출신으로 임명했다. 결국, 정치적 이념과 대중적 인기를 초월한 두 사람의 개혁 정책은 유럽의 병자로 불리던 독일 경제를 부흥시켜 유럽 경제를 지탱하는 버팀목으로 우뚝 서게 하였다.

우리는 위 두 개혁 사례를 보면서 한 가지 공통된 시사점을 발견할 수 있다. 개혁은 성과가 금방 나타나지 않고 숱한 저항에 부딪히는 과정에서 지지율 저하로 재집권에 실패할 가능성이 높다는 것이다. 우리나라처럼 여·야 간에 개혁에 대한 정의가 상반되는 나라에서, 재집권이 안 될 경우 주요 개혁 과제를 성공적으로 추진하는 것은 불가능에 가까운 일이다. 집권 정당이 바뀌면 전 정부에서 추진하던 주요 개혁 과제는 물거품이 되고 말 것이기 때문이다.

위 두 나라의 경우와 같이 도중에 전쟁에서 승리한다거나 정치적 이념을 초월한 정책 수행과 계승이 이뤄지는 등 돌발 변수가 발생하지 않는 한, 주요 개혁 과제들의 성공적 추진을 위해서는 뭔가 특별한 대책이 필요할 것으로 보인다.

첫째, 집권 기간에 월드컵 우승 못지않은 신화를 창출할 수 있는 목표를 별도로 설정해서 성공시키는 것이다. 예를 들어 숨은 세원을 발굴해 수백조 원의 추가 세입을 확보한 후, 이를 반도체 같은 첨단 산업 분야에 지원함으로써 국내 대표기업들의 시가총액 순위를 상위권에 올려놓는 등의 방안이 있을 수 있다. 이와 같은 정책 방안에 대하여는 제3부 '예산의 효율적 운용' 파트에서 자세히 논의하기로 한다.

둘째, 각종 개혁 과제 맨 앞에 민생 분야를 놓고 추진한다. 국민적 관심이 높은 민생 분야에서 눈에 띄는 성과를 나타내 보임으로써 개혁 추진 동력을 확보하는 것이다.

셋째, 국가 대개혁에 착수하면서 대형 비리 혐의가 있는 정치인과 고위 공직자들을 선별해 강도 높은 사정(司正)을 단행함으로써 공직사회의 기강을 확립함과 동시에 국민 지지율을 높은 수준으로 끌어올릴 수 있게 될 것이다. 공직 사정에 관하여는 제3부 '공직 비리 척결' 파트에서 자세히 논의하기로 한다.

넷째, 개혁 추진이 좀 더디게 진행되더라도 국민에게 과도한 부담을 지우는 개혁 과제는 재집권 시기로 미루고, 국민 부담이 적으면서 집권 기간에 어느 정도 가시적인 성과가 나타날 수 있는 과제들을 우선 추진한다. 단, 국민 부담이 큰 개혁 과제들에 대하여도 본격적인 정책 추진에 필요한 사전 준비와 개혁 추진 기반 조성 등에 소홀함이 없어야 한다.

다섯째, 우리가 음식을 만들 때 맛을 돋우기 위해 여러 가지 조미료를 넣는 것처럼 정부에서 개혁 과제를 기획할 때 각종 옵션을 곁들임으로써 국민들의 관심과 참여 의식을 높이는 것이다. 예를 들어 특정 개혁 과제를 추진하면서 국민 창안 제도를 통해 창의적이고 생산적인 아이디어를 내놓은 사람에게 포상금을 지급하고, 그 아이디어를 정책에 반영하는 것 등이다.

개혁 추진 기반 조성

◆ 위험이 코앞에 닥치기 전에 잠재적 위기에 충실해야

임진왜란이 발발하기 2년 전인 1590년 3월에 조선 조정에서는 도요토미 히데요시가 군웅할거의 전국시대를 통일한 이후 일본 정세를 알아보기 위해 통신사를 파견했다. 그런데 이들이 귀국한 이듬해 3월에 서인인 정사 황윤길은 "도요토미의 눈빛이 형형하고 담략과 지략이 있어 보였으며, 저들은 머지않아 반드시 조선에 쳐들어올 것"이라고 보고했다. 반면에 동인인 부사 김성일은 "도요토미의 눈은 쥐와 같고 얼굴은 원숭이같이 생겼으며, 조선을 침공할 만한 위인이 못 된다"라고 보고했다. 예나 지금이나 국가 안보 문제를 다룰 때는 항상 최악의 경우를 생각하면서 대비에 만전을 기해야 하는 것이 철칙이다. 그런데도 당시 조선 조정은 미구에 닥칠 수 있는 전란에 대비하는 일보다 동인과 서인 간의 한 치도 물러설 수 없는 정쟁에만 몰두했고, 결국 "괜한 전쟁 준비로 백성을 피곤하게 해서는 안 된다"라고 주장한 동인의 세력이 우세하여 불과 1년 뒤에 일어날 전란에 전혀 대비하지 않았다.

지금 생각해 보면 당시 조정에서 일본에 통신사를 파견하기 전후 수년간의 조선 왕조는 한 치 오차도 없는 위기 상황이었다. 만약 그때부터라도 조정이 똘똘 뭉쳐 일본의 침략에 철저히 대비했다면 임진왜란 초기에 그런 식으로 형편없이 밀리지는 않았을 것이고 잘하면 처음부터 전쟁을 피할 수도 있었을 것이다. 조선 조정과 백성들은 왜군이 이 땅에 쳐들어와 강산을 피로 물들이는 것을 보고서야 정신이 바짝 들어 본능적인 위기의식이 발동하였다. 물론 당시 조선 조정이 전시 정국을 훌륭하게 잘 이끌었다고 볼 수는 없었지만, 그래도 모든 신료들은 평상시와 달리 애국심을 발휘하여 전쟁 수행과 전란 수습을 위해 분투하는 모습을 보였다. 위기에 처한 조국을 구하겠다는 일념으로 전국 각지에서 자발적으로 궐기한 의병들이 넘쳐났고, 행주산성에서는 힘없는 부녀자들이 치마폭으로 돌을 날라 관군을 도왔다.

2020년 코로나19 발생으로 국민 보건이 위기에 처하자 우리 정부와 의료진들은 사회적 거리두기 단계별 시행 등 발 빠른 대응과 헌신적 노력으로 감염 확산 방지에 만전을 기하였으며, 국민들 또한 정부의 방역 지침에 순응하고 최대한 협조하는 모습을 보였다. 2022년 5월 2일 실외 마스크 착용 의무 해제 발표 이후에도 약 10개월간 길거리에서 마스크를 착용하지 않은 사람을 볼 수 없을 정도였다.

이제는 알 것 같다. 우리 조상들과 현재 우리들은 한결같이 위험이 코앞에 닥쳐야만 비로소 위기를 실감하고, 결집하고, 위기 극복을 위해 온몸을 던지는 것이다. 지금 우리는 임진왜란 발발 수년 전과 같은 '잠재적 위기'의 시대에 살고 있다. 북핵 위협을 비롯해 언제 어디서 터질지 알 수 없는 동북아의 화약고, 자칫 장기 불황의 나락에 떨어질 수 있는 나라 경제 등 그때 못지않은 재앙의 기운이 여기저기 도사리고 있는 것이다. 우리 정치권과 사회 또한 그때 못지않게 분열과 갈등이 만연해 있다. 우리는 소리 없이 다가오는 위기, 즉 잠재적 위기를 그대로 간과함으로써 그렇게 많은 고난에 처하고 때로는 목불인견의 참화를 겪었으면서도, 오늘날 또다시 같은 잘못을 되풀이하는 것은 아닌지 우려하지 않을 수 없다.

우리는 지금이 임진왜란 발발 수년 전과 비슷한 잠재적 위기 상황이라는 것을 또렷하게 인식하고, 이번만은 위험이 코앞에 닥칠 때까지 기다리다가 돌이킬 수 없는 재앙을 맞이하는 사태를 겪지 않도록 우리 모두 결집하여 선제적으로 대처해 나가야 한다.

◆ 정확한 실태 파악 후 개혁의 방향을 올바르게 정해야

중국 전국시대 변법 개혁가인 상앙(商鞅)은 개혁 정책을 내놓기 전에 진(秦)나라 수도에서 시골 구석구석에 이르기까지 국가의 허실과 민심 동향을 완벽한 수준으로 조사·분석하였다. 이렇게 철저한 사전 준비를 거쳐 진나라 군주인 효공(孝公)에게 자신의 포부와 전략을 거침없이 설파하였기 때문에 효공의 마음을 완전히 사로잡을 수 있었다.

오늘날에도 국가 개혁을 본격적으로 추진하기 위해서는 사전에 안

한국을 다시 위대하게

보, 경제, 정치, 사회, 행정 등 분야별로 구체적인 위기 내용, 구조적 문제점, 각종 적폐 현상 등을 세밀하게 조사·분석하고 그 결과를 일목요연하게 정리하여 공시해야 한다. "뭐 다 알고 있는 내용인데 새삼스럽게 그럴 필요가 있을까"라고 생각할 수 있겠지만, 그냥 막연히 알고 있는 것과 실태를 정확하게 파악하는 것은 엄연히 다른 것이다. 정치권, 공직자, 기업인 그리고 국민들이 어느 정도 구체적인 위기 내용들을 함께 파악하고, 공감하고, 걱정하는 가운데 위기 극복을 위한 국민 결집과 대통합도 자연스럽게 이뤄질 것이다.

정치권과 정부 그리고 전 국민이 국가 위기 상황과 내용을 정확하게 파악한 후에는 위기 극복을 위한 개혁의 방향을 올바르게 정하는 일이 매우 중요하다. 유대인에게 정신적, 문화적 유산이라고 할 수 있는 『탈무드(Talmud)』에 이런 이야기가 나온다. 한 나그네가 예루살렘을 향해 길을 가다가 마차를 만났다. 그는 다리가 너무 아파 마부에게 부탁해서 마차에 올라탄 후 여기서 예루살렘까지 얼마나 걸리느냐고 물었다. 마부가 답하기를 "이런 속도로 가면 30분 정도 걸립니다"라고 했다. 나그네는 고맙다고 인사를 한 후 깜박 잠이 들었다가 깨어보니 그사이 30분 정도 지난 것 같았다. 그래서 마부에게 "예루살렘에 다 왔나요"라고 물었더니 "여기서는 1시간 정도 걸립니다"라고 말하는 것이었다. 사실 그 마차는 원래 예루살렘과는 정반대 방향으로 가는 마차였다. 우리는 문재인 정부 5년 동안 각종 역주행 정책으로 인한 폐해를 이미 충분히 경험했다.

◆ 종합적인 개혁 프로그램을 작성해 속도감 있게 추진해야

여러 가지 구조적인 문제점으로 인해 붕괴 위험이 큰 대형 건물을 장기간 그대로 방치하거나 그때그때 임기응변식 하자보수만 되풀이한다면 어떻게 될까? 결국 문제가 점점 커져서 건물 전체가 무너지는 사태가 발생하게 되고 엄청난 재산과 인명 피해를 피할 수 없게 될 것이다. 따라서 이 경우에는 건물 전체에 대한 정밀 진단을 통해 문제점을 정확하게 파악한 후, 기존 건물을 대수선 또는 리모델링하는 등 근본적이고 항구적인 안전 대책을 마련하여 그대로 추진해야 한다.

우리는 지금까지 국가, 사회적으로 크고 작은 문제가 발생할 때마다 응급 처방식 대증요법 처치에 그치는 경우가 많았다. 때로는 반대파와 이해관계자들의 반발에 부딪혀 이도 저도 아닌 어중간한 선에서 미봉책이 등장하기도 한다. 그나마 얼마 지나고 나면 언제 그런 일이 있었느냐는 듯이 싹 잊어버리기 일쑤였다. 이렇게 해서는 지금 우리에게 닥친 심각한 위기 상황들을 극복하기 어렵고, 때에 따라서는 위기를 더욱 증폭시켜 돌이킬 수 없는 파국에 직면할 수도 있다. 따라서 분야별 위기 내용과 구조적 문제점 및 적폐 현상 등 조사 결과를 토대로 위기 극복을 위한 근본적이고 종합적인 개혁 프로그램을 작성하여 빈틈없이 추진해야 한다.

일단 정부 개혁 프로그램이 올바른 방향으로 수립되어 추진 단계에 들어섰다면 그다음으로는 속도가 중요하다. 북한은 국력을 총동원해서 핵·미사일 개발에 여념이 없고 주변 강대국들은 천문학적 돈을 쏟아부으면서 반도체 등 첨단 기술 개발과 군사력 증강에 전력투구하고 있는 마당에, 우리는 매사에 거북이걸음으로 늦장을 부리거나 제자리에서 머뭇거린다면 어떻게 될까. 최악의 경우 또다시 19세기 말처럼 주변 강대국들의 틈바구니에 낀 약소국으로 전락하게 될 수도 있다.

골드만삭스는 2022년 12월 6일 발표한 보고서에서 '2050년에 인도네시아는 세계 4위의 경제 대국으로 부상하고 한국은 세계 15위권 밖으로 밀려날 것'이라고 전망했다. 물론 우리가 지금과 같은 상태를 계속 유지한다는 전제에서 나온 분석이다. 우리가 지금부터라도 심기일전해서 국가 개혁 추진에 가속도를 붙여 전력투구한다면 그 정반대의 전망도 얼마든지 가능할 것이다. 우리 경제가 지금보다 3계단 이하 밑으로 추락하는 것이 아니라 5계단 이상 위로 치솟게 되는 것도 충분히 가능하다는 말이다.

개혁을 가로막는 관문 통과

◆ 국회라는 거대 관문을 어떻게 통과할까

우리나라에서 장기 침체의 늪에 빠져들어 가는 경제를 살리기 위해서는 국력을 총동원해서 규제·노동·금융개혁, 서비스 산업 선진화, 기업 구조개선 등 각종 개혁 과제들을 추진해야 한다. 아울러 이와 같은 개혁 과제들을 추진하기 위해서는 국회에서 관련 법안들이 신속하게 그리고 빠짐없이 통과되어야 한다. 그런데 우리나라에서는 경제 성장을 촉진하기 위한 각종 개혁 과제들이 진보의 정치적 이념에 배치되는 경우가 많아 정부 정책으로 추진되기 어려운 실정이다. 다시 말해서 이같은 개혁 과제들이 진보 집권 시에는 정부 정책으로 채택되기가 어렵고, 보수 집권 시에는 야당의 반대로 국회 통과가 어렵다.

지금 같은 반(反)개혁 성향의 진보 정부에서 보수 야당이 할 일은 우리 경제가 침체의 늪에서 벗어나 성장 궤도에 진입하도록 하는 각종 개혁 정책과 이를 바탕으로 만들어진 법안들을 내놓은 뒤에 국민들로부터 확고한 지지를 얻어내는 것이다. 여기에는 그동안 거대 진보 정당에서 다수의 힘으로 밀어붙여 통과시킨 경제 성장을 저해하는 각종 악법들을 개정하는 일도 당연히 포함되어야 한다.

비록 당장에는 집권 여당의 압도적인 의석수에 밀려 관련 법안의 국회 통과가 어렵더라도 꾸준히 각종 개혁 어젠다를 업그레이드해가면서 국민들에게 지지를 호소해야 한다. 그리고 이런 과정들을 그때그때 단발성 이슈로 끝내버릴 것이 아니라 계속해서 시리즈로 연결되도록 해야 한다. 다시 말해 국민들로 하여금 지금까지 보수 야당이 주장해 온 각종 개혁 어젠다를 모두 연결해서 한꺼번에 접할 수 있도록 해야 한다는 말이다. 이렇게 축적된 각종 개혁 어젠다는 차기 총선에서 보수 야당에게 승리를 안겨줄 수 있는 보물 같은 존재가 될 것이다. 마치 단어 하나만으로는 사람의 마음을 움직이기 어렵지만, 여러 단어를 잘 조합해 수려한 문장으로 엮어낼 때 많은 사람들의 심금을 울리고 감동시킬 수 있는 것과 같다. 아무런 소득 없이 여·야 간에 진흙탕 싸움만 벌이면서 아까운 시간만 허비하는 것보다 이 편이 백번 낫지 않을까?

지금 대한민국 보수 야당은 단순히 정부·여당을 비판하기만 하는 야당이 아니라 흐트러진 국정 시스템을 바로잡아 국가 대개혁의 장정을 결행해야 하는 국내 유일 정당으로서 행동하지 않으면 안 된다. 따라서 국회 의석수에 구애받지 말고 창조적 대안 정당으로서, 미래 수권 정당으로서 지금 우리에게 반드시 필요한 각종 개혁 입법 추진과 경제 성장을 저해하는 악법 저지 또는 폐지 등 주어진 역할을 충실히 수행해 나가야 한다. 국힘이 앞으로 3년 동안 위에서 말한 대로 맡은 바 소임을 충실하게 수행한다면 국민의 심판을 통해 그동안 축적된 입법 역량을 유감없이 발휘할 기회를 얻게 될 것이고, 나아가서 국내 유일의 개혁 정당으로서의 소임을 직접 수행할 수 있는 기회까지 얻게 될 것이다. 일체유심조다. 이 모든 것이 지금 이 순간 마음먹기에 달렸다.

◆ 결집된 국민의 힘, 백만 대군보다 강하다

1960~70년대 박정희 정부는 군부 독재 체제를 바탕으로 각종 개혁 과제들을 추진하여 우리나라 경제를 부흥시키는 데 성공했으나, 지금 우리는 그때와는 완전히 다른 민주화된 정치 체제에서 똑같은 일을 추진해야 하기 때문에 그때와는 다른 비상한 대책이 필요하다. 과거 박정희 정부가 군부 독재의 힘을 빌려 개혁의 추동력을 삼았던 것처럼 이제 우리는 국민의 힘을 빌려 개혁의 추동력을 삼아야 한다는 말이다.

우리 국민들은 2015년 11월에 있었던 '민중 총궐기 집회' 직후 과격 시위대의 막무가내식 폭력 시위에 대하여 매우 언짢은 기색을 드러냈다. 그러자 이때부터 국내 강성 시위대의 폭력 시위가 마치 약속이나 한 듯이 수그러든 것을 볼 수 있었다. 그동안 수많은 경찰력과 각종 진압 장비를 동원해도 이룰 수 없었던 위대한 국민의 힘이다. 윤석열 정부에서 2022년 6월 7일 총파업에 들어간 화물연대 노조에 대하여 같은 해 11월 29일과 12월 8일 두 차례 '업무개시명령'을 발동해 파업을 철회시킨 것도 어려운 경제 상황을 고려하지 않고 강경 투쟁을 일삼는 노조에 대한 싸늘한 민심이 작용한 결과이다. 진보 세력을 주축으로 2016년 10월 말부터 불붙기 시작해 수백만 시민들이 참여한 광화문 촛불집회는 박근혜 정부의 조기 퇴진으로 갑작스럽게 문재인 정부가 출범하게 되는 결정적 계기가 되었다.

이와 같이 결집된 국민의 힘은 백만 대군을 능가하는 무서운 위력을 발휘한다. 지금 우리나라는 정치권의 분열이 극심하고 정부의 개혁 의지 부재 또는 불능으로 국가 위기를 제대로 수습하기 어려운 상황이다. 이럴 때 우리 국민이 적극적으로 나선다면 대한민국은 마치 백만 원군을 얻은 것처럼 기사회생할 수 있게 될 것이다. 우리 국민들은 이제 본격적으로 백만 대군을 능가하는 위력을 발휘하여 정치권과 정부를 향해 국가 위기 극복을 위한 각종 개혁 과제 수행에 총력을 기울이도록 강한 메시지를 전달해야 한다. 각계 이해관계 집단에 대하여도 국가 개혁을 가로막는 각종 집단행동을 자제하도록 영향력을 행사해야 한다.

◆ 이해관계 집단의 반발을 어떻게 극복할까

이해관계 집단을 다른 말로 이익집단이라고도 한다. 다시 말해서 이익을 추구하는 집단이라는 의미이다. 이해관계 집단이 정부 개혁 추진을 반대하는 이유는 개혁 과제 수행이 자신들의 이익을 침해한다고 생각하기 때문이다. 그런데 정부 입장에서는 국가 위기 상황 타개 또는 더 큰 국가적 이익을 위해 이해관계자들에게 기득권의 일부를 내려놓으라고 요구할 수밖에 없는 것이다.

정부 개혁 추진 과정에서 관련 이해관계 집단의 반발을 극복하는 방

　　　　　　　　　　　　　　　　　　　한국을 다시 위대하게

안은 대체로 다음 세 가지를 들 수 있을 것 같다. 그 하나는 애국심에 호소해서 이해관계 집단이 스스로 따라오게 하는 것. 또 하나는 쌍방이 한발씩 양보하는 것. 나머지 하나는 공권력에 의존하는 것이다.

정부에서 아무리 좋은 말로 이해관계자들에게 국가 위기 상황을 설명하고 애국심에 호소한다고 해서 그대로 따라오지는 않을 것이다. 정부 수뇌부와 국가 지도급 인사들이 위기 극복을 위해 불철주야 애쓰고 노력하는 모습을 확실하게 보여주고, 시간이 흐르면서 조금씩이라도 노력의 결실이 나타나기 시작해야 한다. 이때부터 국민들의 마음이 먼저 움직이고, 각계 이해관계자들도 위기 극복을 위해 기득권의 일부를 내려놓을 마음이 생기게 될 것이다.

그래도 이해관계자들의 마음이 움직이지 않을 때는 당해 개혁 과제 수행에 지장을 초래하지 않는 범위 내에서 그들의 요구사항 일부를 들어주거나 일정한 반대급부를 제공하는 식으로 협상을 진행할 수도 있다. 이렇게 국가 위기 극복을 위한 개혁 과제 수행을 위해 관련 이해관계자들의 애국심에 호소하고 일정 부분 저들의 요구를 수용하는 타협안을 제시했는데도 끝까지 받아들이지 않을 때는 부득이 정부에서 일방적으로 개혁 추진을 강행할 수밖에 없다.

이렇게 될 경우 당해 이해관계 집단에서는 '시위·파업 등 집단행동(집단행동)'으로 나올 가능성이 크다. 정부에서 관련 이해관계자들의 반발을 무릅쓰고 개혁을 강행하기 위해 마지막 수단인 공권력을 행사하면서 반개혁적 집단행동에 효과적으로 대처하는 것이야말로 개혁 성공의 관건이라고 할 수 있다. 그런데 우리나라는 정부에서 각종 개혁 과제를 추진하겠다고 발표할 때마다 관련 이해관계 집단은 물론 당면 개혁 과제 추진과 상관이 없는 상습 시위단체들까지 나서서 시위를 주도하거나 확산시키는 것이 일상화되어 왔다. 이들 상습 시위단체들은 각종 시위 때마다 정부 정책에 대한 비판 수준을 넘어 대한민국 정부의 정통성 자체를 부인하는 수준의 온갖 반정부 구호를 외쳐대는 일이 습관처럼 굳어져 있는 실정이다.

그동안 20년 가까이 반개혁적 집단행동이 많이 줄어든 것처럼 보이는 것은 정부에서 각계 이해관계 집단의 반발을 불러일으킬 만한 개혁 추진을 극도로 자제하거나 아주 미미한 수준으로 추진하였기 때문이다. 그러다가 윤석열 정부 들어 강력한 노동 개혁 추진 의지를 드러내자 전국민주노동조합총연맹(민주노총)은 또다시 총파업을 강행하는 등 서서히 본래의 모습을 드러냈다. 여느 때처럼 118개 시민단체들까지 나서서 민주노총의 총파업과 정권 퇴진 운동에 대한 지지 선언을 하는 등 옛 모습 그대로였다.

이에 윤석열 정부는 오랫동안 사문화되었던 업무개시명령을 발동해 화물연대본부의 파업을 철회케 하고, 양대 노총 산하 노조의 부당 또는 비리 행위를 밝혀내는 등 강한 노동 개혁 의지를 드러냈지만, 어찌 된 일인지 흐지부지되고 말았다. 윤석열 정부에서는 또 다른 이익집단인 의료계의 반발을 무릅쓰고 의대 정원을 2,000명 증원하는 내용의 의료 개혁을 강행하였으나 이 또한 주요 병원 진료 마비 사태 등 숱한 부작용 끝에 없던 일이 돼버렸다. 우리는 여기서 각종 개혁 과제의 성공적 추진을 위해 이해관계 집단의 반발을 극복하는 일이 의욕만 앞세워서 무작정 밀어붙이거나 단순 대중 요법적 처방을 통해 속전속결로 이뤄질 수 없다는 진리를 다시 한번 절감하지 않을 수 없다. 주도면밀한 사전 준비와 창의적인 전략 그리고 강한 추진력을 갖추지 않고서는 결코 성공할 수 없는 일이다.

◆ 집단행동 근절 방안: 정부 내공과 공권력 강화

정부에서 사회적 혼란과 민생 불안을 초래하는 일 없이 반개혁적 집단행동을 효과적으로 진압하기 위해서는 단순히 공권력의 힘에 의존하는 것만으로 부족하며, 정부가 공권력 운용 주체로서의 권위와 내공(內工)[6]을 갖추는 것이 필요하다. 정부에서 내공을 강화하여 형편없이 추락한 권위를 높은 수준으로 끌어올리기 위해서는 이해관계자들과의 다툼이 없는 각종 개혁 과제들을 우선 처리하거나, 이해관계자들과의 다툼이 있는 과제에 대하여 우회적으로 과제를 수행할 수 있는 방안을 찾아냄으로써 괄목할 성과를 이뤄내야 한다. 아울러 국정 운영 시스템 강화, 공직사회의 효율성 및 청렴성 제고[7] 등 정부와 공직사회의 면모를 일신하는 것이다. 정부에서 효율적인 국정 운영 시스템과 강한 추진력을 갖추고 불가능하다고 생각되는 일들을 거뜬히 해치우면서 높은 국민 지지율을 유지할 때, 정부의 권위는 과격 시위자들이 경외심을 느끼게 할 정도로 상승하게 될 것이다.

다음으로 개혁 추진을 강행하는 과정에서 일어날 수 있는 부작용을 사전에 면밀히 조사, 분석한 후 그에 대한 대책을 확실하게 수립해 두

---

6) 훈련과 경험을 통해 안으로 실력과 기운이 쌓이는 것을 말하는데, 여기서는 정부에서 국정 수행을 잘해 업적이 쌓이고 권위가 상승하는 것을 의미한다.
7) 제3부 '공직사회 개혁' 및 '공직 비리 척결' 파트 참조.

어야 한다. 개혁의 필요성과 개혁이 성공할 경우 국가와 국민에게 돌아
갈 혜택, 또는 집단행동을 강경 진압하는 것이 불가피함을 일목요연하
게 정리한 자료를 만들어 대국민 홍보에 공을 들이는 것도 필요하다.

1984년 3월 영국에서 정부의 탄광 구조조정 정책에 반발한 100여 곳
의 탄광노조가 파업에 돌입하자 대처 전 총리는 파업 기간의 수요를 충
당할 석탄을 외국에서 몰래 수입해 들여오는 등 만반의 준비를 해놓고,
국민들에게 밑 빠진 독에 물 붓기 식으로 경제성 없는 탄광 유지를 위
해 막대한 국민 혈세를 낭비할 수 없다면서 지지를 호소하였다. 이렇게
해서 국민적 지지를 확보한 후 불법 시위자 11,000여 명을 체포하고 그
중 8,000여 명을 고발하여 유죄를 선고받게 하는 등 강경 대응을 통해
1년여 만에 파업 사태를 수습하고 개혁을 성공시킬 수 있었다. 대처는
또 그해 '영국통신' 민영화를 추진하면서 노조 총파업으로 난관에 봉착
했으나, 유명 광고 대행사까지 고용해 국민을 설득함으로써 국민 지지
를 바탕으로 민영화에 성공하는 등 대국민 홍보를 매우 중요시했다.

1981년 8월 미국에서 항공관제사연합노조가 전면 파업에 돌입하자
레이건 전 대통령은 국민에게 파업 강경 대응에 대한 지지를 호소해
60%에 달하는 국민 지지를 얻었다. 그리고 나서 파업 불참자 2,000여
명과 군(軍) 관제사 900여 명, 그리고 전직 관제사와 관제감독관 3,000
여 명을 동원해 현장에 배치한 후, 노조원 14,000여 명 중 11,400여 명
을 해고 조치하는 등 강경 대응을 통해 파업 사태를 수습할 수 있었다.

마지막으로 불법 시위자와 단체에 대한 벌칙 규정 및 법 적용을 대
폭 강화해야 한다. 우리나라는 불법·과격 시위자 및 공권력 침해 사범

   한국을 다시 위대하게

등에 대한 법 적용과 처벌이 지나치게 관대하고 느슨하다. 우리나라 경찰은 정당한 업무를 집행하면서도 사후 책임 문제가 따를 것을 우려해 각종 범법 행위에 대하여 소신 있게 대처하지 못하는 경우가 많은 것 같다. 우리나라는 시위 진압 과정에서 경찰이 범법자에게 상해를 입힌 경우 대부분 처벌을 받게 되고 불법 시위, 테러, 경찰관 폭행 등 범법자에 대하여는 기소·선고·집행유예, 벌금 등 가벼운 처벌에 그치는 경우가 많아 공권력의 무력화를 가져온다.

미국 경찰은 시위대가 폴리스라인을 넘어서는 순간부터 엄격한 법 집행에 들어가며 불가피한 경우 물리력을 행사하는 것 또한 당연하게 여긴다. 이제는 우리 정부도 과거 권위주의 시대의 민권 침해 사례를 지나치게 의식하여 불법 시위 및 공권력 침해 사범에게까지 온정을 베푸는 등 나약한 행태에서 벗어나야 한다. 불법 과격 시위자와 공권력 침해 사범에 대한 벌칙 규정 및 법 적용을 대폭 강화함으로써 우리 사회에 무질서와 떼법이 더 이상 발붙일 수 없는 풍토를 조성해야 한다. 이를 위해 사회 질서를 크게 위협하는 불법 과격 시위자 및 공권력 침해 사범 등에 대하여 불가피하게 행해지는 경찰의 물리력 행사에 대하여는 이에 합당한 면책 제도를 도입하는 것이 필요하다.

또한, 상습적으로 각종 시위 또는 파업을 주도하거나 이에 가담하여 불법적이고 반정부적인 행동을 일삼는 단체에 대해서는 그와 같은 행동을 중단하도록 시정명령을 내린 후, 이를 이행하지 않을 경우 그 단체에 해산 결정을 내릴 수 있게 관련 법률을 만들어야 한다. 이렇게 공권력 주체인 정부에서 내공도 충분히 쌓이고 강한 공권력을 아울러 갖추고 있을 때, 지금처럼 과격 시위자들이 공권력을 우습게 보는 풍조에서 벗어나 공권력의 정당한 제재에 어느 정도 순응하는 태도와 경외심을 갖게 될 것이다.

개혁 추동력 확보

지금까지 우리나라에 개혁이 필요한 이유와 개혁 추진 방법 그리고 개혁 추진을 가로막는 각종 장애 요인을 해소하는 방안에 대하여 살펴보았다. 그런데 우리나라에서는 1960~70년대 박정희 정부 시기 이후 제대로 된 국가 대개혁을 추진해 본 적이 없다. 그리고 앞으로 추진할 개혁은 그때와 달리 민주화된 정치 체제에서 시행해야 하기 때문에 생각처럼 결코 쉬운 일이 아니다. 따라서 이제는 국회와 이해관계 집단이라는 높은 벽을 넘어 각종 개혁 과제들을 성공적으로 추진하기 위해 위대한 국민의 힘이 절대적으로 필요하며, 개혁 추진 주체와 국민 사이를 이어줄 '국가 담론의 장'이 또한 필요하다.

◆ 국가 담론의 장

중국은 1978년 개혁·개방 이전만 해도 덩치만 컸지 우리보다 못사는 나라였다. 중국은 한국보다 더 후발적으로 선진국 추격형 경제 개발을 시작하면서 한국의 경제 개발 모형을 벤치마킹하는 입장에 있었지만, 이제 대부분의 첨단기술 분야에서 우리를 따라잡고 우리보다 한발 앞서 4차 산업혁명 대열에 뛰어들어 괄목할 성과를 이뤄내는 중이다. 그리하여 이제는 거꾸로 우리가 중국의 경제 개발 방식을 벤치마킹해야 하는 입장이 되었다.

　중국이 이렇게 무서운 속도로 한국은 물론 서구 선진국들을 따라잡으면서 세계 패권을 향해 돌진할 수 있는 힘은 도대체 어디서 나오는 것일까? 물론 여러 가지 원인이 있을 수 있지만 그중 가장 근본적인 원인은 공산당 지도부를 중심으로 '중국몽', '샤오캉(小康) 사회건설', '중국 제조 2025' 같은 캐치프레이즈를 내걸고 공산당, 중앙과 지방 정부, 기업체 및 전 국민이 힘을 합해 목표 달성을 위한 각종 개혁 과제들을 역동적으로 추진하는 데 있다.

　중국은 공산주의 국가이기 때문에 공산당 지도부에서 국가 정책을 결정하기만 하면 국회 심의와 입법 과정을 거칠 필요도 없고, 각종 선거에서 투표권을 행사하는 유권자 눈치를 볼 필요도 없어 독자적으로 강력한 정책 추진이 가능하다. 반면에 우리는 개혁추진 주체인 정치권(의석수 과반 미달 정당)과 정부에서 훌륭한 국정 어젠다를 가지고 있어도 이를 실천에 옮기기 위해서는 국회 심의와 의결을 거쳐야 하고 차기 대선 또는 총선에 대비해 다양한 계층의 유권자 성향도 따져 보아야 한다. 중국처럼 주요 정책을 입안해서 그대로 밀어붙이는 방식으로 추진할 수는 없다는 말이다. 그런데 우리나라는 유감스럽게도 여·야 협치를 통해 각종 개혁 과제를 수행하는 것이 거의 불가능한 실정이다. 지금까지 역대 보수 정부에서 '규제·노동 개혁', '서비스산업발전기본법 제정' 등 침체된 경제를 살리기 위한 개혁 과제의 성공적 수행을 위해 나름대로 많은 노력을 기울였지만 진보 야당과 이해관계 집단의 반대로 번번이 실패를 거듭하였다.

　이제 믿을 곳은 국민밖에 없다. 이 나라의 주인인 국민의 힘을 빌려 현 위기 극복을 위한 개혁 과제들을 수행할 수밖에 없다는 말이다. 그러기 위해서는 국민의 마음을 움직이는 것이 필요한데, 국민의 마음을 움직이기 위해서는 향후 대한민국이 나아가야 할 방향과 방법론이라고 할 수 있는 개혁 로드맵을 큰 틀에서 작성하여 국민의 마음속 깊은 곳까지 전달되도록 해야 한다.

당연히 지금까지와 같은 정책 추진 방식으로는 안 된다. 개혁 추진 주체들이 심혈을 기울여 작성한 개혁 로드맵을 주제로 '국가 담론의 장'을 개설하고 TV, SNS 등을 통해 공론화해야 한다. '국가 담론'은 개혁 추진 주체와 국민이 하나가 되어 지향하는 목표 달성을 위해 매진하게 해주는 촉진제 역할을 수행하게 될 것이다. 중국에서는 '중국몽'과 '중국 제조 2025', 한국에서는 '산업화'와 '민주화' 같은 국가 담론이 그동안 성장과 발전을 이끌어 왔다고 볼 수 있다.

국가 담론의 장으로서 알기 쉽게 규제 개혁 분야를 예로 들어보자. 지금까지 역대 정부에서 추진했던 규제 개혁 정책들이 지속적으로 추진되지 못하고 단발적으로 지엽적인 성과를 거두는 것처럼 보이다가 다시 원점으로 돌아가는 일을 되풀이하게 된 것은, 정책이 일방적으로 집행되었기 때문이다. 정치권, 정부, 전문가 집단, 기업체 그리고 국민이 함께 참여하는 '국가 담론의 장'을 개설하고 AI, 빅데이터 기술을 이용해 규제 개혁 업무를 네트워크화한다면, 개혁의 불길이 사그라지지 않고 계속 타오르게 될 것이다.[8] 규제 개혁뿐 아니라 그동안 흐지부지됐던 개혁 과제나 새로운 개혁 과제 모두 이런 방식으로 처리한다면 꺼지지 않는 개혁 추진 동력을 확보해 개혁을 성공적으로 추진할 수 있게 될 것이다.

---

8) 제3부 '경제 위기 해법' 중 '규제 개혁' 파트 참조.

 한국을 다시 위대하게

정부 관료들이 개혁의 짐을 지고 가는 모습

공자는 "물은 배를 띄울 수도 있고 뒤집을 수도 있다(水可載舟, 亦可覆舟)"라고 했다. 물은 백성 즉 국민에 비유된다. 지금까지 개혁 추진 주체들은 무거운 짐을 지고 가듯이 끙끙대며 각종 개혁 과제들을 추진해 왔지만, 그 추진 방법을 완전히 바꾸지 않으면 안 된다. 이제부터는 개혁의 짐을 가득 실은 거대한 '대한민국호'를 물에 띄우듯이 위대한 국민 부력(浮力)의 힘을 빌려 각종 개혁 과제들을 추진해야 한다.

'대한민국호'라는 큰 배에 '개혁'의 짐을 가득 싣고 유유히 항해하는 모습

우리 국민들은 지금까지 국가 개혁에 관해서는 거의 관심을 보이지 않고 있다. 그렇지만 우리 국민들이 현 위기 상황을 정확하게 인식하고 국가 개혁에 관심을 가지기 시작할 때, 월드컵 8강전 때처럼 천지가 진동하는 우렁찬 함성을 반드시 듣게 될 것이다.

◆ '하드파워 팀'과 '소프트파워 팀'

국가 담론의 장을 개설하고 이를 주도적으로 이끌어 가는 것은 이 나라 정치지도자들의 몫이므로 정치권도 조금씩 달라지지 않으면 안 된다. 보수든 진보든 국내 각 정당은 당 조직을 '하드파워 팀'과 '소프트파워' 팀으로 나누고 각자 팀별로 주어진 임무에 충실하도록 해야 한다. 여기서 '하드파워 팀'은 일종의 전투조를 '소프트파워 팀'은 주요 정책 연구 및 기획, 그리고 국가 담론의 장을 담당하는 팀을 의미한다. 정치는 다분히 전투적 요소를 지니고 있다. 그리고 다양한 계파와 각자 생각이 다른 일반 대중을 상대로 하는 것이므로, 정치 행위에는 고도의 테크닉과 축적된 경험이 필요하다. 따라서 비록 비생산적인 면이 있더라도 기존 정치 시스템은 그대로 유지하는 것이 필요하다. 이와 같은 일들은 계속 '하드파워 팀'에서 전담하고, 일부 '소프트파워 팀'은 정치를 새롭게 정의하고 발전시키는 일을 지속적으로 추진하자는 것이다. 그래서 언젠가는 소프트파워 팀을 통해 정의된 새로운 정치 풍토를 조성하고, 현 위기를 기회로 만들기 위한 각종 개혁 정책들을 본격적으로 추진할 수 있어야 한다.

우리는 반도체 굴기를 비롯해 그동안 피땀 흘려 이룩한 여러 성과들을 바탕으로 어둠(暗)을 헤치고 밝은(明) 새날을 열어나가야 한다. 월드컵 8강전 때처럼 전 국민의 우렁찬 함성이 한국은 물론 전 세계를 뒤흔들어 놓아야 한다. 그리하여 그 옛날 동아시아를 호령했던 고구려 때처럼 한국을 다시 위대하게 만들어야 한다.

제3부

개혁 추진 방안

해체된 국제질서 하에서
동아시아 강대국들 상대하기

◆ 너무도 달라진 미국 상대하기

탈냉전 이후 세계 패권국의 지위를 확고하게 유지해 온 미국은 2008년 세계 금융위기 이후 점점 힘이 빠지는가 싶더니 트럼프 2기 들어 과거와는 완전히 다른 모습으로 돌변하고 말았다. 과거와 같이 세계 패권국으로서 국제질서 유지에 전력투구하는 모습을 보이기는커녕 적대국과 동맹국 가리지 않고 자국의 이익을 위해서라면 상대국에게 턱없이 높은 관세를 부과하거나 상대국의 재산권과 영토에 대한 양도 또는 합병을 요구하는 등 '힘에 의한 지배'의 시대를 구가하고 있다. 이와 같은 현상을 트럼프 미국 대통령의 극단적인 나르시시즘 탓으로 돌려 트럼프 이후 정부에서는 상황이 달라질 것으로 보는 낙관론도 있을 수 있지만, 우리에게는 트럼프 2기 재임 중인 4년 동안 이뤄질 일들이 우리나라 국운을 좌우할 정도로 중요하다. 지금까지 우리나라에서는 보수 진영은 '친미', 진보 진영은 미국에 덜 우호적인 성향을 띠는 추세였지만, 이제 우리에게는 그런 식의 한가한 논의를 할 여유가 없다. 여·야가 한 마음으로 힘을 합쳐 대미 외교를 펼쳐도 부족한 실정인 것이다.

이제는 우리가 한·미 상호방위조약이나 확장억제지침에 근거해서 유사시 북한의 핵 공격을 막아내는 일을 미국에 전적으로 의존하는 것은 기대할 수 없는 상황에 이른 것 같다. 따라서 이제 더는 미루지 말고 우리 스스로의 힘으로 북한의 핵 공격을 막아낼 수 있는 군사력과 전략을 갖춰 나가는 방향으로 국방 개혁을 차질 없이 추진하는 것이 필요하다. 아울러 우리가 자주국방 능력을 갖출 때까지 확장 억제를 확실히 보장받을 수 있도록 미국을 계속 붙잡아 두기 위한 대미 외교에 총력을 기울여야 한다.

이제는 지금까지 그래왔던 것처럼 미국과 중국 그리고 일본 사이에서 어정쩡한 태도를 취하면서 이 강대국들 모두에게 불신을 받는 입장에서 하루속히 벗어나는 것이 필요하다. 지금 미국은 아시아·태평양 지역에서 중국과의 패권 전쟁을 홀로 수행하는 데 부담을 느끼고 일본은 물론 호주까지 끌어들이고 있다. 이러한 가운데 일본은 미국의 부담을 덜어주고 가려운 데를 긁어주면서 국제 위상을 높이고 경제적 실속까지 챙기고 있다. 미국은 일본이 경제적으로 중국과 밀착하는 행보를 보여도 별다른 거부 반응을 보이지 않는다. 이것은 일본이 미국과의 동맹 관계에서 확고한 믿음을 주고 있기 때문이다. 다시 말해서 일본이 어느 진영에 서 있는지 전혀 의심의 여지를 남기지 않았기 때문이다.

외교에서는 가치와 이익이 결합될 때 강력한 힘을 발휘한다고 하는데, 일본은 이런 점에서 탁월하다. 일본은 네 활개를 활짝 펼치고 보폭을 넓게 함으로써 많은 것들을 챙길 수 있는 반면에, 우리는 매사에 잔뜩 웅크린 자세를 유지함으로써 제대로 챙길 것을 챙기지 못하고 주위의 관심도 끌지 못하는 셈이다. 우리가 계속 지금처럼 미국과 중국 사이에서 어정쩡한 상태를 유지한다면, 한·미 동맹이 미·일 동맹의 하위 동맹으로 고착화되어 미국으로부터 제대로 된 대우를 받지 못하면서 중국과의 관계도 애매모호해질 수밖에 없다. 일본처럼 미국으로부터 확고한 신뢰를 확보한 뒤 주변 국가들과 통 큰 외교를 전개해야 한다. 나아가서 미국에게 한국을 일본보다 훨씬 더 중요한 나라로 부각할 필요가 있다.

다음으로 우리에게는 세계 최강대국인 미국보다 앞선 기술이 두 가지가 있는데, 이 두 가지 모두 미국이 미·중 패권 전쟁에서 이기기 위해 반드시 확보해야 하는 필수 첨단 기술이다. 바로 우리가 가진 세계 최고 수준의 메모리 반도체 기술과 조선(造船) 기술이다. 우리는 이미 미국의 취약한 메모리 반도체와 파운드리 경쟁력을 강화시켜 주기 위해 미국 텍사스주에 대규모 반도체 공장을 짓는 등 2023년 기준 215억 달러(약 28조 5,300억 원)를 투자함으로써 전 세계에서 미국에 가장 많은 투자를 한 나라가 되었다. 또 미·중 패권 전쟁에서 미국의 가장 큰 취약점이 빈약한 조선 능력인 데 반해, 한국은 중국 다음으로 세계 2위의 조선업 경쟁력을 보유하고 있다. 한국이 보유하고 있는 이 두 가지 강점을 최대한으로 활용해서 우리가 자주국방 능력을 갖출 때까지 북핵에 대한 확장 억제를 확실히 보장해 주고, 주한미군 철수 또는 감축, 한·미 연합 군사훈련 중단 같은 결정을 내리지 않도록 강력한 대미 외교를 펼쳐 나가야 한다.

◆ 일본 이기기: 극일(克日) 전략

우리는 16세기 말과 20세기 초·중반 두 차례에 걸쳐 일본에 당한 침탈과 국망(國亡)이라는 치욕의 역사만을 기억해 일종의 패배 의식을 가지고 반일 감정을 키워 왔다. 하지만 반만년의 우리 역사에서 우리가 일본에 패배한 역사보다는 승리한 역사가 더 많은 부분을 차지한다는 사실을 상기할 필요가 있다. 우리나라는 삼국시대 이후 천 년 동안 일본으로부터 선진국 대우를 받으며 살았다. 비록 그 뒤에 형세가 기울어 16세기 말에 치욕적인 왜란을 겪게 되었지만, 이때까지도 우리는 전쟁에 대한 대비가 전혀 없는 상태에서 그런대로 일본의 침략을 잘 막아내었다. 한산대첩, 명량해전, 노량해전 등 수많은 전승 신화들은 이순신 장군을 비롯한 이 나라 수군 장병들이 중과부적[9]의 상황에서 조정과 인근 부대로부터 지속적인 견제와 모함과 질시를 받아 가면서도 뛰어난 창의력, 주도면밀한 전략, 결집된 전투력으로 피땀 흘려 이룩한 노력의 결실이었다. 현대에 들어서도 2000년대 초 우리의 삼성전자가 당시 세계 전자 시장을 주도했던 일본 기업 소니를 추월한 데 이어, 2010년대 이후 메모리 반도체 분야에서 과거 세계 최강이었던 일본 기업들을 누르고 세계 1위를 차지하는 등 우리의 첨단 기술력이 일본을 꾸준히 앞서거나 따라잡고 있다.

---

9) 적은 병력으로 많은 병력을 이길 수 없는 상황을 말한다. 당시 조선은 당파싸움만 일삼고 부국강병을 소홀히 함으로써 임진왜란 당시 육·해군 모두 왜군에 비해 초라하기 짝이 없는 수준이었다. 당시 일본은 총병력 33만 명 중 정예병 16만 명을 조선에 파병했고, 조선은 총병력이 15만 명이라고 하지만 정규군은 그중 3분의 1 수준에 불과했으며, 무기와 전투력도 왜군이 압도적 우세였다.

　그런데 문제는 우리가 일본에 비해 국제 정세를 바라보는 통찰력과 미국 등 주변 강대국, 그리고 주변 우방 국가와 아세안 등 개발도상국가들에 대한 폭넓은 외교 역량이 턱없이 부족하다는 점이다. 그리고 아직까지는 우리나라가 반도체 등 일부 첨단 기술 분야만 빼고 나머지 여러 분야에서 일본에 뒤처져 있는 실정이다. 그러니 우리가 지금부터 일본을 확실하게 따라잡기 위해서는 좋든 싫든 일본과 손을 맞잡고 매사에 협력하지 않으면 안 된다. 실속 없는 '반일' 감정을 접고 '극일(克日)'이라는 더 높은 비전을 향해 두 날개를 활짝 펴야 한다는 말이다.

　20세기 초·중반에 일본의 침탈로 고통받은 나라가 우리나라만 있는 것은 아니다. 오늘날 세계 2위 경제 대국인 중국도 1937년부터 1945년까지 이어진 중·일 전쟁으로 큰 피해를 입었으며, 난징에서는 일본군이 한꺼번에 최소 12만 명에서 최대 35만 명의 중국인을 학살하는 끔찍한 만행을 저질렀다. 그밖에 동남아시아 각국들도 일본에게 침탈을 당해 수많은 피해와 고통을 받았다. 또한, 우리는 1965년 한·일 회담을 통해 일본의 식민지 지배에 대한 포괄적 배상금으로 무상 자금 3억 달러를 포함한 8억 달러의 청구권 자금을 받아 우리 경제가 비약적인 성장을 하는 데 밑거름이 됐다. 물론 우리나라가 일본에게 침탈을 당한 기간과 강도가 다른 나라들에 비해 상대적으로 길고 컸던 것은 사실이지만, 그렇다고 해서 80년이 지난 오늘날까지 우리만 유달리 반일 감정에서 벗어나지 못하고 있는 것도 현명한 처사는 아닌 것 같다.

　오히려 우리가 역사적으로 일본에게 당한 기억은 기억 그 자체로만 남겨두고 일본을 미국을 비롯한 다른 우방국들과 동등한 입장에서 대

　　　　　　　　　　　　　　　　　　　　　　　　　한국을 다시 위대하게

하는 통 큰 외교를 전개하는 것이 좋을 것 같다. 그 대신 우리나라가 삼국시대 이후 천 년 동안 일본으로부터 선진국 대우를 받았던 역사적 사실, 임진왜란 때 이순신 장군의 23전 23승 신화, 2000년대 이후 삼성전자의 소니 제압과 메모리 반도체 제패 등 승리의 기억들을 되새겨 우리가 일본을 확실하게 뛰어넘을 수 있도록 기술 혁신과 국력 배양에 총력을 기울여야 한다.

일본은 언젠가 동아시아에서 미국의 영향력이 줄어들 경우 그 빈자리를 차지하고자 하는 의도가 있는 것으로 보인다. 최근 들어 미국·일본, 미국·일본·인도·호주, 미국·일본·필리핀 등 인도·태평양 국가들 간 소다자(小多者) 형태의 군사 및 기술 협력 움직임이 활발해지고 있지만, 한국은 항상 빠져 있는 형국이다. 어디서부터 잘못되었는지 거슬러 올라가 잘못된 매듭을 풀어 나가야 한다.

◆ 속을 알 수 없는 신흥 강대국 중국 상대하기

우리는 중국이 2001년 세계무역기구(WTO)에 가입한 후 경제 규모가 급격히 커지면서 중국에 대한 중간재 수출 증대로 큰 덕을 보았으며, 아직까지도 중국에 대한 수출 의존도가 높은 편이다. 따라서 우리는 그동안 중국과의 교역 관계를 고려해 미국과 일본이 주도하는 인도·태평양 전략에 소극적인 태도를 보임으로써 한·미 동맹 관계의 약화를 초래한 면이 있다. 그럼에도 불구하고 중국은 미국이 주한미군기지에 사드를 배치한 것을 문제삼아 애꿎은 한국에게 터무니없는 각종 보복 조치를 강행했다.

그로부터 우리는 중국으로부터 참기 어려운 각종 제재와 수모를 당하면서도 제대로 된 대응을 못한 채 일방적으로 당하기 일쑤였다. 그동안 중국의 비위를 맞춘 대가로 추가적인 경제적 이득을 취해온 것도 아니다. 하지만 이제부터 우리는 최소한 개발도상국인 베트남만큼이라도 중국에 대하여 당당해질 필요가 있다.

우리가 중국을 보는 관점은 크게 두 가지로 나누어 생각할 수 있다. 그 하나는 중국이 우리보다 월등한 영토, 인구, 경제력, 군사력을 가진 초강대국으로서 우리가 도저히 넘지 못할 태산 같은 존재라는 것. 나머지 하나는 중국이 대국이라고 하지만 지금 중진국 함정에 빠져 수출·투자·소비 부진, 과중한 부채, 청년실업률 급증, 외국인직접투자(FDI) 급감 등으로 심각한 위기에 처해 있는 데다, 미국의 전 방위적 견제, 압박으로 경제 성장과 첨단 기술 개발에 급제동이 걸린 상태라는 것. 더욱이 덩샤오핑의 개혁·개방 이후 순조롭게 이행되어 온 권력 승계 체제가 시진핑에 이르러 1인 장기 집권 체제로 변형되면서, 중국 공산당 지도부 내에 권력 투쟁의 징조까지 보이기 시작한다는 점. 게다가 공산당 일당 독재 체제와 고도 경제 성장이 만나는 교점에서 언젠가 필연적으로 겪게 될 정치적 위기를 중국 또한 피해 가기 어려울 것이라는 점. 그리고 이 모든 상황이 중국을 위기 상황으로 몰아갈 때 티베트, 신장 위구르 같은 소수 민족들의 분리·독립 운동까지 일어난다면 초강대국인 중국으로서도 크게 한풀 꺾이지 않을 수 없게 될 것이다.

따라서 우리는 장기적으로 충분히 일어날 수 있는 후자의 경우를 염두에 두고, 그 옛날 고구려 때처럼 중국과 당당하게 맞짱을 뜰 수 있는 군사력을 기르는 한편, 고려 때처럼 통 큰 외교력을 발휘할 수 있어야 한다. 단기적으로는 한·미·일 동맹 체제를 강화하고 한·미·일 동맹 체제 내에서 우리의 입지가 한층 높아질 수 있도록, 지금까지 일본이 그래왔던 것처럼, 동아시아 지역 질서 유지와 대중 견제 관련 정책 어젠다를 우리가 먼저 제시하고 앞장서서 추진해 나갈 수 있어야 한다. 아울러 일본처럼 미국과 협력하는 일에도 적극 나서고 중국과의 경제 협력과 인적 교류도 소홀히 하지 않는 실리 외교를 지향해야 한다. 전략적으로 미국과 중국이라는 '이항대립(二項對立)'[10]에만 집착할 것이 아니라 양자 간 '동적이중성(動的二重性)'[11]에도 착안하여 중용(中庸)[12]의 경지까지 끌어올려야 한다.

아세안(ASEAN)과 인도 끌어안기

우리는 지정학적으로 주변이 세계 1~4위의 경제, 군사 강국들에 둘러싸여 답답하기 이를 데 없고 때로는 위험하기까지 하다. 따라서 이에 대한 완충 대안으로서 아세안 10개국과의 연대를 생각해 볼 수 있다. 우리나라뿐 아니라 미국, 중국, 일본 등 주변 강대국들 또한 아세안 시장 공략에 많은 공을 들이고 있다. 우리는 세계 최빈국에서 개발도상국을 거쳐 선진국으로 진입한 성공 신화를 통해 아세안 국가들의 롤모델이 될 수 있고, 세계적으로 열풍을 일으키고 있는 한류를 통해 아세안 국가들의 마음을 사로잡을 수도 있다. 그런데 아직까지도 우리나라

---

10) 단순히 대립하는 미국과 중국만을 각각 상대하는 것.
11) 미·중 간 패권 경쟁과 국제 정세를 좀 더 폭넓은 관점에서 바라보고 융통성 있게 대처하는 것.
12) 더 나은 균형을 향해 관계를 더 높은 차원의 레벨로 끌어올리는 것.

는 아세안 국가들의 마음속에 제대로 자리 잡지 못하고 있는 것 같다.

싱가포르 국립연구기관인 동남아연구소(ISEAS)가 실시한 2021년 여론조사 결과, 아세안에 정치적, 전략적 영향을 미치는 정도를 묻는 질문에 중국 49.1%, 미국 30.4%, 일본 3.2%, 유럽 1.7%, 한국 0.3% 순이었다. 또 글로벌 자유무역을 위해서 어느 국가를 가장 신뢰할 수 있느냐는 질문에는 미국 22.5%, 유럽연합(EU) 22.2%, 일본 15.4%, 중국 11%, 한국 0.9% 순이었다. 한국의 신남방정책이 아세안 국가에 이윤을 남기기 위한 비즈니스 전략에 불과하다고 평가하기도 했다. 미·중 전략 경쟁 시대에 아세안이 제3의 파트너를 선택해야 한다면 누구를 선택하겠느냐는 질문에 대해서도 EU 40.8%, 일본 39.3%, 한국 3.2% 순이었다. 3년 뒤인 2024년에 실시한 여론조사에서도 한국은 주요국 가운데 아세안 국가들에 대한 영향력 면에서 여전히 꼴찌 수준으로 나타났다.

우리나라가 일본을 뛰어넘고 중국과의 국력 격차를 좁혀 가면서 세계 주요 강대국으로 국력을 키워 나가겠다는 꿈을 이루기 위해서는 경제와 군사 분야뿐만 아니라 외교 분야에서도 더욱 분발하지 않으면 안 된다는 점을 여실히 보여준다. 최근 들어 베트남이 중국의 대체 생산지로 떠오르면서 각국 정부들은 자국 기업들과 한 팀을 이루어 베트남 진출에 매진하고 있는 데 비해, 한국은 정부의 소극적 대응으로 오로지 민간 투자에 의존하는 실정이라고 한다. 우리는 지금 다른 어느 나라보다 중국을 대체할 새로운 수출시장 개척이 절실한 상황이다.

그래도 껄끄러운 중국과 일본과의 외교 관계보다는 아세안과의 외교 관계에서 친밀감과 영향력을 높이는 것이 훨씬 더 쉽지 않을까? 뒤집어서 말하자면 우리가 아세안 국가들의 마음도 붙잡을 수 없다면 중국과 일본과의 복잡 미묘한 갈등, 협력 관계를 지혜롭게 풀어 나가는 것은 더욱 어려운 일이 될 것이다. 무엇보다 이제는 우리나라가 주변 강대국 틈에 끼어 있는 작은 나라가 아니라, 세계 10위권의 경제 대국이며 동아시아에서 지정학적으로 가장 중요한 핵심 국가라는 자부심을 갖고, 대국다운 통 큰 외교를 펼쳐야 한다. 당장 눈앞의 이익에만 집착할 것이 아니라 개발도상 과정에 있는 아세안 각국의 경제, 기술 발전을 위해 진심으로 도와주고 싶다는 의지를 보여주고 우리의 앞선 노하우를 전수해 주는 등 아세안 국가들의 마음을 얻기 위한 노력을 아끼지 말아야 할 것이다.

한편, 우리는 대(對)중국 교역 의존도를 줄여 나가야 하는 시점에서 중국을 대신할 수 있는 시장으로 세계 최대 인구국으로 부상한 인도를 주목해야 한다. 우리는 지금부터 모래시계의 모래가 서서히 이동하는 것처럼 한국의 수출입 물량이 중국에서 인도로 서서히 이동하도록 하는 중·장기 계획을 수립하여 착실하게 실천해 나가야 한다.

2024년 인도의 경제성장률은 6%로 중국(5%)을 넘어섰으며, 인구 또한 인도가 중국보다 약간 많다. 지금 세계는 과거 중국처럼 세계 최대 인구국에다 생산 인구 비중이 높은 이점을 최대한 발휘하여 고속 성장을 이어가고 있는 인도를 주목하고 앞다퉈 인도 시장 공략에 공을 들이고 있다. 지금처럼 우물쭈물하고 있다가는 우리나라가 인도 시장에 발을 들여놓기 쉽지 않을 수도 있다.

우리나라가 아세안 10개국과 인도를 우리 편으로 확실하게 끌어들일 수만 있다면 주변 강대국에 둘러싸인 동아시아에서 우리의 입지를 강화시켜 주는 든든한 울타리가 되어줄 것이다. 우리 경제의 커다란 문제점 가운데 하나인 '특정 국가 수출 의존도 심화' 현상을 완화하기 위해서도 아세안과 인도 진출은 우리에게 시급한 개혁 과제가 아닐 수 없다.

베트남은 젊은 인구가 많고 6~7%대의 경제성장률을 꾸준히 유지하고 있으며, 싱가포르는 교육과 금융허브이고, 인도네시아와 말레이시아는 자원이 풍부하며, 필리핀, 방글라데시, 미얀마, 라오스, 캄보디아 등의 인건비는 중국의 3분의 1 수준에 불과하다. 아세안 국가들만 다 합쳐도 우리의 교역 상대로서 중국만 못할 것이 없다.

최근 들어 반도체를 비롯한 중간재 수출 감소 등으로 인해 우리나라의 중국 수출 비중이 갈수록 줄어들고 있다. 우리나라에서 대중국 중간재 수출이 감소하는 현상은 반도체 등 중간재 산업의 경쟁력을 높이는 등 대책이 필요하지만, 우리는 이 기회에 중국의 빈자리를 아세안과 인도 등 다양한 국가로 채워 나가면서 수출국 다변화 및 저변 확대를 통해 명실상부한 수출 대국으로 자리매김해야 한다.

약소국 외교에서 중견국,
선진국 외교로 진화해야

지금 동아시아에서는 이 지역 패권을 거머쥐려는 중국을 견제하기 위해 미국, 일본이 주도하는 인도·태평양 전략이 시행되고 있다. 한국은 지금까지 인도·태평양 전략을 우리와 직접 상관이 없는 어젠다로 인식해 방관자적 태도를 유지해 오다가, 마지못해 끌려가다시피 소극적

　　　　　　　　　　　　　　한국을 다시 위대하게

으로 참여하고 있는 실정이다. 하지만 장기적인 안목으로 볼 때 인도·
태평양 개념은 미국이나 일본 못지않게 어쩌면 그들보다 더 우리에게
필요한 개념이 될 수도 있다. 북한 급변사태 발생 시 북한 안정화 과정
에서 우리는 중국과 전쟁을 치를 각오를 해야 한다. 또 서태평양에서
미·중 간 전쟁이 발발할 경우 서해와 남해에서 한·중 간 국지전이 발
생할 가능성은 항상 열려 있다고 봐야 한다. 다시 말해서 지금은 우리
가 미·중 간 패권 경쟁의 틈바구니에서 곤란을 겪고 있는 정도이지만,
언젠가는 그 옛날 고구려 때처럼 우리가 중국으로부터 직접 침공을 받
는 시나리오가 전개될 가능성이 농후하다는 이야기다.

　우리는 지난 반세기에 걸친 성장 과정을 통해 지금은 세계 10위권의
선진국이 되었지만, 우리 정치권과 정부는 아직도 약소국 콤플렉스에
서 완전히 벗어나지 못한 상태에서 외교 또한 후진국 외교를 벗어나지
못한 것으로 보인다. 이제는 우리나라가 국제 정세를 바라보는 시야를
보다 넓히고 깊이를 더해, 지금까지와 같이 한반도와 북핵 문제에만 매
달릴 것이 아니라 인도·태평양은 물론 더 넓은 세계를 향해 외교의 보
폭을 대폭 확대해야 한다.

　외교관을 집중적으로 양성하는 학교 또는 학과를 신설하고 주요 선진
국에 비해 턱없이 부족한 외교직 공무원을 증원하는 방안을 검토하는
것도 필요할 것으로 보인다. 외교부 자료에 따르면, 2024년 기준 외교부
소속 공무원 정원은 2,896명으로, 미국 2만 6,000명, 일본 6,604명, 캐
나다 1만 2,846명, 이탈리아 6,940명에 비해 지나치게 적은 수준이다.
일본의 경우 외무성 공무원 정원이 현재 한국보다 2배 이상 많은 6,604
명 수준인데도 2030년까지 8,000명으로 증원할 방침이라고 한다.

북한 핵 위협 억제

◆ 3축 체계 구축 서둘러야

핵보유국 간에는 '상호확증파괴' 개념이 작용함으로써 상대방의 핵 공격을 사전에 억제하는 효과가 있다. 그런데 우리는 핵무기가 없기에 북한의 핵 공격을 사전 억제하기 위해서는 부득이 미국의 핵우산에 의존할 수밖에 없다. 그러나 미국의 확장 억제 수준은 어디까지나 미국의 의지에 달려 있는 문제로서 미국 내부 사정으로 인해 한반도 유사시 확장 억제 전략이 가동될 수 없거나 시간이 많이 지체되어 확장 억제의 실효성을 확보하지 못할 수도 있다. 이와 같은 정세와 분위기 변화를 북한이 감지하게 될 경우 북한 핵 공격을 사전에 억제하는 효과는 그만큼 약해질 수밖에 없다. 따라서 우리는 이럴 경우에도 충분히 대비하지 않으면 안 될 것이다. 그리고 사실 북한의 핵 공격에 대하여 반드시 핵 공격으로 맞서야만 하는 것도 아니다. 차선책으로 3축 체계 즉, 킬체인, 한국형미사일방어체계(KAMD), 대량응징보복(KMPR)을 통해 북한 핵 공격을 방어할 수 있는 길이 있다.

그런데 북한은 2017년에 사실상 핵보유국이 되었으면서도 핵무기 수량 증가 및 성능 개량을 위해 더욱 박차를 가하고 있는 반면, 우리는 차선책인 '3축 체계 구축'조차 역대 정부에서 10년 이상 계속 추진을 미뤄 오다가 최근 들어 2027년까지 구축 완료하는 것으로 결론이 난 상태다. 북한에 비하면 우리 정치권과 정부의 안보 태세가 한심할 정도로 취약하지만, 이제는 더 이상 미루지 말고 지금 계획대로 2027년까지는 차질 없이 3축 체계가 완성되도록 해야 한다.

◆ 첨단 무기 개발 박차

우리에게 3축 체계는 미국의 확장 억제와 함께 유사시 우리 안보를 지켜줄 최후의 보루이지만, 나날이 발전하는 AI 기술의 영향으로 각종 신형 첨단 무기들이 계속 쏟아져 나오고 있다. 그리고 어차피 핵 개발이 불가능한 우리 입장에서는 핵무기를 제외한 모든 무기체계에서 최첨단을 추구하는 것만이 북한과 주변 강대국들로부터 한국을 지킬 유일한 최선의 방책이다.

현대전에서 필수 무기화된 각종 미사일과 드론을 다량으로 비축하고, 각종 무기 시스템의 무인화(無人化)와 네트워크화에도 소홀함이 없어야 한다. 미국은 2030년까지 구글[13], 아마존 등 글로벌 IT 기업의 AI 기술을 적용한 유·무인 복합 전투체계를 구축해, 유인(有人) 전차 1대가 무인(無人) 전차 3~4대를 거느리고 함께 싸우는 방식으로 전환을 추진하고 있으며, 2040년에는 전차부대 전체를 무인화하고 지휘 센터에서 원격 지휘하는 방식으로 전환할 계획이라고 한다. 지금 중국 인민해방군은 무서운 속도로 첨단 무인 장비 보급률을 늘려가고 있다. 막

---

13) 2015년 8월 새로운 지주회사인 '알파벳'으로 변신하였으나, 이 책에서는 우리에게 익숙한 '구글'이라는 회사명을 계속 사용하기로 한다.

대한 군사비를 투입하여 첨단 무인 장비를 생산함과 동시에 현역에서 퇴역한 구형 장비들을 간단한 개조를 통해 무인 장비로 개조함으로써 어마어마한 양의 무인 장비를 보유하게 될 것이라고 한다. 언젠가 한반도와 동아시아에서 미·중, 남·북 또는 한·중 간 충돌이 발생할 때 중국이 70여 년 전 6·25전쟁 때 사용했던 인해전술 대신 기해전술(機海戰術)을 펼치게 될 수도 있다는 것이다.

여기서 우리는 두 마리의 토끼를 한꺼번에 잡을 수 있는 한 가지 정책 방안을 생각해 볼 수 있다. 그 하나는 유·무인 또는 무인 전투체계 구축을 통해 우리의 심각한 고민거리인 병력 자원 부족 문제를 어느 정도 해소할 수 있다. 육상과 해상, 공중을 망라한 무인 전투 체계가 보편화될 경우 현장 병력은 절반 이하로 줄어들 것이라고 한다. 인명 피해가 최소화될 것은 말할 것도 없다. 또 한 가지는 미국, 중국 등 경쟁국들에 많이 뒤처져 있는 AI 분야를 첨단 군사기술 혁신 과정을 통해 초고속 발전시킬 수 있는 계기가 될 수 있다는 점이다.

이스라엘의 탈피오트 요원들은 군 복무 중 세계 최첨단 군사기술을 개발하고, 전역 후에는 성공한 스타트업으로서 국가 첨단 산업 발전에 큰 기여를 하고 있다. 우리나라에서는 2014년부터 이스라엘의 탈피오트 제도를 벤치마킹한 '과학기술 전문사관' 제도를 도입해 운용하고 있지만 아직까지 이렇다 할 성과를 보이지 못하고 있는 것 같다. 사실 우리에게 주어진 환경이나 여건이 이스라엘보다 못할 이유가 전혀 없다. 이스라엘은 국토 면적이 약 2만㎢, 인구는 917만 명으로 우리나라의 5분의 1 수준에 불과하다. GDP도 한국의 4분의 1 수준이고 반도체 등 첨단 기술 수준에서도 우리보다 한참 뒤떨어진다. 마침 정부에서 2026

년에 국방첨단과학기술사관학교를 설립할 예정이라고 하니 이번에야말로 우리나라에 이스라엘의 탈피오트보다 나은 한국형 탈피오트가 탄생하기를 기대해 마지않는다. 그리하여 우리나라에서 군사와 민간 분야의 AI 기반 첨단 기술력을 동시에 끌어올리도록 해야 한다. 다만 내용물은 그대로인데 포장만 자주 바뀌어 실속이 없는 것처럼, 이름만 자주 바뀌고 실제 운용 실태는 구태의연한 모습을 보이지 않기를 바랄 뿐이다.

한편, 이번 우크라이나 전쟁을 통해 미국의 무기 재고가 급격히 줄고 있고 추가 생산 능력 또한 부족하다는 문제점이 드러났다고 한다. 이러한 추세가 지속된다면 앞으로 한반도 유사시에 핵무기 이외의 필수 전략 물자들을 미국으로부터 원활하게 지원받지 못하는 일이 발생할 수도 있다. 따라서 핵무기 이외의 각종 재래식 또는 비대칭 전력은 최대한 자급자족할 수 있는 수준으로 자주국방 능력을 키워나가지 않으면 안 될 것이다. 선제 타격 및 방어용 미사일 수도 5배 이상 획기적으로 늘려 10,000기 정도는 보유해야 한다.

2010~20년 기간 중에 연평균 수출이 30억 달러에 불과했던 K-방산 수출액이 2021년 73억 달러, 2022년에는 173억 달러로 급증하다가 2023년에는 135억 달러, 2024년에는 95억 달러로 다시 줄어드는 추세를 보이고 있다. K-방산의 세계 제패 가능성은 충분히 입증되었으나 우리의 첨단 무기 기술 개발 의지와 노력이 아직은 부족하다는 의미로 받아들여야 할 것이다. 아직까지 세계 9위에 머무르고 있는 K-방산 수출 수준을 세계 3~4위까지 끌어올릴 수 있도록 첨단 무기 개발

과 양산(量産)에 더욱 박차를 가해야 한다. 이야말로 국가 안보 태세 강화와 함께 경제와 기술 발전에도 기여할 수 있는 일석이조의 개혁 과제라고 할 수 있다.

◆ 미래 안보 상황에 대비해야

우리는 미래 안보 문제를 현재의 관점에서 바라봐서는 안 된다. 2020년대가 저물어갈 무렵 북한이 200개 이상의 핵무기와 한층 성능이 개량된 ICBM, SLBM(잠수함발사탄도미사일) 등으로 미 본토까지 직접 공격할 수 있는 능력을 보유함과 동시에, 우리 쪽을 겨냥해 소형 핵탄두를 탑재할 수 있는 단거리미사일을 촘촘하게 실전 배치할 경우를 상정해서 안보 전략을 구상하지 않으면 안 될 것이다.

북한은 2023년 3월 12일 잠수함에서 SLCM(전략순항미사일)을 시험 발사했다고 발표했다. 그해 3월 21일에는 수중 폭발로 해일을 일으켜 함선과 항구를 파괴할 수 있는 핵무인수중공격정 '해일'을 발사해 해저 80~150m에서 59시간 잠항한 뒤 23일 수중 폭발하는 데 성공했다고 주장했다. 미 항공모함 전단에 접근해 방사능 쓰나미로 함선과 시설을 초토화할 수도 있다는 것이다. 또 그해 3월 22일엔 SLCM에 모형 핵탄두를 탑재해 공중 폭발하는 실험을 하기도 했다. 북한이 수중에서 SLBM과 SLCM 등 다양한 미사일을 섞어 쏘게 되면 우리의 미사일 방어체계로 탐지·요격하는 것이 더 어려워진다고 한다. 더욱이 북한은 2021년 9월 28일, 그리고 2022년 1월 5일과 11일에 한·미 미사일 방어망을 무력화시킬 수 있는 극초음속 미사일을 시험 발사했다고 발표했다. 우리가 북한의 핵 공격에 대비하여 3축 체계 구축을 서두르고 있지만, 북한에 극초음속미사일 개발 기술에서 밀릴 경우 3축 체계의 한 축인 한국형 미사일방어체계가 무용지물이 될 수도 있다는 것이다.

이렇게 최근 들어 북한은 수년 내에 소형 핵탄두 탑재가 가능한 단거리미사일을 실전 배치하겠다는 목표를 세우고, 신속한 발사가 가능한 고체연료 사용, 탐지가 어려운 수중·지하 발사 및 회피기동 미사일 발사 시험, 극초음속미사일 발사 시험 등 투발 수단 개발에 전력투구하는 것으로 보인다. 북한이 각종 단거리 투발 수단을 이용해 전광석화처럼 핵 공격을 해오는데 미국의 핵우산 작동이 늦어지기라도 하면 어떻게 할 것인가. 북한은 하루가 다르게 핵 공격 능력을 높여가고 있는데 우리는 이렇게 티격태격 집안싸움이나 하면서 한가로이 세월을 보낼 수는 없다.

우리는 북한의 단거리 투발 수단 개량 등 핵 공격 능력이 한 단계 높아질 때마다 우리의 핵 방어 능력 또한 한 단계씩 높여나가는 대응 전략이 필요하다. 북한의 핵 공격 능력에 비례해서 3축 체계에 포함되는 각종 감시 장비나 요격 미사일의 수량과 성능 또한 지속적으로 늘리고 개량하지 않으면 안 된다. 특히 북한 지도부를 상대로 한 참수 작전 등 대량응징보복 작전을 독자적으로 수행할 능력을 지속적으로 키워나가야 한다.

우리는 지금까지 핵을 제외한 재래식 무기는 우리가 북한보다 압도적 우위에 있다고 생각해 왔지만 우리가 국내 문제에 집착하느라 안보 문제에 관심을 덜 기울이는 동안 북한은 미사일, 드론 등 재래식 무기 개발과 성능 강화에도 핵 개발 못지않게 국력을 온통 쏟아부어 왔다. 따라서 이제는 현대전에서 중요한 역할을 하는 일부 재래식 무기 분야에서까지 우리가 북한에 따라잡히거나 뒤처지는 것은 아닌지 깊이 따져 봐야 할 것 같은 생각이 든다. 마치 우리나라가 우리보다 반도체 기술력이 한참 뒤떨어진 중국에게 메모리 반도체 기술마저 따라잡힐까 봐 전전긍긍해야 하는 것과 같은 모습이다.

그동안 우리나라에서는 미국을 위시한 국제사회와 함께 엄청나게 공을 들인 북한 비핵화 정책이 사실상 물 건너간 것처럼 보이는 상황에서 자체 핵무장 여론이 비등했다. 그렇지만 2023년 4월 26일 한·미 정상 간 워싱턴선언(Washington Declaration)을 통해 '자체 핵무장 또는 전술핵 재배치를 안 하는' 것으로 일단 결론이 났다. 그 대신 한·미 간 확장억제 협의체인 '핵 협의 그룹(NCG)'을 창설해 핵잠수함 등 전략 자산을 한반도에 정기적으로 전개함과 동시에 미국 핵자산 관련 정보 공유 확대 등 기존의 확장억제 전략을 한층 강화하는 조치가 취해진 것이다. 하지만 이 약속 또한 트럼프 2기 행정부에서 언제 뒤바뀌게 될지 알 수 없는 일이다. 따라서 워싱턴선언에도 불구하고 우리의 자체 핵무장 논의는 지속돼야 하고, 우리 군이 북한 핵을 선제적으로나 사후적으로 최대한 막아낼 수 있을 만큼 충분한 수량의 미사일과 정찰 위성, 드론, 레이저 무기, 무인 전차, 무인 전투기, 무인 함정 등 첨단 신무기들을 최대한으로 확보해서 실전 배치해야 한다. 아울러 우리 군을 AI 기반 지능형 지휘·통제 및 초연결 네트워크 체계를 갖춘 강하고 효율적인 군대로 만들어야 한다. 그리고 우리가 목표로 하는 군사력의 첨단화는 장기적으로 북한을 넘어 중국, 러시아 등 군사 강국들을 능가하는 수준이 되어야 한다. 그래야만 핵 무장한 북한을 쉽게 제압할 수 있고, 주변 강대국들의 틈바구니에서 우리 안보를 유지할 수 있기 때문이다.

그런데 이와 같이 우리 군이 AI 기반 첨단무기 체계와 지능형 지휘 통제 및 초연결 시스템으로 변환되는 과정에서 반드시 유념해야 할 것이 있다. 우리 군이 첨단화, 지능화되어 갈수록 북한의 사이버와 전자기펄스(EMP) 공격에 더욱 취약해진다는 것이다. 우리가 엄청난 돈을 들여 수십 년간 공들인 노력의 결과물이 한순간에 무용지물이 될 수도 있다는 말이다. 이렇게 되지 않으려면 우리나라 사이버 기술과 전력을 지금보다 10배 이상 강화하고 관련 예산도 대폭 늘리지 않으면 안 된다.

◆ 북한을 능가하는 비대칭 전력 개발

북한은 우리보다 턱없이 부족한 전비 규모와 첨단 무기의 질적 열위를 극복하기 위해 비교적 돈이 적게 들어가면서 우리에게 치명적인 타격을 가할 수 있는 핵무기 등 비대칭 전력 개발에 박차를 가해 왔다. 그 결과 핵무기는 물론 탄도미사일, 잠수함, 장사정포, 특수부대, 사이버, EMP, 생화학무기 등 우리보다 뛰어난 비대칭 전력을 개발 또는 보유함으로써 갈수록 남북 간 실질적인 군사력 격차를 키워 오고 있다.

북한 핵전력의 '최종병기'라는 SLBM은 우리에게 치명적인 비대칭 무기이다. 지상 발사형 탄도미사일과 핵무기 저장고는 미국이 첨단 전략 무기를 동원해 파괴할 수 있으나 잠수함은 다르다. 북한은 SLBM을 탑재한 잠수함을 동해 바다 속에 숨겨두었다가 한국, 일본, 미 태평양 기지와 본토 등에 핵을 탑재한 SLBM 공격을 퍼부을 수 있다. 더욱이 북한은 한반도 유사시 한국을 지원하기 위해 우리 해역으로 출동하는 미 항공모함에 치명적인 손상을 입힐 수 있는 대함탄도미사일(ASBM)까지 이미 개발해 놓은 상태여서 유사시 북한의 공격에 대한 미군의 즉각 대응이 어려워질 수도 있다. 북한의 신형 300mm 장사정포(사정거리 200㎞)는 군사분계선에서 발사할 경우 수도권은 물론 충남 계룡대까지 타격권에 들어가고, 현재 우리 군이 보유하고 있는 패트리엇 미사일이나 한국형미사일방어체계로도 완전 요격이 어렵다고 한다.

최근 우크라이나 전쟁에서 볼 수 있는 것처럼 사이버 전력은 현대전에 미치는 영향이 막강하다. 러시아는 전쟁 발발 한 달 전부터 사이버 공격을 통해 우크라이나 정부 웹사이트를 다운시키고, 여러 정부 기관과 은행 서비스를 중단시켰다. 러시아는 계속해서 정교한 사이버 공격으로 우크라이나의 위성 및 광역통신망 등을 무력화시킴으로써 군 지휘 통제 및 군사 작전을 교란했다. 전통적인 군사 작전에 사이버 공격을 결합한 하이브리드 전쟁을 수행한 것이다. 이로 인해서 우크라이나 군과 정부는 전쟁 초기 결사 항전 체제를 갖추는 데 어려움을 겪어야 했다. 그러나 우크라이나도 미 정부와 나토(NATO, 북대서양조약기구) 회원국 및 IT 대기업들의 도움을 받아 러시아의 사이버 공격을 잘 막아내었다. 그들은 우크라이나에 사이버 대피소와 위성통신 서비스를 제공해 주고 방호 소프트웨어를 설치해 주는 등 러시아의 사이버 공격으로 인한 피해를 최소화하도록 도왔다. 현대전에서 사이버 분야의 중요성을 확실하게 인식할 수 있는 사례다.

그런데 우리는 우크라이나 사태를 강 건너 불구경할 입장이 못 된다. 호시탐탐 남침의 기회를 노리는 북한이 미국, 러시아에 이어 세계 3위의 사이버 해킹 강국이라는 점에서다. 북한은 1980년대부터 컴퓨터에 자질 있는 영재를 선발해 10여 년간 사이버 기술을 가르쳐 사이버 전사로 육성해 왔다. 이렇게 양성한 사이버 전사는 2017년 6,000명에서 2021년에는 2만 3,000명 수준으로 늘어났다고 한다. 그런데도 우리는 겨우 1,000명 정도의 사이버 전력을 보유하고 있는데, 조직과 운용 시스템이 취약해 유사시 북한의 해킹 공격에 대응하기에는 턱없이 부족한 실정이다.

우리는 그동안 수차례에 걸쳐 정부 기관, 기업, 은행 등이 북한으로부터 디도스 공격[14] 또는 해킹을 당해 각종 정보가 탈취되고 전산망 마비 등 피해를 입은 적이 있다. 심지어 우리 군이 북한군 동향 파악은 물론 북한 전역의 무선통신 감시 및 정보 수집을 위해 운용하고 있는 금강·백두 정찰기 모두 최근 들어 북한에 해킹을 당했다고 한다. 그런데 평시가 아닌 전시에 우리가 북한으로부터 사이버 공격을 받는다면 정부 기관, 기업, 은행은 물론 군 지휘 체계를 포함한 주요 시설까지 사이버 공격 대상이 되어 전쟁 수행에 막대한 지장을 초래할 수 있다. 유사시 북한 핵 공격을 선제적으로 방어하는 데 필수 장비인 정찰기가 제 기능을 못 한다고 생각해 보라.

지금 이 순간에도 라자루스 등 북한 해킹 조직은 한국의 방산, 자동차, 반도체 산업 등에서 각종 기밀 정보를 빼내거나 유사시 한꺼번에 무너뜨릴 요량으로 빈틈을 노리고 있다. 그리고 이를 위해 북한 IT 인력이 현지 브로커를 통해 국적 등 신분을 세탁한 뒤 원격 근무가 가능한 소프트웨어 개발자로 위장해 여러 산업 부문에 취업한 사례가 다

---

14) 대상 서버, 서비스, 네트워크를 인터넷 트래픽 폭주로 압도해 정상적인 작동을 방해하는 것.

수 발견되었다고 한다. 우리가 공들여 일으켜 세운 각종 산업이 북한보다 사이버 전력에 밀림으로써 일시에 무너져 내릴 수도 있음이다. 북한이 그동안 사이버 공격을 통해 30억 달러(약 4조 원) 상당의 가상화폐를 탈취한 것도 우리에게는 심각한 일이다. 그만큼 북한이 핵잠수함 등을 확보할 수 있는 재원이 생기는 일이기 때문이다.

사이버는 EMP와 함께 '발사의 왼편'에 해당한다. 다시 말해 적의 지휘부 등을 교란함으로써 미사일 발사를 사전에 무력화시킬 수 있다는 것이다. 따라서 핵무기가 없는 우리에게는 가장 유용한 핵 방어 수단이라고도 할 수 있다. 우리는 어떻게 해서라도 '발사의 왼편'인 사이버 기술 개발에서 북한을 능가함으로써, 유사시 북한의 사이버 공격을 막아냄은 물론 북한 핵 공격을 사전에 무력화시키는 선제공격에 이용할 수도 있게 만들어야 한다.

무엇보다 우리가 사이버 전력에서 북한에 뒤처지는 것을 당연하게 생각하는 타성에서 벗어나는 것이 급선무다. 세계 최고 수준의 IT 기술, 북한의 40배에 달하는 경제력을 보유한 우리나라가 무엇이 부족해 북한에 사이버 기술에서 계속 밀려야 한다는 말인가. 지금부터라도 우리가 핵무기를 개발하고 운용하는 데 들어가는 비용과 노력을 사이버 개발에 투자함으로써 수년 내에 반드시 북한을 능가할 수 있도록 사이버 전력을 초고속으로 키워내야 한다.

국방개혁

◆ 역대 정부의 국방개혁 추진

우리나라 국가 안보를 책임질 군사력 증강 로드맵은 노무현 정부 때부터 계속 이어져 온 국방개혁을 통해 구현된다. 우리나라 국방개혁은 노무현 정부에서 2005년 9월 '국방개혁 2020'을 공식 발표함으로써 시작되었고, 이명박 정부와 박근혜 정부에서 그 내용을 수정, 발표한 후 2018년 7월 문재인 정부에서 기존 국방개혁 기본계획서를 대체하는 '국방개혁 2.0'을 발표하였다. 그렇지만 미 국방부는 2009년에 이미 우리나라 '국방개혁 2020'이 모델로 삼았던 기존 전략을 폐기하고 4차 산업혁명 시대에 부응하는 첨단 기술로 군대를 재편하고 있었는데, 이때까지도 우리의 국방개혁은 기존 모델을 그대로 계승하는 수준으로 추진되는 등 답보상태를 벗어나지 못했던 것으로 보인다. 그러다가 2021년 7월 미래전 양상에 대비한 AI 기반 무인전투체계의 신속한 적용 등을 골자로 하는 국방 혁신 구상을 발표한 후, 2022년 5월 윤석열 정부에서 이 같은 내용이 반영된 국방개혁 4.0을 발표하였다.

◆ 국방개혁의 성공적 추진 방안

미국은 이미 16년 전에 기존 국방 전략을 폐기하고 미래 전쟁 양상에 부합하는 신개념 전략으로 수정한 후, AI 기반 무인, 로봇 체계로의 부대 구조 재편 등 첨단 강군 육성에 박차를 가하고 있는데 우리는 이제야 신개념 국방개혁에 눈을 뜨기 시작했다. 우리는 적어도 북한이 1

차 핵실험을 감행한 2006년 이후 미국이 '스푸트니크 충격'을 계기로 떨쳐 일어난 것처럼 분발해서 미국의 신개념 국방개혁 모델을 따라 전력 투구해야 했다. 북한처럼 핵 개발로 맞대응을 할 수 없는 처지에서 차선책으로 3축 체계 구축과 AI 기반 첨단 신무기 개발 및 실전 배치를 서둘러 적극적으로 추진하는 등 신개념 국방개혁 추진에 매진해야 하는 것은 너무나도 당연한 처사가 아니었을까.

지난 일은 어쩔 수 없다 치고 이제는 더 이상 미적거리면서 시간을 끌 여유가 없다. 북한이나 중국이 언제까지 우리가 국방개혁을 완료하기만을 기다려 줄까? 방위사업청(방사청), 국방과학연구소(ADD), 국내 방위산업체, 그리고 2026년에 설립 예정인 국방첨단과학기술사관학교(한국형 탈피오트) 등이 긴밀한 협조 체제를 유지해 가면서 첨단무기 개발 및 양산에 박차를 가해야 한다.

일본은 물론 중국도 갖지 못한 최첨단 신무기를 우리가 먼저 개발하기 위해서는 도전적 문제 제기 후 수많은 시행착오 과정을 거쳐야 하는데, 도전적 과제일수록 실패 위험성 또한 크기 마련이다. 따라서 일부 최첨단무기 개발에 대한 K-방산 정책의 방향성을 퍼스트무버(First Mover)에 두고 실패를 두려워하지 않는 자세로 과감히 도전하는 풍토를 조성해 나가야 한다. 아울러 전력화가 시급한 첨단무기의 경우에는 1~3년 이내 획득이 가능할 수 있도록 '패스트 트랙'을 도입함과 동시에, 복수의 프로젝트로 동시 개발에 착수하는 방안을 강구해야 한다.

2024년 7월 16일 미국 국방전략위원회는 '미국의 기존 국방 전략이 낙후되어 잠재적 글로벌 분쟁에 대한 대비가 미흡하다'면서 '국방 계획 및 투자에 대한 대대적 개편'을 요구했다. 지금 우리가 당면하고 있는 안보 상황과 정부와 군의 대응 태세를 볼 때, 이 말은 미국보다 한국 국방 당국이 귀담아들어야 할 사항인 것 같다.

◆ 군 전력 증강 위한 국방 예산을 충분히 확보해야

국방개혁을 통해 지금보다 우리의 군사력을 대폭 증강하고 첨단화하는 것이 절실하게 필요하다는 것은 두말할 나위가 없는 일이지만 문제는 돈이다. 그런데 우리는 평상시에 자신을 다른 사람들과 비교하면서 갖가지 불평과 불만을 쏟아내다가도 어느 날 갑자기 자신이나 가족 또는 가까운 사람이 죽을병에 걸렸다가 요행히 생명을 건졌을 경우, "돈이 뭐 그리 대단하냐"며 "그저 건강하기만 하면 된다"라고 말하곤 한다. 마찬가지로 한반도에서 전쟁이 일어났을 경우를 생각해 보자. 나와 가족의 생명만 보존할 수 있다면 돈도 지위도 모든 것을 다 버릴 수 있다고 생각할 것이다. 그렇지만 막상 전쟁이 일어났을 경우 그런 생각을 해 봤자 아무 소용이 없다. 언젠가 한반도에서 일어날 수 있는 전쟁에 대비해야 하는 지금 그런 생각을 하면서, 국가 안보를 위해 국민 개개인의 희생을 어느 정도 감수할 수 있어야 한다. 그래도 국가 안보 태세 강화를 위해 지금 우리 국민들이 치러야 할 희생은 실제로 이 땅에서 전쟁이 일어났을 경우 겪게 될 엄청난 참화와 희생에 비하면 백만분의 일에 불과할 것이다.

한국의 2025년 국방비 예산은 전년 대비 3% 증가한 61.2조 원이다. 스톡홀름국제평화문제연구소(SIPRI)에서 발표한 한국의 2024년 국방비 지출 규모는 세계 11위로서 우리가 처한 특수 안보 환경을 고려할 때 결코 충분하다고 볼 수 없는 수준이다. 그나마 전체 국방비 예산의

70%에 해당하는 40조여 원은 55만 명에 달하는 장병의 의·식·주 및 개인 장비 유지비용, 각종 교육·훈련과 부대 운영 및 유지비용 등이 포함된 전력 운영비로 쓰인다. 그만큼 각종 무기 체계 개발 및 도입 등 방위력 개선에 쓸 수 있는 예산이 줄어든다는 말이다.

정부는 2023년 12월 12일 2024~28년 국방 예산으로 연평균 7% 증가율을 반영한 348조 7,000억 원을 투입하는 내용의 국방중기계획을 발표했는데, 전체 국방 예산 중 방위력 개선 예산은 113조 9,000억 원이다. 지금까지 예로 보아 연평균 7% 증가율이 제대로 반영된다는 보장도 없지만, 우리의 절박한 안보 상황과 그동안 국방 개혁이 지지부진했던 점 그리고 중국과 일본 등 주변 강대국들의 군비 확장 추세 등을 감안할 때 국방비가 당분간 얼마 동안은 최소한 연평균 10~15% 수준으로 늘어나야 한다. 우리나라보다 안보 상황이 급박하지 않은 일본도 2023년도 방위비 예산이 전년 대비 26.4%나 늘어났으며, 2025년 2월 7일 미·일 정상회담에서 2027년까지 방위비를 2배로 늘리겠다고 발표한 상태다.

2024년 10월 28일 방사청에서는 2031년에서 2035년까지로 예정되었던 장사정포 요격체계(한국형 아이언돔)의 전력화 시기를 2029년에서 2033년까지로 앞당기는 안을 심의, 의결했다. 북한이 우리 정부의 국방비 예산 확보가 어려운 사정을 고려해서 앞으로 7~8년 동안은 절대 도발을 해 오지 않을 것이라는 확신이 없고서는 이런 결정을 내리기 어려울 것이라는 생각이 든다. 더욱이 트럼프 2기 들어 '북한의 침공을 막아내는 일은 한국 스스로 알아서 해야 한다'는 분위기가 고조되고 있는 마당에, 5천만 국민의 안위가 달린 안보 문제를 계속 이런 식으로 안일하게 대처할 수는 없는 일이다.

더욱이 우리나라 국방비 예산은 우리 의지와 상관없이 트럼프 미국 대통령의 요구에 따라 일정 수준의 증액이 불가피할 것으로 보인다. 이때에도 지금까지 그래왔던 것처럼 끝까지 버티다가 어쩔 수 없이 미국 측의 요구를 수용하는 모습을 보여서는 안 된다. 어차피 우리로서도 국방비 예산 증액이 필요한 만큼 전향적으로 협상에 응하고, 그 대신 주한미군을 현상유지하는 것으로 미국 측의 양보를 받아내는 등 처음부터 이 문제를 협상 재료로 활용하는 지혜를 발휘해야 한다.

사실 우리가 북한과 중국 등 주변 강대국들의 침공에 대비하여 국방비 예산을 큰 폭으로 늘렸는데 아무 일도 일어나지 않는다고 해서 큰 손해를 보는 것도 아니다. 앞으로 동아시아에서 미·중, 중·일, 양안(중국과 대만) 또는 남북 간 전쟁이 일어나지 않는다고 할지라도, 지역 패권을 노려 계속 군사력을 키워온 주변 강대국들이 힘으로 주변 국가들을 제압하고자 하는 행태는 사라지지 않을 것이다. 이러한 가운데 우리나라가 주변 강대국에 군사력에서 크게 밀리게 될 경우 매사에 기를 못 펴고, 심한 경우 특정 강대국의 속국으로 전락할 수도 있다. 우리 주도의 통일 과업을 제대로 수행할 수 없음은 물론이다.

중국의 시진핑 주석은 "싸움에 능해야만 전쟁을 막을 수 있고, 전쟁 태세를 갖추어야만 싸움이 일어나지 않는다"라고 말했다. 우리가 전쟁에 대한 대비 태세를 충분히 갖출수록 각종 전쟁에 휘말려 피해를 입게 될 가능성은 그만큼 줄어들게 될 것이다.

이스라엘-하마스, 우크라이나 전쟁의 교훈

2023년 10월 7일 새벽 6시 30분에 개시된 하마스의 이스라엘에 대한 기습 공격은 1950년 6월 25일 새벽 4시에 감행된 북한 기습 남침의 현대판 버전이라고 할 수 있는 것으로, 우리가 6 ·25 전쟁 당시와는 완전히 다른 새로운 패턴의 기만전술에 맥없이 무너져 내릴 수 있음을 깨우쳐 주고 있다. 이스라엘은 첨단 장비를 갖춘 스마트 펜스인 '아이언 월'을 믿고 가자지구 인근 병력 상당수를 서안지구로 옮긴 상태였는데, 하마스가 원격 조종 드론 폭탄으로 스마트 펜스를 통제하는 감시탑을 파괴함으로써 이스라엘이 속수무책 당할 수밖에 없도록 만들었던 것이다. 하마스는 이어서 로켓포 기습 공격으로 이스라엘 군을 혼란에 빠뜨린 뒤 전동 패러글라이더 탄 대원들을 침투시켜 군인과 민간인 수백 명을 인질로 잡고 SNS 영상을 통해 공포감을 극대화하는 등, 정규전과 비정규전을 병행하는 하이브리드전을 전개함으로써 군사력에서 비교가 안 될 정도로 우월한 이스라엘을 혼쭐나게 만들었다. 6 ·25 전쟁 당시에는 우리가 북한보다 재래식 전력이 열등한 가운데 기습 공격을 당해 형편없이 무너져 내렸지만, 앞으로 전개될 전쟁에서는 재래식 전력이 우리보다 열등한 북한의 비대칭 전략과 기만전술에 우리가 허를 찔려 크게 당하게 될 수도 있음을 시사하는 것이다.

한편, 2022년 2월 24일 시작된 우크라이나 전쟁은 AI 기반 유·무인 복합전투체계로 빠르게 전환되는 현대전 추세를 우리가 직접 보고 배울 수 있는 기회를 제공해 주었다. 당초 국제사회는 양국의 국력이나 군사력 차이를 감안할 때 러시아가 한 달 이내에 우크라이나 수도 키이우를 점령할 것으로 예상했지만, 우크라이나의 선방으로 전쟁은 승자가 가려지지 않은 채 3년 이상을 끌어왔다. 무엇보다 결정적인 이유는 미국제 미사일 재블린(Javelin)이 러시아 탱크부대가 키이우에 발을 들여놓지 못하게 만드는 등, 각종 미국산 첨단무기들이 우크라이나에서 결정적인 방패 역할을 해주었다는 점이다.

반면에 세계 2위 군사대국이라는 러시아는 IT 기술이 형편없는 수준이어서 현대전 대응 능력이 떨어졌다. 러시아군의 각종 전략 무기에 사용된 반도체 칩도 가전제품에 사용되는 저사양 제품인 것으로 밝혀졌다. 현대전에서는 병력이나 무기 등의 양적 규모보다 첨단 군사기술 수준이 승패를 좌우한다는 교훈을 다시 한번 일깨워 준 사례가 아닐 수 없다. 우크라이나 전쟁은 디지털 시대의 도래로 인해 전쟁 패러다임이 바뀌는 상황을 잘 보여주는 전쟁이라고 할 수 있다. 이번 우크라이나 전쟁을 통해 드론이 현대전의 양상을 바꿔 놓을 정도로 그 중요성이 입증되었는데, 러시아는 이란제 자폭 드론으로 우크라이나를 공격하고, 우크라이나는 튀르키예산 무인기(無人機)로 싸웠다고 한다.

우리나라가 이번 우크라이나 전쟁을 통해 현대전의 총아로 새롭게 떠오른 드론 분야에서 주요 경쟁국들에 비해 기술 수준이 많이 뒤떨어져 있다는 점도 깊이 생각해야 한다. 우리나라 방산 수출 품목도 대부분 탱크, 자주포, 전투기 등 일반 무기들뿐이고 드론 같은 첨단 무기 수출 실적은 전무한 실정이라고 한다.

최근 들어 미국, 러시아, 중국은 물론 영국·일본·이탈리아(공동개발), 프랑스·독일·스페인(공동개발) 등 주요 경쟁국들 모두 6세대 전투기 개발 경쟁에 들어갔다. 스텔스 전투기는 5세대이고, 우리나라는 아직 4.5세대인 KF-21 보라매를 개발하고 있다. 이 사실 하나만 봐도 지금 우리가 얼마나 분발해야 할 시점인지 짐작이 간다. 우리는 이번 우크라이나 전쟁을 교훈 삼아 현대전의 승패를 좌우하는 첨단 신무기 개발에 더욱 박차를 가해야 한다.

그런데 우리가 우크라이나 전쟁을 교훈 삼아 사이버 안보 태세를 강화하고 AI 기반 첨단 신무기 개발 및 실전 배치를 서둘러야 하는 것은 당연하지만, 남북 간 전쟁이 우크라이나 전쟁처럼 지지부진하게 전개될 것이라고 생각하는 것은 금물이다. 남북 간의 전쟁은 속전속결로 진행될 가능성이 크고 북한의 김정은 정권은 승기를 잡기 위해 핵무기나 생화학무기를 사용하는 것도 주저하지 않을 것이다. 따라서 우리는 북한 핵 공격에 대한 대비 태세와 사이버 등 비대칭 전력 강화 그리고 첨단 신무기 개발 및 실전 배치 등 통합 방위태세를 구축하는 일에 한 치의 소홀함이 없도록 해야 한다.

북한은 유사시 이스라엘-하마스 전쟁과 우크라이나 전쟁 사례를 참고해 각종 미사일과 자폭 드론을 섞어 쏘는 융·복합 작전을 감행할 것으로 보인다. 우리는 이에 대비하여 한국형미사일방어체계를 조기에 이스라엘 못지않은 수준으로 확실하게 구축하는 것은 물론, 북한 장사정포와 드론 공격에 대한 방어망 구축에 만전을 기해야 한다.

국가정보원 기능 강화

예나 지금이나 국가 안보를 유지하는 데 절대적으로 필요한 것은 적국은 물론 자국 안보에 영향을 미치는 나라 또는 집단에 대한 방첩 및 정보수집 능력이므로 국가 안보의 파수꾼으로서 국가정보원(국정원)의 역할이 대단히 중요하다. 그런데 지난 김대중, 노무현 정부 10년 동안 대북 포용 정책을 추진하는 과정에서 국정원의 대공(對共) 및 정보수집 기능 약화를 가져왔다. 그 후 지금까지 국정원은 대공 및 정보수집 등 본연의 업무 수행 능력을 회복하지 못한 채 국가 안보의 파수꾼 역할을 제대로 수행할 수 없게 됐다. 우리나라에서 진보 정당은 국정원의 기능이 강화될 경우 옛날처럼 정치 개입이나 민간인 사찰 등 권한을 남용할 소지가 있다는 등의 이유로 국정원의 기능을 최대한 억제한다는 입장을 일관되게 고수하는 것 같다. 심지어 지난 문재인 정부에서는 2020년 12월 13일 국정원법 개정을 통해 국정원의 대공 수사권을 폐지(3년간 시행 유예)하기까지 했다.

전 민주노총 간부 석모 씨는 2018년부터 2022년까지 사이에 북한 대남 공작기구인 문화교류국으로부터 90건의 지령을 받아 간첩 활동을 한 혐의로 2024년 11월 6일 1심에서 징역 15년을 선고받았다. 석씨는 그동안 민주노총의 속사정을 북한에 알리고, 지령문에 따라 반정부 투쟁, 반미·반일 감정 부추기기, 총선과 지방선거 개입, 군사 정보와 국가 기간망 비밀 수집 등의 활동을 해왔다. 이들의 최종 목표는 전민항쟁(全民抗爭)을 통한 북한 주도 통일이라고 한다.

이렇게 국내에서 북한의 지령을 받은 간첩단이 성행하는 상황에서

2024년부터 국정원의 대공 수사권이 경찰로 완전히 이양된 상태다. 대공 수사는 오랫동안 대북 관련 정보를 수집, 분석하고 이를 축적해 온 국정원이 가장 잘할 수 있다. 국정원은 대공 수사 관련 노하우와 전문 인력 및 해외 첩보망이 잘 갖춰진 국내 유일한 조직이다. 국정원의 대공 수사에 경찰이 협조할 수는 있지만 대공 수사권을 경찰에 완전히 이양하는 것은 말이 되지를 않는다. 언제 어떤 형태로 급변할지 알 수 없는 복합적 안보 위기 상황에서, 지금처럼 국정원이 대공 및 정보 수집 능력이 취약한 상태를 계속 유지하면서 대공 수사마저 부실해진다면 국가 안보에 구멍이 뚫릴 수 있다.

미국은 세계 최대 강대국으로서 지구상의 어떤 국가라도 이 나라를 상대로 전면전을 일으킬 수는 없다. 그렇지만 미국은 세계 패권 유지 및 외부 테러집단으로부터 자국민을 보호하기 위해 중앙정보국(CIA), 연방수사국(FBI), 국가안전보장국(NSA), 국방정보국(DIA), 국가정찰처(NRO) 등 수많은 정보기관을 두고 있다. 특히 2001년 9·11테러가 발생한 후 국내 15개 정보기관을 총괄하는 국가정보국(DNI)을 신설하는 등 국가 정보 기능을 대폭 강화했다.

이스라엘 정보기관인 모사드는 1967년에 발생한 3차 중동전쟁(6일 전쟁) 당시 적진 깊숙이 침투하여 적의 동정을 속속들이 들여다보는 정보전에서 탁월한 능력을 발휘함으로써 아랍 연합군(9개국)을 상대로 한 어려운 전쟁을 승리로 이끄는 데 결정적으로 기여했다. 최근 들어 모사드를 비롯한 이스라엘 정보기관들은 첨단 기술을 동원한 정보활동을 통해 적 수뇌부를 제거함으로써 지휘 체계 혼란을 야기해 적의 세력을 크게 약화시키는 역할을 수행하기도 했다. 2024년 9월 27일 이스라엘의 공습으로 이란의 지원을 받는 시아파 무장 단체인 헤즈볼라 수장 하산 나스랄라가 사망했다. 이스라엘은 시긴트(신호정보) 담당 8200부대, 해외 담당 모사드 '아만', 시각적 이미지에서 정보를 얻는 9900부대 등을 통해 적 내부 정보를 세밀하게 수집함으로써 하마스와 헤즈볼라의 핵심 수뇌들을 차례로 제거하는 데 성공한 것이다. 유사시 우리에게 비장의 카드인 북한 수뇌부에 대한 참수 작전을 수행하는 데 벤치마킹해야 할 고차원의 정보 작전이다. 그런데 국정원이 이스라엘 정보기관인 모사드를 벤치마킹하기엔 두 기관의 운영 방식이 너무나도 차이가 난다. 모사드는 국가 안보를 지키기 위해 수단과 방법을 가리지 않고 무슨 일이든 다 할 수 있는 반면에 국정원은 할 수 있는 업무 범위에 엄격한 제한을 두고 있어 모사드처럼 적극적인 정보 수집 또는 공작 활동을 수행할 수 없다고 한다. 마치 국내 기업들이 거미줄처럼 얽히고설킨 각종 규제로 인해 기업 활동에 제한을 받는 것과 같은 모습인 것이다. 우리나라도 이스라엘처럼 국정원의 내부 규제 완화 및 기능 강화를 통해 국가 정보기관으로서의 역할을 좀 더 적극적인 방향으로 수행할 수 있게 해 줄 필요가 있다.

미국은 원칙적으로 국외 정보와 국내 정보를 CIA(중앙정보국)와 FBI(연방수사국)에서 분담하도록 되어 있는데, 위 두 기관은 신호정보[15] 또는

---

15) 신호정보란 음성·전파 등의 신호를 매개로 하여 수집하는 정보를 의미한다. 쉽게 말해서 특정인의 전화를 감청하거나 난수 또는 암호를 이용한 교신 내용을 수집·해독하여 얻을 수 있는 정보라고 할 수 있다.

영상 정보를 직접 수집할 수 없고, 별도의 기술정보기관에서 수집한 정보를 이용한다. 우리나라도 미국처럼 일반 정보기관에서 직접 신호 정보를 수집할 수 없게 하는 등 정치 개입이나 민간인 사찰이 불가능하도록 엄격한 통제 및 감시 장치를 확실하게 구축한 후, 여·야 정치권이 합의를 이루어 국정원의 내부 규제 완화 및 기능 강화 등을 골자로 하는 개혁을 서둘러야 한다. 국정원의 대공 수사권도 도로 찾아와야 하는 것은 물론이다. 이 또한 '국가 담론의 장'을 통해 국민 여론을 바탕으로 진보를 설득하거나 압박하는 수단이 필요할 것으로 보인다.

예비군 및 민방위 태세 강화

◆ 갈수록 병력 자원 감소, 예비군 전력도 강화해야

우리의 상비군 병력은 2022년 기준 약 55만 명으로 북한(128만 명)의 절반이 안 되는 수준이다. 그나마 가파른 저출산, 고령화 현상으로 갈수록 병력 자원이 줄어들어 현재의 병력 수준도 유지하기 어려운 실정이다. 따라서 미래 불확실한 우리 안보 환경에 대한 대비책으로 예비군 전력 또한 강화해야 한다.

이스라엘은 인구 917만 명에 현역이 17만 6,500명, 예비군이 46만 5,000명으로 전체 병력의 72%가 예비군인데, 지금까지 각종 전쟁에서 예비군이 주력으로 싸웠다고 한다. 이스라엘 예비군은 1년에 30일간 훈련을 받아야 하며, 현역처럼 승진도 하고 각종 지원과 수당도 제공된다. 우리나라 예비군은 수적으로는 275만 명이나 되지만 전쟁 발발 시

곧바로 전방에 투입돼야 하는 동원 예비군의 경우에도, 오래전에 사용하던 구식 무기를 가지고 연간 3일 정도의 짧은 기간 동안 실효성이 낮은 훈련만을 실시하고 있어 유사시 제대로 된 전투력을 발휘하기 어려운 실정이다. 우리나라에서도 유사시 곧바로 전장에 투입되어 실제 전쟁을 수행할 수 있는 수준으로 예비군을 소수 정예화하고, 미국과 이스라엘처럼 현역과 똑같은 첨단 무기를 지급하고 연간 30일 이상 실효성 있는 훈련을 받도록 해야 한다.

이에 대한 방안으로서 현재 운영하고 있는 상비 예비군 제도를 대폭 강화하고 규모를 점진적으로 확대해 나가면 될 것이다. 현재 우리나라 상비 예비군은 단기 3,500명, 장기 200명으로 모두 합해서 3,700명 수준이다. 단기 상비 예비군은 연간 30일까지 소집 가능하고, 평일은 하루 10만 원, 휴일에는 하루 15만 원의 일당을 지급한다. 장기 상비 예비군은 연간 180일까지 소집 가능하며, 평일과 휴일 상관없이 하루 15만 원을 지급한다. 우리나라 상비 예비군을 유사시 싸울 수 있는 상비군으로 즉시 충원이 가능하도록 하기 위해서는 인원을 최소한 10~20만 명 수준으로 늘려야 하고, 어느 정도 처우 개선이 필요할 것이다. 예를 들어 상비 예비군 수를 단기 10만 명, 장기 5만 명 수준으로 늘리고, 연간 동원 일수를 단기 30일, 장기 100일 정도로 유지하면서, 일당을 20만 원 수준으로 올리기 위해서는 연간 2조 6천억 원 상당의 예산이 필요하다.

◆ 부실한 민방위 태세 강화

만약에 한반도에서 전쟁이 일어날 경우 허술하기 짝이 없는 민방위

태세도 걱정이 아닐 수 없다. 2014년 일본 '핵셸터(대피시설)협회' 자료에 따르면, 인구당 핵 대피시설 보급률이 스위스·이스라엘은 100%, 노르웨이 98%, 미국 82%, 러시아 78%, 영국 67%인데 비해 일본과 한국은 0.02% 또는 그 이하 수준에 불과하다고 한다. 그나마 유사시 북한 핵 공격으로부터 국민의 생명을 지켜줄 지하철역과 고층건물 지하 주차장 같은 전국 1만 7,000여 곳의 대피시설도 '방폭 문'이나 공기정화 장치 등이 없어 핵 피폭 시 대피시설 설치 기준에 미달한다.

인구 밀집 지역인 서울이 북한으로부터 핵 공격을 받게 될 경우 한꺼번에 300만 명의 인명피해가 발생할 수 있다고 한다. 북한의 전술핵 배치가 눈앞에 다가온 마당에 이제는 북한으로부터 핵 공격을 받게 될 경우에도 모든 국민이 안전 지역으로 대피하여 피해를 입지 않도록 비상대비태세에 만전을 기하여야 한다. 즉, 전국 1만 7,000여 곳의 대피시설을 핵 피폭 시 대피시설 설치 기준에 맞도록 만들어 놓아야 하고, 유사시 전 국민이 대피하기에 부족함이 없을 만큼 대피시설 증설 등 필요한 대책을 지금부터 연차적으로 수립해 충실히 실행해 나가야 한다.

서울 등 도심 지역의 지하에 시민들이 취미 생활을 즐길 수 있는 복합 레저·문화 공간을 핵 대비 기준에 맞게 설치해서 제공하고, 유사시 대피시설로 사용할 수 있게 하는 것도 좋을 것 같다. 건물 신축이나 재건축, 재개발, 리모델링 허가 시 일정 규모의 지하 주차장이나 편의 시설을 유사시 핵 대비 기준에 부합하는 대피시설로 사용할 수 있게 설치하도록 의무화하는 방안도 강구할 필요가 있다.

북한은 한반도 유사시 핵무기를 사용하기에 앞서 생화학무기를 사용할 가능성이 높다고 한다. 북한은 화학무기금지조약(CWC)에 가입하지 않았기 때문에 이를 사용하더라도 국제적 비난을 피할 수 있고, 미국으로부터 보복 공격을 받지 않을 수 있다고 생각해서다. 언제 우리가 갑자기 북한으로부터 생화학무기 공격을 받을지 모르는데 지금 우리 가정에 방독면을 보유하고 있는 집이 얼마나 있을까? 이대로 가만히 있다가 그때 가서 방독면을 구입해 착용하는 것이 가능할까? 그러니 지금부터 유사시 북한의 생화학무기 공격에 대비해 집집마다 가족 수만큼 방독면을 반드시 보유하게 하고 사용법 또한 반복해서 숙달 훈련을 실시해야 한다.

한편, 민방위기본법 제25조에는 '매월 15일을 민방위의 날로 정하여 민방위 훈련을 실시할 수 있다'고 되어 있다. 그런데 2023년 8월 23일 6년 만에 처음으로 민방위 훈련을 실시하였으나 6년 전과 크게 달라진 점을 볼 수 없었다. 훈련 내용이 미흡하고 형식적이었으며 국민들의 관심과 참여 의식도 매우 낮은 수준이었던 것 같다. 국민 대다수는 유사시 비상 대피 장소로 지하철역이나 고층건물 지하 주차장 정도가 있는 것으로 막연히 생각할 뿐 구체적인 행동 요령에 대하여는 알려고도 하지 않는다.

따라서 그동안 유명무실해진 민방위 훈련을 제대로 실시하되 실전 상황 못지않게 구체적으로 기획하여 실효성 있게 실시하고, 훈련에 응하지 않거나 소극적으로 대처하는 사람은 처벌할 수 있게 벌칙 규정을 대폭 강화할 필요가 있다. 유사시 국민들의 소중한 생명을 지켜주기 위한 훈련이므로 벌칙 규정 또한 엄혹하게 적용하는 것은 당연하다. 아울러 평상시 민방위 훈련을 통해 국민 개개인이 지정된 대피 장소로 신속하게 이동하여 전시 국민 대피 매뉴얼대로 행동하는 요령을 완전히 숙지하도록 해야 한다.

••• 경제 위기 해법 •••

우리 경제의 명(明)과 암(暗)

◆ 우리 경제의 밝은 면

우리가 지금 1960년대에 살고 있다고 가정해 보자. 우리나라가 연 10% 내외의 고속 성장을 거쳐 반세기 만에 세계 10위권의 경제 대국이 되리라고 생각이나 할 수 있었을까? 지금도 마찬가지다. 우리가 다시 1970~80년대 같은 고속 성장을 할 수 있다고 생각하는 사람은 없는 것 같다. 소위 선진국형 성장률 정체 현상이라고 할까. 하지만 경제발전 양상이 꼭 경제 이론대로만 흘러가는 것은 아니고 예외적인 경우도 얼마든지 발생할 수 있다. 1960~70년대 당시 국내외 경제전문가들은 '한국이 비교 우위가 있는 노동 집약적 산업 위주의 경제개발을 추진해야 함에도 중화학공업과 수출 위주의 경제개발을 추진하는 것은 경제 원리에 맞지 않아 결코 성공할 수 없을 것'이라 권고했다고 한다. 그러나 한국은 그 당시 전문가들의 권고를 무시하고 중화학공업 및 수출 위주의 경제개발 정책을 소신껏 밀어붙인 결과 수십 년 동안 이어진 고속 성장을 통해 한강의 기적을 이뤄내고야 말았다.

우리는 2008년 이후 한국 경제성장률이 2~3%대에서 지속적으로 하락하고 있는 것이 전 세계적인 추세라거나 선진국형 성장률 정체 현상이라고 단정해서는 안 된다. 세계 2위 경제 대국인 중국도 성장률이 전보다 못하기는 하지만 여전히 5%를 넘는 수준이다. 그리고 우리나라가 선진국에 진입했다고는 하지만 미국 등 다른 선진국들에 비해 경제혁신이 한참 덜 된 상태로서 아직은 개발도상국 경제의 범주를 완전히 벗어나지 못한 것으로 보아야 한다.

우리나라 경제는 다른 선진국들에 비해 잘나가는 분야와 그렇지 못한 분야가 극과 극을 달리는 것처럼 보인다. 삼성전자를 비롯한 국내 대표기업들이 여러 가지 불리한 대내외적 기업 환경에도 불구하고 반도체, 스마트폰, 배터리, 5G 등 첨단산업 분야에서 선두를 달리는 모습을 보면, 2002년 월드컵 4강에 올랐을 때처럼 가슴이 벅차오른다. 반면에 세계 모든 나라들이 알아주는 열악한 기업 환경, 세계 굴지의 규제 왕국, 세계 최고 수준의 높은 인건비, 지가, 세금, 수그러들 줄 모르는 반(反)대기업 정서 등 부정적인 요소들을 생각하면 가슴이 답답해진다. 그런데 이와 같이 양 극단적인 요소들 가운데 장점은 살리고 단점은 치유, 개선함으로써 이들 모두를 장점으로 승화시킬 수만 있다면 마치 대어가 대양을 만난 것처럼 엄청난 시너지 효과를 낼 수 있지 않을까?

지금 우리나라 경제 여건이 선진국 경제로서 완전무결한 상태라면 어쩌면 더 이상의 욕심을 부리기 힘들 수도 있다. 하지만 우리 경제는 지금 혁신 지수를 한참 더 끌어올려야 될 상태이고, 기업 환경은 다른 선진국들에 비해 매우 열악한 상태인 만큼 우리 경제 수준을 한층 더 끌어올리겠다는 욕심을 크게 내도 된다.

우리는 1960~70년대에 그랬던 것처럼 다시 한번 기지개를 켜고 고속

    한국을 다시 위대하게

성장 신화를 쓰기 위해 출사표를 던져야 한다. 그 당시처럼 10% 내외 성장은 할 수 없지만 중국처럼 5%까지는 충분히 올려놓을 수 있다. 지금 우리 경제 수준으로 향후 연 5% 성장률만 꾸준히 이어간다면 일본을 따라잡는 것은 시간문제가 될 것이다. 그렇게만 되면 시급한 민생문제 해결에도 청신호가 켜질 것이다.

◆ 우리 경제의 어두운 면

여러 가지 경제 지표에 나타나는 한국 경제의 모습은 일견 매우 양호해 보이지만, 그 속을 들여다보면 깊은 골병이 들어 통상적인 경기 부양책으로 회복이 불가능한 상태다. 마치 신체 건장하고 만능 스포츠맨인 젊은이가 중병에 걸려 있는 것과 같다. 다행히도 금방 죽을병은 아니고 적시에 수술과 약물 치료 등 섭생과 진료에 만전을 기한다면 자신의 재능을 살려 올림픽 금메달을 딸 수도 있을 것이지만, 차일피일 치료를 미루고 섭생을 소홀히 할 경우에는, 뒤늦게 병을 치유한다고 해도 원래의 체력을 회복하지 못한 채 보잘것없는 삶을 누릴 수밖에 없다.

국제통화기금(IMF)은 2025년 세계 경제 성장률을 3.3%로 전망한 반면 한국은 2.0%로 전망했다. 하지만 12 ·3 비상계엄 사태의 충격으로 경기 하방 압력이 더 강해져 기획재정부와 한국은행은 각각 1.8%와 1.9%로 성장률 전망치를 낮췄으며, 미국 최대 은행인 JP모건은 기존 1.7%에서 1.3%로 크게 낮췄다.

경제협력개발기구(OECD)는 2023년 한국 경제를 전망하면서 "성장 동력을 잃었다"고 표현했다. 또 한국의 1인당 잠재 GDP 성장률이 2000~2007년에 연간 3.8%, 2007~2020년 2.8%로 떨어져 왔으며, 앞으로도 2020~2030년 1.9%, 2030~2060년 0.8% 등으로 계속 떨어질 것으로 전망했다. 한국은행에 따르면, 한국 기업의 생산성 증가율이 2001~2010년 연평균 6.1%에서 2011~2020년 0.5%로 크게 떨어졌다.

경제전문가들은 우리나라 경제가 침체된 근본 원인이 국내외 경기 변동 추세에 따라 달라질 수 있는 순환적 현상이 아니라 각종 구조적 문제점과 기업 하기 어려운 환경으로 인해 발생되는 필연적 현상이라고 한다. 우리나라에서 가파르게 진행되는 저출산·고령화, 과도한 규제, 강성노조와 경직된 노동시장, 눈덩이처럼 불어나는 복지 예산 등 각종 구조적 문제점과 기업 하기 어려운 환경 때문에 우리 경제는 특단의 개혁 조치가 없는 한 깊은 침체의 늪 속으로 빠져들어 갈 수밖에 없는 구조이다. 그동안에 우리 경제가 그런대로 잘 굴러간 것은 반도체 등 일부 업종의 특수 효과에 기인한 것이라고 봐야 한다.

그런데 최근 들어 한국 반도체 산업 또한 갈수록 세계시장 점유율 격차를 벌려가는 TSMC, 무섭게 치고 올라오는 중국의 추격, 1990년대 초까지 누렸던 반도체 패권 부활을 위해 국력을 총동원하다시피 하는 일본의 추격으로 인해 고전을 면하지 못하고 있다. 무엇보다 미국, 대만, 중국, 일본 등 우리의 경쟁국들이 반도체 패권을 유지 또는 탈환하기 위해 정치권, 정부, 기업이 혼연일체 되어 총력을 기울이고 있음에도, 우리나라는 전혀 그렇지 못해 앞으로의 전망도 그리 밝지 못한 실정이다.

◆ 우리 경제를 살리는 길

우리 경제가 침체의 늪에서 벗어나 다시 한번 고도성장 궤도에 올라탈 기회는 우리 스스로 만들어 내야 하고, 또 반드시 그렇게 할 수 있다. 우선 미국이나 대만, 중국, 일본처럼 정치권과 정부가 삼성 등 국내 대표기업들이 반도체 등 첨단산업 분야에서 경쟁국들을 앞서갈 수 있도록 전폭적인 지원을 해주는 것이 필요하다. 나아가서 규제 왕국에다 열악한 기업 환경, 반(反)대기업 정서 등 우리 경제의 부정적 요소들을 말끔히 치유, 개선함으로써 국내 기업가들이 토지, 노동, 자본이라는 생산의 3요소를 자유롭게 결합할 수 있게 해주는 것이 필요하다.

첨단산업 육성 및 기술 혁신

◆ 반도체 굴기

월드컵이 8강전으로 좁혀질 때쯤이면 전 세계의 이목이 온통 "과연 어느 나라 축구팀이 세계 월드컵 4강을 거쳐 우승을 차지하게 될까?"에 쏠린다. 월드컵 8강이나 4강에 오른 당사국들은 말할 것도 없다. 바로 우리나라에서도 2002년 6월 22일 전후 수일 동안 이를 직접 체험했다. 바로 지금 벌어지고 있는 '세계 반도체 전쟁'도 월드컵 못지않게 지구촌을 뜨겁게 달구고 있다. 세계 반도체 패권을 놓고 치열한 경쟁을 벌이고 있는 한국과 대만, 미국은 말할 것도 없고, 막강한 발전 추동력과 광활한 내수시장을 무기로 뒤늦게 반도체 패권에 도전하는 중국, 1980~90년대 반도체 패권 회복을 노리는 일본 등 추격국들이 벌이는 사투와 응원전은 역사상 유례가 없을 정도이다. 우리 대한민국도 이미 4강전을 거쳐 우승 후보까지 노리는 경쟁자임에 틀림없는 것 같은데 2002년 월드컵

때와는 완연히 다른, 지나치게 조용하고 차분한 모습이다.

월드컵 4강에 오르고 한 걸음 더 나아가 우승 또는 준우승 국가가 됐을 때 누릴 수 있는 자긍심과 국위 상승효과는 대단한 것이다. 그렇지만 그게 다다. 시간이 갈수록 자연스럽게 자긍심과 관심도 점점 줄어들 수밖에 없다. 이에 비하여 우리나라가 메모리와 비메모리 분야에서 세계 1·2위의 반도체 강국으로 자리매김하게 될 경우 우리에게 돌아오는 혜택은 한둘이 아니다. 국위 상승은 말할 것도 없고, 막대한 경제 성장 기여 효과, 관련 산업 동반 성장, 일자리 증가, 미·중 패권 경쟁 속 한국 입지 강화 등 헤아릴 수 없이 많다. 게다가 그 성과는 지속 가능하고 눈덩이처럼 계속 불어나기까지 한다. 한국 반도체 신화는 결코 삼성전자와 SK하이닉스만의 일이 아니다. 정치권과 정부, 기업체 그리고 전 국민이 지대한 관심을 기울이고 '반도체 패권'을 지키기 위해 힘을 모아야 한다. 2002 월드컵 8강전 때처럼.

"나는 국가 정책을 만들거나 집행하는 사람도 아니고 기업을 운영하는 사람도 아닌데 무슨 일을 할 수 있겠나?"라고 생각할 수 있겠지만 절대 그렇지 않다. 예를 들어 지금 우리 축구팀이 월드컵 8강에 올라 며칠 뒤 8강전을 치러야 하는데 지금 선수들이 제대로 먹지 못해 체력이 약해져서 그날 경기를 제대로 치를 수 있을지 걱정이라고 한다면 "나는 선수들을 관리할 위치에 있지 않아서 아무 일도 할 수 없다"라고 말할 수 있을까? 만약 이런 상황이 벌어진다면 우리 국민들은 똘똘 뭉쳐서 "선수들을 제대로 먹이지 않고 뭘 하느냐"고 호통을 칠 것이고 정부와 체육 당국은 선수 후생에 관심을 기울이지 않을 수 없을 것이다. 반도체 전쟁에서도 마찬가지다. 지금 우리나라 정치권과 정부는 미국, 대만, 중국, 일본 등 경쟁국들에 비해 삼성전자 등 국내 반도체 기업들에 대한 직접 보조금 및 행정 지원 수준이 턱없이 모자라 국내 기업들의 글로벌 경쟁력이 갈수록 추락하고 있는 실정이다.

우리나라가 반도체 불모지에서 메모리 반도체 세계 최강국으로 급부상하게 된 성공 비결은 '스피드'와 '과감한 투자'였는데, 지금은 미국, 대만, 중국, 일본에 비해 '스피드'도 한참 느리고, 정부 투자는 이들 경쟁국들과 비교가 안 될 정도로 빈약한 실정이다. 삼성전자의 첫 반도체 공장이었던 기흥 1공장은 1983년 9월 착공한지 6개월 만에 준공되었는데, 지금은 보통 6년 이상 걸린다. 이러한 때 우리 국민들이 정치권과 정부를 향해 "우리 반도체 기업들이 세계시장에서 경쟁국 기업들을 상대로 대등한 경쟁을 펼칠 수 있게 제대로 뒷받침을 해주지 않고 뭐 하느냐"라고 호통을 친다면 정치권과 정부가 정신을 바짝 차리지 않을 수 없을 것이다.

◆ 세계 반도체 판도 재편

얼마 전까지만 해도 세계 반도체 판도는 미국 '팹리스', 한국 '메모리', 대만 '파운드리'의 3분 천하가 대세였다. 그런데 최근 들어 대만의 파운드리 기업 TSMC가 반도체 패키징 분야의 강자로 떠오르면서 삼성전자의 메모리 반도체 영역까지 침범하고 있으며, 삼성전자 또한 이미 파운드리 분야에 진출하여 TSMC에 도전장을 내민 상태이다. 이렇게 해서 사실상 반도체 천하 3분지계는 이미 깨진 상태이다. 문제는 삼성전자가 도전장을 내민 파운드리 분야는 원조인 TSMC에 한참 뒤처져 있는 상태에서 갈수록 격차가 벌어지고 있는 반면, 메모리 반도체 분야는 대만의 TSMC, 미국의 인텔, 심지어 중국의 SMIC에까지 잠식당하면서 세계 1위 자리를 위협받고 있는 실정이다.

삼성전자가 야심 차게 뛰어든 파운드리 시장 점유율이 2022년 1분기 16.3%에서 2025년 1분기에는 7.7%로 크게 떨어졌다. 반면에 삼성전자가 따라잡아야 하는 대상인 TSMC는 같은 기간 53.6%에서 67.6%로 늘어났다. 원인은 삼성전자의 수율[16]이 목표치에 크게 미달했기 때문이다. 2022년 삼성전자와 TSMC의 4nm[17] 공정 수율은 각각 30~35%대와 70%대, 2nm 공정 수율은 30~40%대와 60~70%대로 2배 정도 차이가 난다. 이 때문에 TSMC에 주문이 몰리는 반면, 삼성전자는 고객사들이 이탈해 상대적으로 수출 부진을 면하지 못하고 있는 것이다.

삼성전자는 반도체 설계부터 메모리, 파운드리, 패키징, 판매까지 다 할 수 있는 '종합반도체 기업(IDM)'이다. 업계 전문가들 가운데에는 '삼성전자가 한정된 인력과 자본력으로 이미 경쟁력을 갖춘 메모리 한 분야에 집중하지 않고 무리하게 사업 분야를 확장하는 것이 재앙이 될 수도 있다'며 경계하는 이들이 많은 것 같다. 하지만 삼성전자는 이미 처음 반도체 업계에 뛰어들 때부터 도저히 성공할 수 없을 것이라는 충고에도 불구하고 사업을 강행함으로써 메모리 분야 세계 1위라는 위업을 이루어 낸 경험이 있다. 중국의 IT 기업 화웨이도 반도체 칩 설계, 제조 장비, 메모리 칩, 파운드리를 아우르는 기술 개발 프로젝트를 진행 중이다.

---

16) 제품 가운데 우량품 비중을 말한다. 100개의 제품을 생산했는데 그중 98개가 불량 없이 사용 가능한 상태라면, 수율이 98%이다.
17) 1nm는 10억분의 1m이다.

이번에도 삼성전자는 제2의 창업을 한다는 각오로 세계 1위의 종합 반도체 기업이라는 목표를 향해 매진함으로써 반드시 그 꿈을 이루어 낼 것이라고 믿어 의심치 않는다. 다만 지금은 1980~90년대 같은 평화시대가 아니라 반도체 세계 대전이 진행 중인 전시 상황이라는 점을 명심해야 한다. 세계는 이미 자유무역시대가 가고 각자도생, 보호무역이 대세이다. 반도체 패권을 노리는 주요국 정부들은 국력을 총동원해서 자국 반도체 기업들에 엄청난 보조금을 쏟아붓고 있으며, 그 밖에 세제와 인프라 지원, 각종 인·허가 신속 처리 등 행정 지원에도 총력을 기울이고 있다.

2024년 6월 13일 대한상공회의소가 발표한 보고서에 따르면, 반도체 생산 시설에 미국은 390억 달러(약 53조 원), EU는 430억 유로(약 64조 원), 일본은 2조엔(약 17조 원) 상당의 직접 보조금을 지급하는데, 한국은 국내 반도체 기업에 대한 직접 보조금이 전무한 실정이다. 일본 정부는 도요타, 소프트뱅크, 미쓰비시UFJ은행 등 8개 대표기업이 만든 라피더스에 지금까지 9,200억 엔(약 8조 8,800억 원)을 지원했는데, 2025년 2월 7일 정부 자금 지원을 더 쉽게 만들기 위해 '라피더스 지원법' 개정안을 국회에 제출했다고 한다. 우리라고 그렇게 하지 못할 이유가 도대체 뭐란 말인가?

2025년 4월 28일 대한상공회의소 등이 공동 개최한 토론회에서 김덕파 고려대 교수는 '반도체 산업에 매년 5조 5,000억 원씩 지원할 경우 GDP가 매년 7조 2,000억 원 이상 추가 상승할 가능성이 있다'고 말했다. 지금 AI와 반도체의 세계적 발전 추세를 볼 때 충분히 가능한 이야기다. 이렇게 남는 장사가 있는데 외면할 이유가 무엇인가? 2021년

2월 기준 삼성전자(12위)보다 시가총액 순위가 낮았던 엔비디아(19위)는 불과 4년 만에 삼성전자 시가총액의 13배로 성장해 2025년 1월 기준 세계 시가총액 1위에 등극했다. 이제는 삼성전자가 그렇게 할 차례다.

우리나라에서 삼성전자가 세계 1위 종합반도체 기업으로 도약하기 위해서는 국내에 반도체 산업 생태계가 잘 구축되어야 한다. 중국은 정부가 직접 컨트롤타워가 되어 각 반도체 생태계별로 대기업-중견기업-스타트업-대학연구기관을 연계하는 개방형 혁신 플랫폼을 만들고 직·간접적인 지원을 일사불란하게 진행한다. 또 국산 소재를 반도체 생산 과정에 사용했을 때 입을 수 있는 손실을 보전할 수 있도록 정부가 보험료를 제공한다. 대만 정부는 TSMC에 어떤 패키징 소재, 부품, 장비가 필요한지 관련 중소기업들에 알려주고, 이들이 개발한 소재, 부품, 장비들이 TSMC의 검증을 받을 수 있도록 보조금을 지원해 주고 있다. 반면에 한국의 반도체 소부장 업체들은 첨단 패키징에 들어가는 소재, 부품, 장비를 개발하고 싶어도 고객사가 뭘 필요로 하는지 모르고, 만들어도 이게 맞는지 검증이 안 되므로 아무도 사주지를 않는 실정이다.

또 한 가지 우리나라가 세계 종합반도체 1위국으로 도약하기 위해 반드시 필요한 것은 갈수록 부족 현상을 보이고 있는 반도체 인재 양성이다. 대만은 2021년 '국가 중점 분야 산학협력 및 인재양성 혁신 조례'를 제정해 연간 반도체 인재 1만 명을 육성하겠다고 밝혔다. 또 2021년 5월 전국 12개 대학에 반도체 관련 아카데미 13곳을 설립하는 등 획기적인 반도체 학과 정원 확대를 추진하고 있다. 2024년 9월부터는 36개 일반, 직업계 고등학교까지 반도체 교과목을 도입하기도 했다.

반면에 한국은 2020년부터 용인 반도체고등학교 신설을 추진했지만, 수도권 규제 등의 문턱에 걸려 마이스터고 지정조차 받지 못하고 있는 실정이다.

지금부터 우리나라 정치권과 정부가 심기일전해서 국내 반도체 기업들에 대한 재정적, 행정적 지원과 관련 학과 증설, 산업 생태계 조성 등 간접 지원을 아끼지 않는다면, 세계 종합반도체 1위국 등극을 시작으로 우리 경제는 다시 한번 재도약의 기회를 맞이하게 될 것이다.

◆ 포스트 반도체 키우기

삼성과 반도체가 우리 경제에 커다란 버팀목이 되어 대내외적으로 힘든 시기에 이만큼 버틸 수 있게 해주고, 대한민국의 위상까지 크게 높여준 것은 매우 고맙고 다행스러운 일이다. 그렇지만 우리가 터를 잡아 살고 있는 이곳 한반도는 땅기운이 엄청나게 드센 곳이어서 지금처럼 국력을 현상 유지 수준으로 이어가서는 지속 가능하기 어렵고, 부국강병 정책을 통해 국력을 최대한으로 키워나가야만 동아시아에서 제대로 대접받고 사는 글로벌 중추국이 될 수 있다. 따라서 삼성의 세계 시장 경쟁력을 계속 키워나가는 것은 물론 삼성 같은 글로벌 빅테크가 몇 곳 더 나와야 하고 한층 업그레이드된 차세대 반도체 또는 반도체 이외의 최첨단 신기술을 계속 개발해 내는 등으로 우리 국력을 계속 키워나가야 한다.

중국은 미국의 제재로 뒤처진 반도체 기술을 단시일 내 만회하기 힘들 것으로 보고, 기존 반도체보다 성능과 속도 등이 뛰어난 차세대 반도체 기술 개발에 뛰어들어 괄목할 성과를 내고 있다. 중국의 AI 스타트업 딥시크(DeepSeek)가 개발해 2025년 1월 20일 출시한 AI 모델 'R1'은 기존 빅테크들의 18분의 1에 불과한 개발 비용으로 성능이 유사하거나 능가하는 AI 모델을 만들어 냄으로써 글로벌 AI 시장의 판도를 흔들어 놓고 있다. 일본 대표기업 8곳이 모여 만든 반도체 회사 '라피더스'도 최근 미국 IBM과 유럽 최대 반도체 연구소와 손잡고 차세대 반도체 공동 개발에 착수했다. 정부는 될성부른 AI 기업을 선별해 파격적인 지원을 해줌으로써 우리나라에 딥시크 같은 기업이 많이 나오도록 해야 한다. 특히 세계적으로 뛰어난 기술력을 보유하고 있으면서도 자본, 인력, 인프라가 부족한 우리 실정에서 딥시크는 대표적인 벤치마킹 사례이다.

SK, LG, 현대, 한화 등 국내 대표기업과 그들이 만들어 내는 전자제품, 배터리, 선박, 자동차들도 세계 선두를 달리는 우리의 보배들이다. 이들 또한 세계시장에서 최상의 경쟁력을 유감없이 발휘할 수 있도록 최대한의 지원과 응원을 아끼지 말아야 한다. 특히 HD한국조선해양, 삼성중공업, 한화오션 등 조선 3사의 독보적 경쟁력은 트럼프 2기 들어 미국 정부에 중요한 협력 대상으로 떠오르고 있다.

아무쪼록 우리나라가 4차 산업혁명시대 첨단산업 분야에서 세계 선두를 달리는 분야에서는 세계 1등 지위를 탈환 또는 유지하고, 나머지 부진 분야에서는 선두 그룹으로 도약할 수 있도록 기술 혁신 노력을 아끼지 말아야 한다. 한국은 원래 패스트 팔로어(Fast follower) 즉, '빠른 추격자 전략'을 통해 세계 최빈국에서 세계 10위권 경제대국으로 숨 가쁘게 달려왔다. 이제는 '패스트 팔로어' 대신 '퍼스트 무버'가 되어야 한다고 하지만, 그렇다고 이제는 '패스트 팔로어'가 필요 없게 되었다는 의미가 결코 아니다. 지금 우리나라가 반도체 메모리 분야에서 세계 1위라고 하지만, 그 밖에 비메모리 반도체, AI, 양자 기술, 자율주행, 우주 기술 등 다른 첨단기술 분야에서는 미국, 중국 등 경쟁국들에 비해 한참 뒤떨어져 있다. 이들 분야에서는 우리가 잘하는 '패스트 팔로어' 전략을 통해 부지런히 저들 경쟁국들을 따라잡아야 한다. 그 옛날 경제개발 시대와 다른 점이 있다면 '패스트 팔로어' 전략과 함께 '퍼스트 무버 전략'을 병행함으로써 광속으로 질주하는 4차 산업혁명 대열에서 낙오되지 말아야 한다는 것이다.

◆ 핵심 원천기술력을 기술 선진국 수준으로 끌어올려야

이정동 교수를 비롯한 서울대학교 공대 교수 26명은 2015년에 발간된 『축적의 시간』을 통해 '지금껏 한국 산업의 발전 모델이 선진국이 제시한 개념설계[18]를 기초로 빠르게 모방, 개량하면서 생산하는 모방적 실행 전략에 의존해 왔지만, 이제는 그와 같은 성장모델이 한계에 도달했다'고 진단한다.[19]

우리나라는 주요 선진국들처럼 오랜 기간 정상적인 절차를 밟아 경

---

18) 설계란 누군가의 머릿속에 들어있는 아이디어를 실현 가능한 형태로 나타내는 것을 의미하는데, 개념설계란 설계 과정에서 첫 단계로 이루어지는 최초 행위로서, 그 후에는 기본설계-상세설계의 순서로 진행된다. 다시 말해서 이는 자신이 직접 개발한 원천기술을 이용하여 새로운 제품을 만들거나 대형 공사 또는 플랜트 건설 등을 수행하기 위해 작성하는 최초 설계를 말한다.

19) 서울대학교 공과대학, 『축적의 시간』, 지식노마드, 2015, 43쪽.

제성장과 기술 발전을 이룩한 것이 아니라, 선진국들의 앞선 기술을 신속하게 받아들여 응용 제품을 만들어 파는 등 패스트 팔로어 전략을 통해 급속한 성장을 이룩하였다. 그런데 중국 등 신흥 개발국이 같은 전략으로 무섭게 추격해 와 우리나라를 추월하고 있는 마당에 더 이상 지금까지와 같은 방식으로 우리 경제의 성장 기조를 유지하기는 어렵게 됐다. 이제는 과거 성장 모델이었던 추격형 성장 전략을 넘어 퍼스트 무버(First Mover)로 나아가야 한다. 다시 말해 미국 등 기술 선진국들이 그래왔던 것처럼 '최초의 질문', 즉 '도전적 문제 제기'와 무수한 시행착오의 과정을 거쳐 '독창적 개념설계' 기반의 원천기술을 창조해 내는 혁신 생태계를 구축해야 한다.

우리는 국제사회의 인정을 받아 이제 막 선진국의 문턱을 넘어섰지만 아직도 반도체 등 일부 산업 분야를 제외하고는 핵심 원천기술 수준이 기술 선진국들에 한참 못 미치는 실정이다. 하루속히 우리의 핵심 원천기술력을 주요 선진국 수준으로 끌어올려 놓겠다는 목표를 세우고 이를 실현하기 위해 총력을 기울이지 않으면 안 된다.

우리는 6·25전쟁의 폐허 속에서 절망과 빈곤을 딛고 일어선 지 반세기 만에 세계 10위권의 경제 대국으로 도약할 만큼 무서운 저력을 지닌 국민이다. 그리고 지금 우리나라는 경제개발 착수 당시인 1960년대보다는 제반 사정이 훨씬 양호하다. 적어도 1960년대 이후 20여 년간 우리 정부와 국내 기업들이 보여준 기술 개발 의지와 실천력만 발휘한다면 우리가 추구하는 목표를 달성하고도 남을 것이다. 이제 우리는 1960~70년대에 그랬던 것처럼 강인한 도전 정신과 기술 개발 의지를 되살려 기술 선진국들에게 뒤처져 있는 핵심 원천기술력을 끌어올리는 데 온 힘을 기울여야 한다.

이 시대 기술 혁신의 전도사인 서울대학교 이정동 교수는 "앞선 이의 발자국이 보이지 않는 설원(雪原), 즉 화이트 스페이스에 첫 발자국을 찍어내듯이 우리 산업계에서 최초의 질문이 많이 쏟아져 나와야 한다"라고 강조한다.[20] 당분간 우리 사회에서 '최초의 질문'이라는 멋진 화두가 유행어처럼 널리 퍼져나갔으면 한다. 미·중 기술 패권 전쟁 와중에 우리와 미국, 대만, 중국, 일본, 유럽 등 기술 강국 간에 벌어지고 있는 반도체 등 첨단기술 전쟁에서 살아남기 위해서는 우리 모두 이 멋진 화두를 입버릇처럼 되뇌면서 이 땅에 기술 혁신의 열풍을 불러일으켜야 한다.

◆ 효율적인 R&D 시스템 구축

2023년 기준 한국의 GDP 대비 R&D 투자 비율은 4.96%로 이스라엘에 이어 세계 2위지만, R&D 생산성은 미국의 30% 수준에 불과하다고 한다. R&D 투자 금액도 절대액으로 보면 일본의 절반, 중국의 5분의 1 수준에 불과하다. EU 집행위원회 자료에 따르면, 2022년 기준 글로벌 R&D 투자 상위 2500대 기업 중 미국이 827개로 1위, 중국 679개로 2위, 일본 229개로 3위, 독일 113개로 4위, 대만 77개로 6위, 한국은 47개로 9위다.

장기적인 관점에서 우리의 기술력을 주요 경쟁국 수준으로 끌어올리기 위해서는 GDP 대비 R&D 투자 비율이 아니라 R&D 투자 금액 자

---

20) 이정동, 『최초의 질문』, 민음사, 2022, 42쪽.

체를 경쟁국에 근접하는 수준으로 끌어올리지 않으면 안 된다. 우리의 숙원인 극일(克日)을 위해서라도 최소한 일본을 능가하는 수준의 R&D 투자가 이뤄져야 할 것이다. 앞으로 5년 이내에 우리나라 R&D 투자 규모를 최소한 일본 수준으로 끌어올린다는 목표를 세우고, 정부 예산 편성 시 매년 R&D 예산 증가율을 큰 폭으로 늘려 나가면서 민간 기업들이 따라오도록 선도적인 역할을 수행해야 한다.

그런데 문제는 지금 우리나라는 일본의 절반, 중국의 5분의 1 수준에 불과한 R&D 투자 금액마저도 그다지 효율적으로 쓰이지 못해 기술 혁신 성과와 속도가 미국, 중국 등 경쟁국들에 비해 한참 못 미치는 수준이라는 것이다. 국내에서 일부 글로벌 대기업 및 기술 혁신적인 기업을 제외한 나머지 기업들과 정부 R&D 투자는 국가 기술력 향상에 큰 도움이 안 되는 단순 연구 위주 또는 저 기술 산업 관련 R&D 비중이 높은 실정이라고 한다. 우리나라에서 디지털 산업 분야의 기술 혁신이 반쪽 성공을 거둘 수밖에 없는 이유도 삼성 등 R&D 투자 금액 및 투자 효율성이 높은 일부 대기업은 기술 혁신에 성공을 거두었지만, 나머지 대부분의 기업들은 그렇지 못하기 때문이다.

정부 부문의 경우 R&D 예산 지원을 받아 취득한 특허의 70% 정도는 생산적으로 쓰이지 못해 사장되고 있다고 한다. 이는 연구·개발 과제 선정 업무를 담당하는 공무원들의 전문성 부족으로 제출된 과제 설명서의 내용을 제대로 심사해 우수 과제를 선별해 낼 수 있는 능력이 미흡해서, 연구비 확보에 사활을 건 과제 신청자의 로비 또는 주장에 끌려 그렇고 그런 연구·개발 과제를 선정하는 일이 보편화되었기 때문이다. 우리가 미국, 중국 등 경쟁국들보다 훨씬 적은 R&D 금액을 투자하면서 투자 효율성마저 저조하다면 저들과의 기술 격차는 점점 더 벌어질 수밖에 없다.

우리나라가 반도체, 조선, 배터리 등 분야에서는 세계 선두 지위를 유지 또는 탈환하고, AI, 양자 기술 등 분야에서는 미국, 중국과의 기술 격차를 최대한 줄여 나가기 위해, 우리나라 R&D 투자 효율성을 미국, 중국 등 경쟁국 수준으로 끌어올리지 않으면 안 된다. 그리고 이를 위해 우리나라에서 정부와 민간 부문 R&D 사업을 총괄하는 'AI·빅데이터 기반 R&D 플랫폼(R&D 플랫폼)'을 구축하고 상호 교류와 협력을 강화해야 한다. 또 정부와 민간 부문 각각의 R&D 과제별 기술 개발 및 사업화 실적 평가 시스템을 구축하고, 실적 평가 및 분석 결과를 R&D 정책에 반영함으로써 민·관 R&D 생산성을 다 함께 끌어올릴 방안을 마련해야 한다. 이와 같이 정부와 민간 부문을 아울러 'R&D 플랫폼'을 구축하고 민·관 협조 체제를 강화한다면 정부 예산을 보다 효율적으로 사용하면서 국가 R&D 생산성도 크게 향상시킬 수 있게 될 것이다.

특히 정부 R&D 사업이 실제 사업화로 이어지지 못하는 현상을 개선하기 위해 과제 선정 담당 공무원의 전문성 강화는 물론, R&D 사업 성공률에 대한 개념을 새롭게 정의하는 것이 필요할 것으로 보인다. 응용연구[21] 과제의 경우 단순히 특정 R&D 과제를 차질 없이 수행하였는지 여부가 아닌, R&D 결과물의 사업화 여부를 기준으로 성공률을 측정하는 것이다. 1~2단계는 기초연구, 3~4는 실험, 5~6은 시작품(試作品), 7~8은 실용화, 마지막 9는 사업화 단계로 구분되는 기술성숙도를

---

21) 기초연구는 응용연구의 기초가 되는 기본 원리에 대한 연구를, 응용연구는 상업적·기술적인 활용을 목적으로 하는 연구를 말한다.

엄격하게 구분해서 R&D 사업 성공률을 정의해야 한다는 말이다. 그 대신 특정 R&D 과제 수행에 실패한 경우에도 연구자가 창의적인 사고를 가지고 열심히 노력한 것으로 인정되는 경우에는, 이후 과제의 성공적 수행을 위한 경험 축적과 새로운 접근 방법 개발 등 가치 측면에서 과제 성공자에 못지않은 평가를 내릴 수도 있어야 한다.

R&D의 산실이라고 할 수 있는 대학 연구실의 창업을 활성화하는 것도 R&D 투자 효율성을 높이는 방안이 될 수 있다. 그런데 우리나라에서 교수 창업 실태는 미국은 물론 중국의 주요 대학들에 비해서도 형편없는 수준이다. 우리나라 대학들은 학술지에 발표되는 논문 연구에만 지나치게 치중한 나머지, 과학적 연구의 성과물이 사업화 과정을 거쳐 경제적 부가가치 생성으로 이어지지 못하고 있는 실정이다.

우리나라는 아직도 교수 창업을 '연구에 전념하지 않고 돈벌이에 나서는' 것으로 인식해 내부 시선이 곱지 않고, 승진이나 고과 평가에 '창업' 실적을 반영하지 않는 등 제도적 요인으로 인해 교수 창업이 활성화되지 못하고 있다. 따라서 대학 교수의 승진 및 고과 평가 시 창업을 했느냐 여부, 비즈니스 성공 여부 등을 반영하고, 겸직 허용 및 일정 기간 휴직도 가능하도록 하는 등 제도 개선을 통해 교수 창업을 활성화하는 것이 필요하다. 교수 창업이 활성화될 경우 제자인 대학원생들이 창업 기업의 일원이 되고, 나머지 학생들도 졸업 후 창업을 준비하거나 결심하는 데 동기 부여가 됨으로써 자연히 졸업생 창업도 늘어나게 된다. 피터 코핸(Peter Cohan) 뱁슨 칼리지 교수는 자신의 저서에서 "교수들이 창업에 나서야 학생들이 이를 보고 창업을 할 가능성이 높아진다"

라고 말했다.

미국 매사추세츠공과대학(MIT)에서는 2015년 기준 3만 명이 창업해 연 매출 2조 달러를 달성했으며 일자리 460만 개를 창출했다. 2019년 6월 한국무역협회 발표에 따르면 2018년에 중국은 대학 졸업생의 8%인 63만 7천 명이 창업을 선택한 반면, 우리나라 대학 졸업생은 0.8%인 4,740명만이 창업을 선택했다.

앞으로 우리 정부와 기업의 R&D 투자를 중국, 일본 같은 경쟁국 수준으로 늘리고 R&D 투자 효율성을 획기적으로 높일 수 있는 정책을 지속적으로 추진함과 동시에, 과제 브로커를 동원해 R&D 과제 제안서나 연구보고서를 허위로 작성, 제출하고 연구비를 나눠 먹는 식의 소위 R&D 카르텔 비리는 철저하게 뿌리 뽑아야 한다. 단, 윤석열 정부 때처럼 R&D 카르텔을 뿌리 뽑는다는 명목으로 무조건 R&D 예산을 삭감하는 것 같은 대증요법식 처방이 아니라, 비리 발생의 원인과 내용을 완전히 파악한 후 이를 근본적으로 치유할 수 있는 방안을 강구하도록 해야 한다.

◆ AI 개발

4차 산업혁명의 핵심 기술인 AI는 모든 산업 분야와 군사 분야에 미치는 영향이 막대하고 갈수록 커지고 있다. 이럴 때 우리나라가 트럼프 2기 들어 한층 취약해진 안보 태세를 강화하고 AI 기반의 첨단 산업 경쟁력을 주요 경쟁국 수준으로 올려놓기 위해 자체 AI 기술을 미국, 중국 등 주요 경쟁국 수준으로 키워야 하는 것은 필수다.

영국 데이터 분석 미디어 '토터스 인텔리전스'가 발표한 2024년 글로벌 AI 지수에서 한국은 미국, 중국, 싱가포르, 영국, 프랑스에 이어 6위 수준이다. 특히 한국은 AI 인재와 데이터 관련 규제에서 계속 낮은 점수를 받고 있다. 우리나라의 글로벌 AI 경쟁력을 높이기 위해서는 우수한 AI 인재 확보와 데이터 관련 규제 개선이 가장 시급한 과제임을 말해주고 있다.

우리나라 모든 산업 분야에서 기술 혁신이 활발하게 일어나기 위해서는 국내에 AI 인력이 넘쳐나 주요 산업 구석구석에 흘러 들어가야 하는데, 우리나라에서는 AI 개발을 위한 인력이 턱없이 부족하고 갈수록 심화될 것이라고 한다. 그런데 우리나라에서는 정부와 교육 당국의 AI 인력 확충을 위한 대학 정원 확대 노력이 부족한 것 같다. 미국 스탠포드대는 지난 15년간 컴퓨터 전공 입학 정원이 430%나 늘어난 것에 비해, 우리나라에서는 같은 기간 서울대 컴퓨터공학과 정원이 55명에서 80명으로 45% 늘어나는 데 그쳤다. 따라서 국내 대학의 컴퓨터공학과 정원을 획기적으로 늘리고 무크(MOOC) 같은 대규모 온라인 공개강좌(실험, 실습 등 대면수업 병행)를 통해 AI 인재를 필요한 만큼 충분히 길러낼 수 있는 교육시스템을 구축해야 한다.[22] 아울러 해외 AI 인재 유치를 위해 국내에서 좋은 조건으로 일할 수 있도록 파격적인 대우를 해주는 것은 물론, 이민 정책 또한 획기적으로 개선해야 한다.

또한, AI 개발 경쟁이 모델 경쟁에서 데이터 경쟁으로 변환되어 가는 추세에서 국내 기업들의 '데이터 파워' 확보를 위해 정부와 기업 모두

---

22) 제3부 '교육 개혁 중 고등교육 개선' 참조.

노력을 아끼지 말아야 한다. 그런데 우리나라에서는 주요 경쟁국들에 비해 개인정보보호법과 데이터 활용 규제의 문턱이 높아 자율주행이나 생명공학 등 첨단 기술 개발에 지장이 많은 실정이다. 최소한 미국, 중국 등 주요 경쟁국 수준으로 데이터 관련 규제를 대폭 완화하는 것이 필요하다.

◆ 양자(量子) 기술 개발

AI 시대에 기하급수적 고성능 컴퓨팅 수요를 맞추기 위해 양자는 꼭 필요한 기술이다. 양자 컴퓨터는 일반 컴퓨터로 300조 년 걸려야 풀 수 있는 암호를 수십 초 내에 해킹할 수 있으므로, 양자컴퓨팅 기술 선점 시 핵무기를 포함해 적국의 모든 암호 코드에 대한 해킹이 가능하다. 따라서 양자컴퓨팅 기술을 활용해 적의 핵무기를 무력화하는 방식으로 핵 균형을 깰 수도 있는 것이다.

AI와 양자컴퓨터가 결합될 경우 그래픽처리장치(GPU) 부족 등 인프라 한계를 극복하는 것이 가능해지고, 실제 세계에서 물질이 작동하는 방식을 직접 연산할 수 있기 때문에 실험 없이 이론만으로 원하는 물질을 만들 수도 있다고 한다. 현재는 웬만한 실험, 연구에 수십억 달러가 들어가지만 양자 컴퓨터를 통해 계산만으로 해답을 찾을 수 있다는 것이다.

그런데 우리나라는 양자 기술에서 미국과 중국에 한참 뒤처져 있다. 2024년 6월 26일 과학기술정보통신부 발표에 따르면, 한국의 양자기술이 주요 12개국 가운데 모든 분야에서 12위, 즉 꼴찌 수준이다. 분야별로 보면 양자컴퓨터 부문은 미국 100점, 중국 35점, 한국 2.3점, 양

자통신 부문은 미국 84.8점, 중국 82.5점, 한국 2.9점, 양자 센싱 부문
은 미국 100점, 중국 40.9점, 한국 2.9점으로 나타났다.

그런데도 우리 정부의 대응은 너무나도 미온적이다. 중국은 2025년
까지 양자 기술 개발에 153억 달러(약 21조 원)를 투자하겠다고 발표한
데 비해 우리 정부는 2023년 양자 기술에 3조 원을 투자하겠다고 발표
했지만, 기존 1조 원대 양자 기술 지원 사업도 2024년 6월까지 예비타
당성 조사를 통과하지 못한 상태이다.

◆ 우주 개발

바야흐로 우주 시대가 활짝 열리고 있다. 세계 주요 강대국들의 경
쟁 무대가 좁은 지구를 벗어나 광활한 우주를 향해 성큼성큼 다가가고
있다. 앞으로 도래할 우주 시대는 인류에게 여러 가지 새로운 의미를
부여할 것 같다. 안보 분야에서는 우주 공간이 군 정찰 위성의 감시 활
동, 유·무인 우주선 간 전투 등 미래 전장의 핵심 영역이 될 수 있다.
미국, 러시아, 중국 등 우주 강국들은 대기권 밖에서 싸울 우주군을
육성하고 있다. 이들 우주 강국들은 지상 발사 미사일로 지구 궤도 상
의 인공위성을 파괴하는 기술이 이미 시험 단계에 있다. 중국과 러시아
는 미국 위성을 타격할 수 있는 첨단 레이저 무기를 개발 중이라고 한
다. 중국, 러시아 같은 권위주의 국가들이 위성 파괴 핵무기 개발, 위
성 공격용 대 우주 무기의 궤도상 운용 같은 우주 군사화를 통해 한국
과 미국 등 우방 국가들의 안보를 위협할 수 있다는 점을 명심하고, 이
에 대한 대비 태세를 지금부터 충분히 갖춰 나가야 한다.

미국은 군사 분야에서 정밀유도, 정보, 정찰 능력의 대부분을 우주

에 기반을 두고 운영하고 있다. 앞으로 우주에서 전략적 우위를 확보한다는 것은 상대방에 비해 감시, 정찰, 공격, 방어에서 전략적 이점을 가진다는 것을 의미한다.

경제 분야에서는 우주가 다양한 광물, 에너지 자원의 취득원이 될 수 있다. 달에는 전 세계인이 최소 1만 년 동안 사용할 수 있는 양의 희토류 등 다양한 광물과 차세대 연료로 평가받는 '헬륨-3'이 매장되어 있다고 한다. 또 중국은 우주 기반 태양열 발전 프로그램도 추진하고 있다. 지구 정지 궤도에 거대한 위성을 설치함으로써 희석되지 않은 태양 광선을 포착하고, 태양 에너지를 전파로 변환한 다음, 이를 지구에 설치된 공장으로 보내고 그 공장에서 전기로 변환시키는 것이다. 앞으로 우주 산업 규모는 2022년 4,500억 달러에서 2040년에는 1조 달러로 늘어날 전망이다.

특히 우주에서 가장 주목할 대상은 '저궤도'이다. 앞으로는 저궤도를 지배하는 자가 지구 근처의 우주를 호령하고, 지구 근처의 우주를 지배하는 자가 지구를 지배하면서 인류 운명을 결정할 것이라고 한다. 한편, 장기적으로는 언젠가 도래할 수 있는 지구 대재난 발생 시 인류가 이주해 살 수 있는 공간을 확보한다는 점에서도 의미를 부여할 수 있을 것 같다.

그런데 문제는 이렇게 중요한 우주 개발 분야에서 우리의 발전 속도가 너무 느리다는 점이다. 우리나라가 2021년 10월 21일 누리호 2차 발사에 성공함으로써 세계 7대 우주 강국이 되었다고 하지만, 현재 우리나라 우주개발 수준은 미국, 러시아, 중국 등 우주 강국들에 비해 초라하기 짝이 없는 수준이다. 언젠가 본격적인 우주 시대가 열리기 전에 우리의 우주 개발 수준을 세계 3~4위 정도로 올려놓아야 하고, 무엇보다 미국 등 우주 강국들과의 격차를 줄여나가야 한다. 저들과의 격차가 너무 벌어져 있으면 본격적인 우주 시대가 도래할 때 우리가 끼어들 공간이 처음부터 제한될 것이기 때문이다.

우리는 무게 3t 이상의 통신 위성을 고도 3만 6천km 정지 궤도에 쏘아 올릴 수 있는 국산 로켓을 개발하지 못해 외국산 로켓에 의존해야 한다. 하루속히 고도 3만 6천km 정지 궤도에 인공위성을 쏘아 올릴 수 있는 국산 로켓을 개발해 모든 인공위성을 우리 힘으로 발사함은 물론 외국 인공위성도 돈을 받고 쏘아 올려주는 수준으로까지 끌어올려야 한다. 아울러 6G 시대 핵심 인프라인 '저궤도 인공위성'도 최대한 많이 쏘아 올림으로써 6G 시대 글로벌 경쟁력을 미리미리 확보해 놓아야 한다. 일론 머스크의 SpaceX에서 쏘아 올린 저궤도 인공위성만 2,000개라고 한다.

머지않은 장래에 15세기 이후 서구 강대국들을 중심으로 펼쳐졌던 식민지 쟁탈전과 같은 상황이 우주에서 벌어질 때 우리도 당당하게 그 일원으로 참여할 수 있도록 지금부터 세계 우주 강국들과의 격차를 조금씩이라도 줄여 나가야 한다.

규제 개혁

영국에서 1865년에 제정된 '적기조례(Red Flag Act)'는 불합리한 규제 정책의 대표적인 사례다. 이 조례는 당시 자동차의 등장으로 폐업 위기

한국을 다시 위대하게

에 몰린 마차업자들의 청원으로 제정된 것인데, 1대의 자동차를 운전하기 위해 운전수, 기관원, 기수 등 3명의 기사가 있어야 했다. 기수는 55m 전방에서 낮에는 붉은 깃발, 밤에는 붉은 등을 들고 자동차를 선도해야 했고, 시간당 속도는 시내 2마일(3.2km), 시외 4마일(6.4km)로 제한했다. 이는 사실상 자동차 운행을 금지하는 것과 다름없었다. 이 조례는 30년이 지난 1896년 폐지됐지만, 그 사이 영국 자동차 산업은 경쟁국인 독일과 프랑스에 한 참 뒤처지게 되었고 마부 일자리 또한 결국 사라졌다. 어처구니없는 이야기로 들릴 수도 있지만 지금 우리나라에서 진행되고 있는 상황도 그때와 별반 다르지 않다.

세계 최대의 전자상거래 업체인 아마존은 '세상의 모든 것을 취급하는 점포'로 알려졌지만, 만약에 아마존이 한국 기업이었다 해도 지금처럼 세계 최대의 전자상거래 업체로 성장할 수 있었을까? 아마도 거미줄처럼 얽히고설킨 각종 규제로 인해 취급할 수 있는 품목과 원활한 상거래가 제한되고, 드론 배송 등 첨단 기술을 이용한 서비스도 제공할 수 없어 성장이 크게 제한되었을 것이다.

2022년 9월 7일 아산나눔재단에서 내놓은 '2022 스타트업코리아' 보고서에 따르면, '글로벌 100대 유니콘[23] 가운데 12곳이 한국 기업이었다면 온갖 규제와 절차에 묶여 사업이 아예 불가능하고, 43곳은 제한적으로만 사업을 진행할 수 있었을' 것으로 나타났다. 국내 유망 스타트업들은 다른 유니콘 후보 기업들과 똑같은 기술력을 갖고도 불합리한 각종 규제 때문에 유니콘 기업으로 성장할 기회를 갖지 못하게 되

---

23) 기업가치 1조 원 이상의 비상장 기업을 말한다.

는 것이다.

우리나라에서 지금과 같은 규제 실태가 지속된다면 국내 유망 스타트업들이 신생 유니콘을 거쳐 빅테크로 성장하는 모습을 좀처럼 볼 수 없게 될 것이다. 미국의 종합 경제지 포춘(FORTUNE)이 매년 선정하는 글로벌 500대 기업 중 중국은 1997년 3개에서 2022년 136개로 크게 늘어난 데 비해, 우리나라는 같은 기간 14개에서 16개로 제자리걸음 수준인 게 충분히 이해가 간다.

최근 구글, 아마존, 엔비디아, 마이크로소프트(MS) 등 빅테크들이 차세대 AI 개발 기지로 대만, 일본, 동남아 등 아시아 국가들을 선택해 R&D 센터와 반도체 물류 센터를 개설하고 수십조 원대의 인프라 투자를 쏟아내고 있지만, 반도체 등 산업 경쟁력이 뛰어난 한국은 계속 패싱되는 실정이다. 낮은 조세 경쟁력, 과도한 규제, 부족한 인센티브 등 투자처로서 매력이 떨어지기 때문이다.

◆ 역대 정부의 규제 개혁 추진

역대 정부 가운데 규제 개혁을 가장 성공적으로 추진했던 것은 김대중 정부가 아니었던가 싶다. 김대중 정부는 출범 9개월 만인 1998년 11월 중앙정부 기존 규제 1만 1,000여 건 중 48%인 5,300여 건을 없애고, 2,400여 건은 완화 또는 개선하겠다는 의지를 밝히고 그대로 밀어붙였다. 그러나 그 후에도 우리나라에서 규제 환경이 나아졌다는 증거는 어디에서도 찾아볼 수 없다. 칡넝쿨처럼 얽히고설킨 국내 규제 실태 전반에 대한 실태 파악과 화학적, 수술적 요법의 강력한 처방이 아니고서는 규제 개혁의 성과를 거두는 것이 불가능하다는 것을 보여주는

한국을 다시 위대하게

첫 사례였다.

그 후 박근혜 정부에서도 대통령이 직접 나서서 규제 개혁을 위해 전력투구하는 모습을 보여줬다. 당시에는 '규제 정보 포털'에 개혁 대상 규제 목록을 등재한 후 일정 기간의 규제 개혁 실적을 공개하기도 했는데, 여기 등록된 규제 건수가 2013년 12월 기준 15,269건에서 2015년 7월 기준 14,688건으로 3.8% 정도 감소한 것으로 발표되었다. 직전 이명박 정부에서는 규제를 '전봇대'에 비유하고, 박근혜 정부에서는 '손톱 밑 가시'에 비유하며 수많은 '규제 전봇대'와 '손톱 밑 가시'를 뽑아냈지만, 그 당시에 일반 기업인들이 느끼는 규제 개혁 체감도는 미미한 것으로 나타났다. 그나마 그 후 언제부턴가 규제 개혁은 흐지부지되고 정부가 규제 건수를 공시하는 관행도 사라져 갔다.

그러다가 문재인 정부 들어서 각종 규제 법안, 특히 타도 대상인 대기업 규제를 봇물처럼 쏟아내기 시작했다. 규제정보포털에 따르면 2017년 5월 10일에서 2021년 11월 14일까지 국회에서 의원 입법으로 발의된 규제 관련 법안이 총 3,919건으로, 박근혜 정부 시절 발의된 1,313건의 3배에 달한다. 그중에서도 상법 개정안, 공정거래법 개정안, 금융그룹 감독법, 중대재해처벌법, 노조법 개정안 등 국내 기업 활동에 큰 영향을 미치는 굵직한 기업 규제 법안들이 한꺼번에 쏟아져 나옴으로써, 미·중 경제 전쟁과 코로나19 팬데믹 등으로 침체에 빠진 국내 기업들의 어려움을 가중시켰다.

2025년 4월 17일 대한상공회의소가 발표한 '기업부담 지수'를 보면 국내 기업들에 가해지는 규제 부담 지수가 지난 10년간(2015~2025년) 88.3에서 102.9로 크게 늘어난 것으로 나타났다. 분야별로 보면 노동 규제가 105.4에서 112로, 진입 규제가 69.2에서 101.1로, 환경 규제가 96.2에서 99.3으로, 입지·건축규제가 82.3에서 99.2로, 일선 공무원의 행정 지연과 권한·재량 남용에 의한 기업 부담은 76.8에서 111.3으로 각각 늘어났다. 특히 특정 산업으로의 신규 진출을 제한하는 '진입 규제'와 공무원의 '행정 규제' 수준이 크게 늘어난 것을 알 수 있다. 이 시점에 우리나라에서 기업 활동을 옥죄는 각종 규제 건수가 얼마나 되는지 알 길이 없지만 아마 2015년 당시보다 질적, 양적으로 엄청나게 증가했을 것으로 짐작된다.

◆ 규제 개혁 추진 방안

국내 규제 가운데 기업 활동에 치명적인 악영향을 미치는 덩어리 규제 또는 핵심 규제일수록 해당 규제를 철폐 또는 완화하기 위해서는 반드시 관련 법률 제·개정을 위한 국회 통과가 필요하다. 그런데 우리나라 진보의 경우 태생적으로 대기업 규제 등 각종 기업 활동을 옥죄는 규제 법률 제정에 주력하고, 기존 규제의 철폐 또는 완화에는 대부분 반대 입장이다. 그래서 지금까지 각종 규제 개혁 법안들이 국회 문턱을 넘지 못해 무산되는 일이 계속 반복되었던 것이다.

서비스산업발전기본법은 2012년 7월 정부 입법으로 발의된 후 장기간 표류하다가 이제는 완전히 잊힌 것 같다. 기획재정부에 따르면 서비스 산업은 2021년 기준 우리나라 전체 고용의 71%, 부가가치의 63%를 차지할 정도로 우리 경제에서 차지하는 비중이 높은데, 국내 서비스 산업 생산성은 OECD 회원국 평균의 70%에 불과한 실정이다. 2023년 기준 한국 서비스 산업이 전 세계 수출에서 차지하는 비중은 미국

(12.7%), 중국(4.8%)보다 훨씬 낮은 1.5%로서 주요국 중 18위 수준이다.

세계적으로 한류 열풍이 거세게 불고 있는 이때가 우리 서비스업을 육성할 절호의 기회인데, 우리나라 서비스업은 뿌리 깊이 퍼져 있는 각종 규제로 인해 날개를 제대로 펴지 못하고 있다. 그렇다고 언제까지 갈라파고스적 사고에 매몰된 진보에 나라 운명을 내맡겨 둘 수는 없는 일이다. 정치권, 정부, 전문가 집단 그리고 국민들이 함께 참여하는 '국가 담론의 장'을 통해 위대한 국민의 힘으로 정치권을 설득 또는 압박해서 '서비스산업발전기본법' 등 국가 발전에 꼭 필요한 주요 규제 개혁 법안들이 국회를 통과해 시행될 수 있도록 해야 한다.

정부는 국내 산업계에 존재하는 모든 규제를 담은 'AI · 빅데이터 기반 규제 플랫폼(규제 플랫폼)'을 만들고, 먼저 국내 산업 현장에 존재하는 모든 규제의 실상과 의미들을 입체적으로 정밀하게 파악해야 한다. 이렇게 모든 규제의 실상과 의미들을 입체적으로 정확하게 파악해야만 정치권과 국민에게 왜 규제 개혁이 필요한지 설득력 있게 설명할 수 있으며, 정부도 규제 개혁 업무를 보다 효율적으로 처리할 수 있게 될 것이다. 기업들에게 막대한 영향을 미치는 각종 규제는 엄청나게 많은, 크고 작은 규제들이 칡넝쿨처럼 얽히고설켜 그 실상을 제대로 파악하기가 쉽지 않다. 이러한 가운데 산발적으로 그때그때 특정 상황에서 표출되는 규제 사항들을 단편적으로 파악해서 쳐내는 방식으로는 소기의 성과를 거두기 어렵고, 마치 이솝 우화에 나오는 '장님 코끼리 만지기' 같은 상황이 되기 쉽다.

다음으로, 규제 플랫폼을 정책 목적에 따라 여러 가지 유형으로 분류하고 다양한 분석이 가능하도록 설계해야 한다. 또한 정치권-정부-기업-국민 간 정보 교류 및 소통을 통해 그때그때 규제 개혁 정책을 수정, 보완해 나가는 등 피드백 절차가 원활하게 이뤄지도록 해야 한다. 아울러 규제 개혁을 종합적 차원에서 일사불란하게 추진하기 위해 정부 내에 규제 개혁을 총괄하는 독립기관을 신설하는 것이 필요하다.

대통령 직속으로 부총리급을 수장으로 하는 규제 개혁 컨트롤타워를 설치하고, 각 부처 소관 규제 항목들에 대한 존폐 여부를 범정부 차원에서 종합적으로 심의, 결정하도록 전권을 주어야 한다. 암세포처럼 모든 산업 현장에 얽히고설킨 상태로 퍼져 있는 악성 덩어리 규제들을 척결하기 위해서는 각 부처별, 부서별 이해관계를 초월해서 전 정부적 차원의 강력한 정책 추진이 필요하기 때문이다.

정부 규제 개혁 총괄기관(컨트롤타워)에서는 '규제 플랫폼'을 통해 국내 모든 기관에 남아 있는 각종 규제를 계속 존치 대상, 완화 또는 개선 대상, 철폐 대상 등으로 확실하게 분류한 후 계속 존치 이외의 규제 항목들을 개혁 대상 규제 항목으로 입력, 관리해야 한다. 다음으로 거시적으로는 현존 규제들이 기업 활동에 어떤 영향을 미치는지, 이로 인한 경제적 손실은 어느 정도인지, 규제 개혁이 성공할 경우 얻게 될 경제적 효과는 어느 정도인지 구체적으로 파악할 수 있는 시스템을 구축한다. 미시적으로는 각각의 규제 항목별로 규제 개혁 저해 요인을 파악하고, 이에 대한 대처 방안을 마련할 수 있는 시스템을 구축해야 한다. 아울러 각 규제 항목별 중요도 및 국제 비교, 규제 개혁 업무 담당자별 성과 분석 등 다양한 소프트웨어 시스템을 구축해야 한다. 기업과 국민들이 국내 규제의 실상을 한눈에 알아볼 수 있도록 일목요연하게 정리해서 인터넷과 홍보 매체를 통해 실시간으로 공지하는 것 또한 빼놓을 수 없이 중요한 일이다.

지금까지 역대 정부에서 각종 규제를 철폐 또는 완화했다고 거듭 발표했는데도 기업 활동에 미치는 각종 규제의 폐해가 조금도 줄어들지 않은 이유는 국내 규제 전체의 모습이 베일에 감춰진 채 지극히 일부에 불과한 규제 완화 실적만을 보여주었기 때문이다. 더욱이 일부 규제 완화 실적에도 불구하고 또 한편으로는 더 많은 새로운 규제들이 우후죽순처럼 자라나곤 하는 일이 반복되었기 때문이기도 하다. 따라서 이제는 국민들에게 국내 전체 규제의 모습이 이러한데 그중에서 이만큼의 규제가 사라졌고 또 이만큼의 규제가 생겨났다는 식으로 종합적, 입체적인 정보를 실시간으로 제공함으로써, 국내 규제의 실상과 변화 추이를 정확하게 인식할 수 있도록 해야 한다.

◆ 포지티브 방식에서 네거티브 방식으로

우리나라에서 모든 규제 관련 법령과 정책은 포지티브(positive) 방식을 적용하고 있다. 다시 말해서 법령 또는 정책상으로 행위가 가능한 것들을 구체적으로 나열하고, 나머지는 하지 못하도록 모두 금지하는 방식이다. 반면에 미국, 영국, 중국 등 경쟁국들은 법령 또는 정책상으로 금지하는 것만 정해 놓고, 나머지는 모두 시장에서 자율적으로 할 수 있도록 허용하는 네거티브(negative) 규제 방식을 적용한다. 공산주의 국가인 중국에서도 네거티브 규제 방식을 적용하는데 자유민주주의 시장경제 시스템을 유지하고 있는 우리나라에서 아직까지 포지티브 규제 방식을 적용한다는 것은 말이 되지 않는 일이다.

4차 산업혁명 시대를 맞이하여 주요 선진국들을 중심으로 자율주행차, 지능형 로봇, 상업용 드론 등 신산업 분야에서 국가 간, 기업 간 경쟁이 치열하게 이뤄지는 가운데, 우리나라는 각종 규제에 치여 이들 신산업 분야 육성 및 기술 개발이 지지부진한 실정이다. 얼마 전까지만 해도 주요 선진국들 못지않게 상당한 경쟁력을 갖고 있던, 4차 산업혁명의 총아인 생명과학 분야에서도 그동안 인간 배아를 이용한 유전자 연구에 족쇄를 채운 것처럼 꽁꽁 묶어놓은 각종 규제 때문에 저들 선진국들에게 자꾸만 뒤처지고 있는 실정이다. 우리나라 유전자가위 기술은 해외 선진국과 대등하거나 앞서 있는 수준이지만 각종 규제 때문에 갈수록 설 자리를 잃어가고 있다.

한국은 세계에서 유전자변형(GMO) 농산물을 가장 많이 수입해 소비하는 나라 중 하나로서, 정부가 지난 20여 년간 GMO 종자 개발에 수조 원의 연구개발비를 투자했지만, 유전자 변형 농산물의 재배와 유통을 금지하는 규제의 장벽 때문에 사업화 사례는 전무한 실정이다. 최근 GMO의 대안으로 크리스퍼 같은 유전자가위 기술을 이용해 만드는 유전자교정생물체(GEO)가 개발돼 각국에 널리 보급됨으로써 관련 분야의 창업과 고용이 활발하게 이루어지고 있지만, 한국에서는 이마저도 허용이 안 되고 있는 실정이다.

우리나라가 이제 막 태동하기 시작한 4차 산업혁명의 선도 국가로 굴기하기 위해서는 지금부터라도 현행 포지티브 규제 방식을 네거티브 규제 방식으로 과감하게 전환함으로써 각종 신산업 분야 육성 및 기술 개발이 원활하게 추진되도록 해야 한다. '국가 담론의 장'에서는 '왜 미국, 영국, 중국 등에서는 네거티브 규제 방식이 적용되는데 우리나라에서는 안 되는지' 찬·반 양론을 세밀하게 분석한 결과를 정리해서 공론에 부쳐야 한다. 다수 여론과 국민의 뜻에 따라 국내 모든 규제를 네거티브 방식으로 바꿔 나감으로써 대한민국을 세계에서 가장 기업 하기 좋은 나라로 만들어야 한다.

우리나라가 기술 강국으로 도약하는 데 꼭 필요한 첨단 기술 항목들을 선택, 지정한 후, 이 기술 항목들에 대하여는 지금처럼 사전 규제 방식이 아닌 사후 규제 방식을 적용하도록 예외 규정을 두는 것도 좋을 것 같다. 미국은 사후 규제 방식을 적용해 테슬라로 하여금 수년간 차량 구매자들을 활용해 완전 자율주행 실험을 실시하도록 허용함으로써 세계 자율주행 업계 선두를 유지하고 있다. 미국 정부는 사후적 모니터링, 조사를 통해 위험성을 검증하는 데 초점을 맞추고 있다. 미국은 이처럼 느리고 포용적인 규제 시스템을 통해 세계 기술 패권을 유지하고 있는 것이다.

미국 실리콘밸리에서 중국과 인도 그리고 한국처럼 활발하게 스타트업을 창업하고 성공한 나라가 없다고 한다. 국내에 실리콘밸리처럼 기업 하기 좋은 환경을 만들어 주기만 하면, 우리나라에서도 미국 못지않게 세계적인 빅테크들이 쏟아져 나올 것은 명약관화(明若觀火)한 일이다. 지금 규제가 많은 한국을 벗어나 해외에 나가 있는 스타트업이나 인재들이 많은데 이들을 모두 불러들여 국내에 기술 혁신 붐을 일으켜야 한다.

◆ 정부 독자(獨自) 규제부터 우선 처리해야

정부의 규제 개혁 추진을 저해하는 요인으로는 정부 자체의 개혁 의지 미흡, 국회의 규제 입법 양산(量産)과 개혁입법 반대, 각계 이해관계자들의 규제 개혁 반대 등 세 가지를 들 수 있다. 그런데 근본적으로 국가 경제를 살리기 위해 규제 개혁 프로젝트를 입안하고 실행해야 하는 주체는 바로 정부이다. 또 국내외 기업들을 괴롭히는 각종 규제 가운데는 별도의 입법 조치 없이 정부 권한만으로 완화 또는 철폐가 가능한 규제(정부 독자 규제)들이 엄청나게 많다. 박근혜 정부 시절 서울반도체 안산공장의 경우 불합리한 규제 때문에 7년 동안 두 공장을 잇는 연결 통로를 개설하지 못하다가 대통령의 직접 지시로 규제가 풀려 운송 시간(45분) 및 생산비(연간 50억 원)를 절감할 수 있게 되었다. 이처럼 정부에서 마음만 먹으면 완화·철폐가 가능한 불합리한 정부 독자 규제들이 전체 규제 가운데 30%가 넘는다고 한다.

정부는 경제 활성화를 위한 규제 개혁 추진 주체로서 정부 독자 규제 항목들에 대한 개혁 프로젝트를 먼저 처리하여 괄목할 성과를 거둔 후, 국회에 대하여 기업 활동을 저해하는 규제 입법을 자제함과 동시에 규제 개혁 입법을 활성화하도록 협조를 구해야 한다. 우선, '규제 플랫폼'을 통해 정부 독자 규제 항목들에 대한 리스트와 항목별 완화, 철폐 시기를 분야별, 유형별로 분명하게 정리하여 공시해야 한다. 다음으로, 소관별 규제 개혁 업무 처리 담당자와 책임자를 지정하고 기한 내 처리 실적에 대한 인사 고과 및 상벌을 엄격하게 시행해야 한다.

◆ 핵심 규제부터 과감하게 풀어야

그동안 정부의 규제 개혁이 가지치기식 건수 위주로 처리되어 국가 경제에 파급 효과가 큰 핵심 규제보다는 고만고만한 단순 규제 항목들에 치우치는 등 규제 개혁의 실효성이 미흡하다는 지적을 받아왔다. 정부는 '규제 플랫폼'을 통해 규제 완화, 철폐 시 경제적 효과가 큰 항목들의 개혁 추이를 실시간으로 파악, 관리함으로써, 굵직한 규제 항목들이 개혁 추진 대상에서 제외되거나 후순위로 밀리는 일이 없도록 해야 한다. 특히 수도권, 대기업, 토지,[24] 서비스업 등 분야의 핵심 규제에 대한 개혁 필요성과 개혁 방안을 일목요연하게 정리하여 국민에게 알리고, 국민 지지를 바탕으로 이들 불합리한 핵심 규제부터 과감하게 풀어야 한다. 우리 경제가 깊은 골병이 들어 통상적인 경기 부양책이 먹혀들지 않는 상황에서 핵폭탄급의 규제 완화 등 강한 충격 요법이 아니고서는 우리 경제를 살릴 방법이 없다. 이어서 핵심 규제 가운데 수도권 규제에 대하여만 간단히 검토해 보기로 한다.

수도권의 과도한 인구 집중을 억제하기 위해 1983년부터 시행된 수도권 규제 정책은 지난 40년 동안 각종 여건 변화로 인해 전면적인 재검토가 필요한 실정이다. 그런데도 그동안 지역 균형 발전 차원에서 수도권에 산업 시설이 들어서는 것을 최대한 억제하는 정책 기조를 유지하다 보니 우리나라에서 본격적인 수도권 규제 완화를 논의하는 것 자체가 금기시되어 왔다고 볼 수 있다.

그런데 그동안 수도권 규제 정책의 시행으로 지역 균형 발전이라는

---

24) 농지, 개발제한구역, 산지 등에 대한 규제가 포함되어 있다.

바람직한 목표는 달성하지도 못한 채 오히려 국가 경제 발전을 저해하는 부작용만 가져오게 되었다는 점을 주목할 필요가 있다. 즉, 국내외 기업들이 입주를 선호하는 수도권 지역에서 각종 개발이 엄격한 제한을 받게 됨으로써 국가 경제 성장에 커다란 걸림돌이 되는 것이다. 수도권 면적(11,820㎢)의 83%에 해당하는 성장관리·자연보전권역(9,788㎢)은 인구와 산업이 과밀하지 않아 개발 여지가 많은데도 불합리한 규제로 인해 개발이 안 되는 실정이다.[25] 한국은행이 2024년 3월 25일 발표한 보고서에 따르면 수도권이 전국 경제성장률에 기여하는 비중이 2001~14년 51.6%에서 2015~22년 70.1%로 21년간 18.5% 증가했다. 반면에 수도권 인구 집중도는 2010년 49.2%에서 2022년 50.5%로 12년간 1.3% 증가했으며, 2015~21년간 수도권 순증 인구의 78.5%가 15~34세 청년층이다. 수도권 규제 완화 시 국가 경제가 크게 발전할 수 있음을 알 수 있는 지표다.

수도권 규제는 갈수록 부족 사태를 겪고 있는 반도체 인력 확보에도 지장을 초래한다. 수도권정비계획법 시행령에 따라 대학 입학 정원이 ‘학교 총량규제’에 묶여 있어 일류 대학이 몰려 있는 수도권 지역에선 대학을 새로 지을 수도, 정원을 늘릴 수도 없기 때문이다.

한국과는 정반대로 일본, 영국, 프랑스 등 다른 선진국에서는 일찌감치 수도권 규제가 경제 발전을 저해한다는 사실을 깨닫고, 1980년대와 2000년대에 각각 수도권 규제를 풀고 오히려 수도권 개발에 박차를 가

---

25) 수도권정비계획법 제6조의 규정에 따라 수도권을 과밀억제권역(2,032㎢), 성장관리권역(5,958㎢), 자연보전권역(3,830㎢)으로 구분하는데, 수도권 면적의 83%를 차지하는 성장관리·자연보전권역의 인구는 543만 명으로 수도권 전체 인구의 22%에 불과하다.

하고 있다. 중국은 수도인 베이징시와 톈진시 및 허베이성을 통합 개발해 초대형 도시(megalopolis)를 조성하고자 '징진지(京津冀) 프로젝트'를 추진하고 있다. 위 프로젝트에 따라 조성되는 중국 수도권의 면적은 21만 6,000㎢로서 한반도 전체 면적과 비슷하고 인구는 남북한 전체 인구의 약 2배인 1억 5천만 명에 달한다.

이제는 우리도 지역 균형 발전을 위해 수도권 규제를 지속해야 한다는 억지 논리에서 벗어나 주요 경쟁국들처럼 수도권 규제를 확실하게 풀어 꺼져가는 성장 동력을 되살리는 계기로 삼아야 한다. 수도권은 수도권대로 발전시키고 지방 도시들은 각각 그 특성에 따라 글로벌 대도시로 키워나가는 등 수도권과 지방이 다 함께 윈-윈할 수 있게 국가 발전 전략의 방향을 틀어야 한다.

정부는 수도권 규제 완화로 인해 발생되는 경제적 효과를 정밀하게 분석한 결과를 국가 담론의 장을 통해 국민에게 알리고, 국민 지지를 통해 관련 법 제·개정이 이뤄지도록 해야 한다. 아울러 수도권 규제 완화로 생기는 이익을 수도권과 비수도권이 공유하는 시스템을 만들어 시행함으로써 궁극적으로는 지역균형발전이 이뤄지도록 해야 한다. 지역균형발전만을 추구하다가 성장의 기회를 놓치고 주저앉기보다는 수도권 개발을 통해 제2의 경제 성장을 이루고 성장의 과실을 나눔으로써 다 함께 윈-윈하는 것이 더더욱 현명한 방법이 아닐까 생각한다.

노동 개혁

우리나라에서 기업 활동을 옥죄는 양대 산맥으로 각종 규제와 함께 세계 최강의 강성노조가 있다. 우리나라에서 강성노조와 경직된 노동 시장 구조는 기업 경영상 고비용, 저효율을 가져와 국내 기업들의 글로벌 경쟁력을 떨어뜨리는 중요한 요인으로 작용한다. 한국의 강성노조 폐해는 이미 세계적으로 널리 알려져 있어 외국인 투자 유치에 커다란 장애요인으로 작용할 뿐 아니라, 국내 기업들까지 줄줄이 해외로 빠져나가는 원인을 제공하기도 한다. 이는 국내 일자리 감소를 가져와 민생 문제에도 악영향을 끼치고 있는 실정이다.

침체된 우리 경제를 살리기 위해서는 강성노조 활동 억제, 노동시장 유연화, 성과 중심의 임금 체계 도입 등 제대로 된 노동 개혁이 필요한데, 정녕 우리는 지난날 영국과 독일이 했던 것처럼 제대로 된 노동 개혁을 추진할 수 없다는 말인가.

◆ 다른 선진국들은 노동 개혁 가속화, 한국은 제자리걸음

미국, 일본, 독일, 영국, 프랑스 등 다른 선진국들은 2000년 이후 지금까지 자국 기업의 글로벌 경쟁력을 높이기 위해 정부 또는 대기업 노조를 중심으로 노동 개혁을 끊임없이 추진해 오고 있다. 그 결과 이들 선진국에서는 직무와 성과 중심의 보수 체계, 근로 시간의 탄력적 운용, 해고 요건 완화, 파업 조건 강화 및 파업 시 대체 근로 허용, 사업장 내 전환 배치 및 공장 간 물량 조정 같은 사용자의 고유 권한 인정 등 생산적이고 협조적인 노사 관계를 유지하고 있다. 일본의 경우 2018년 '일하는 방식 개혁법'을 제정해 32개 법령을 대대적으로 손질했다. 개혁의 핵심은 노동시간 유연화, 성과 중심 보상체계다. 즉, 신기술 R&D 업무에 대한 초과 근무 제한을 없애고, 고소득 전문직은 근로시간에 상관없이 성과에 따라 급여를 받는 '고도 프로페셔널 제도'를 도입한 것이다. 반면에 우리나라는 연공서열 중심의 보수체계, 해고 요건 강화, 사업장 경영에 대한 노조 입김 강화 및 사용자 측 고유 권한 축소, 파업 조건 완화 등 노조 측에 우월한 지위가 보장되는 제도를 그대로 유지하고 있어 국내 기업의 글로벌 경쟁력을 떨어뜨리는 요인이 되고 있다.

우리나라에서 현행 노동관계 법령은 1980년대 후반기 정치, 사회적으로 민주화 열기가 한창일 때 제·개정이 이뤄졌다. 그 당시만 해도 우리나라에서 근로자의 임금은 형편없는 수준이었고 사용자와의 관계도 전형적인 '을'의 입장에서 매우 약자적인 위치에 놓여 있었기 때문에, 이에 대한 반작용으로 근로자와 노조의 권익을 최대한 보장하는 노사 관계가 정립된 것이다. 그런데 그로부터 30여 년이 지난 지금 우리 경제가 글로벌 경제 체제에 완전히 편입되어 경쟁국 기업들과 치열한 경쟁을 치러야 하는 상황에서, 경쟁국들에 비해 근로자와 노조의 권한이 지나치게 비대해진 노사 관계로는 더 이상 글로벌 경쟁에서 살아남을 수 없다.

◆ 우리나라에서 노동 개혁이 지지부진한 이유

우리나라에서 노동 개혁이 이뤄지기 위해서는 이해관계 집단인 노동

계와 정치권이라는 거대한 두 관문을 통과해야 한다. 그런데 정치권, 즉 진보에서는 자신들의 지지 기반이라고 할 수 있는 노동계를 의식하여 노동 개혁을 반대하는 입장이므로 노동계를 대표한다고 하는 양대 노총의 동의를 얻기만 하면 각종 노동 개혁 법안의 국회 통과도 쉬워질 것이다. 이런 이유로 역대 정부에서는 양대 노총이 참여하는 경제사회노동위원회(경사노위)에서 정부의 노동 개혁안에 대한 합의가 이뤄질 수 있도록 그렇게 많은 노력을 기울였던 것이다. 그런데 사실 우리나라에서 노동 개혁이 지지부진하게 된 원인은 이 문제를 정부와 양대 노총 간의 줄다리기 방식으로만 추진한 데 있다고 볼 수 있다.

노동 개혁의 목적은 국내 기업의 고비용, 저효율 구조를 저비용, 고효율 구조로 전환함으로써 기업의 생산성과 글로벌 경쟁력을 높이고 우리 경제를 침체의 늪에서 건져내는 데 있다. 이렇게 국내 기업과 국가 경제의 동반 성장이 이뤄지는 가운데 정부와 기업이 힘을 합쳐 전체 근로자의 30%가 넘는 비정규직과 저임금 근로자의 권익과 처우를 점진적으로 개선하는 것 또한 필요하다. 그런데도 전체 근로자 가운데 노동 개혁으로 잃을 것이 가장 많은 소수 대기업 등 근로자 중심의 양대 노총과 협상으로 날을 지새우다 보니 우리나라에서 노동 개혁이 이뤄지는 것은 백년하청이 될 수밖에 없었다.

우리나라에서 민주노총과 한국노총(한국노동조합총연맹)은 전체 근로자의 7.9%[26]에 불과한 대기업과 공기업 노조원들로만 구성되어 있을 뿐

---

26) 2023년 기준 전국 근로자 총수는 2,841여 명, 민주노총 조합원 수 108만여 명, 한국노총 조합원 수 116만여 명으로, 양대 노총 조합원 수는 전체 근로자의 7.9%에 불과하다.

   한국을 다시 위대하게

아니라 처우와 근무 환경 면에서도 독보적인 상위 그룹에 속해 있어 사실상 그 어느 쪽도 국내 노동계를 대표한다는 명분을 인정하기 어렵다. 그렇지만 현실적으로 국내 노동계를 실질적으로 장악하고 있는 양대 노총의 세력을 무시할 수는 없는 일이다. 따라서 처음부터 양대 노총과 직접 대결을 벌이는 것보다는 정부 내공(內工)을 쌓아가면서 일반 근로자들과 국민의 힘을 빌려 양대 노총의 세력을 서서히 약화시키는 전략을 구사하는 것이 좋을 것 같다.

◆ 지금이 노동 개혁 추진을 시작할 기회

2017년 문재인 정부 들어 한국 노동계는 그야말로 전성기를 맞이한 것 같았다. 친노동 정책을 표방하는 진보 여당과 정부의 비호를 받아 강성노조 활동에도 전혀 정부의 견제를 받지 않았기 때문이다. 그러다가 2022년 윤석열 정부가 들어서면서 한국 노동계에는 훈풍이 사라지고 매서운 찬바람이 불기 시작했다.

민주노총 산하 화물연대본부가 안전운임제에 대한 일몰제 폐지를 주장하면서 2022년 6월에 이어 11월 파업에 들어가자 정부에서는 그동안 사문화되었던 화물자동차운수사업법 제14조의 규정에 따라 업무개시명령을 발동했으며. 화물연대본부는 결국 파업을 철회했다. 그동안 기고만장했던 노조의 위세가 한동안 겪어보지 못했던 정부의 강경 대응과 싸늘한 민심에 의해 한풀 꺾이는 모습을 보인 것이다. 이때 철옹성 같았던 노조 위세에 결정타를 날린 화물자동차운수사업법 제14조는 사실 2003년 12월 22일 노무현 정부 당시 신설된 조항이다. 2003년 5월에 발생한 화물연대노조 파업으로 5,400억 원 상당의 산업 피해가 발생하자 16대 국회에서 여·야 합의로 '업무개시명령' 조항을 신설한 것이다. 우리나라에서 노동 개혁이 순탄하게 이뤄지기 위해서는 진보의 전향적인 의지가 반드시 필요하다는 것을 보여주는 드문 사례였다.

최근 노동계에 신선한 변화의 바람을 일으키고 있는 'MZ 노조'의 부상(浮上)도 한몫을 했다. 노조 내에서 20~30대에 속하는 이들은 386세대[27]가 주축인 민주노총의 정치적이고 강경한 투쟁 방식 대신 탈이념적이며 실용적, 합리적인 방식을 선호한다. 이들은 그동안 '한미연합훈련 반대' 같은 민주노총의 정치 투쟁에도 반대 목소리를 내왔으며, 명분 없는 파업에도 동참하지 않았다. 아직은 수적 열세로 인해 교섭 주체로 나설 입장이 안 되지만 갈수록 노조원 수가 급증하는 추세이기 때문에 머지않아 노동계에서 제 목소리를 낼 수 있는 날이 올 것이다.

윤석열 정부는 업무개시명령으로 화물연대본부의 파업을 철회시킴과 동시에, 민주노총 산하 타워크레인 노조 소속 기사들이 건설업체로부터 3년간 월례비 명목으로 총 1,800억 원을 갈취하거나, 한국노총 산하 노조위원장이 노조비 10억 원을 횡령하는 등의 고질적 비리 관행들도 밝혀냈다. 그동안 정의의 투사라도 되는 것처럼 기고만장하던 양대 노총을 중심으로 하는 노동계의 민낯이 서서히 드러나기 시작하는 것 같았다. 그런데 아쉽게도 윤석열 정부는 전투에서는 큰 성과를 거두었으나 전략 면에서는 그렇지 못해 그만 여기까지가 끝이었다.

하지만 지금까지 진행된 일들을 불쏘시개 삼아 노동 개혁 의제를 한

---

27) 1990년대부터 사용되던 용어로서 나이가 30대면서 80년대에 대학을 다녔고, 60년대에 태어난 운동권 세대를 가리킨다. 그 후 연도가 바뀌면서 486, 586, 686세대로 부르기도 하지만, 이 책에서는 편의상 연도에 상관없이 386으로 표현하기로 한다.

     한국을 다시 위대하게

층 업그레이드된 전략으로 승화시켜 새롭게 추진해 나간다면 그동안 불가능한 것으로 여겨졌던 노동 개혁 드라이브의 시동을 걸 수 있을 것으로 보인다. 단, 노동 개혁 시기가 무르익었다고 해서 너무 성급하게 밀어붙이기식으로 추진해서는 안 된다. 정부와 기업 그리고 순수한 일반 근로자 모두 함께 상생하면서 윈-윈 할 수 있는 길을 찾아 노력하는 가운데 갈수록 명분을 잃어가는 양대 노총의 세력을 약화시킨 뒤 본격적인 노동 개혁을 추진해야 한다.

◆ 노동 개혁에 대한 발상의 전환

앞으로 국가 대개혁 차원에서 추진되는 노동 개혁은 제2부에 소개했던 영국, 독일의 노동 개혁 사례와 지난 윤석열 정부의 양대 노총 압박 전략에다 포용적, 미래 지향적, 창조적 신(新)전략을 가미해서 단계적으로 실효성 있게 추진되어야 한다.

1980년대 추진된 영국의 노동 개혁에서 우리가 벤치마킹할 점은 그때그때 대증(對症) 처방식 개혁이 아니라 사전에 철저하게 준비되고 계획된 전략에 의거해 강한 돌파력과 융통성 그리고 국민적 지지를 통해서만 개혁의 성공을 보장받을 수 있다는 점이다. 또 2000년대 초에 추진된 독일의 노동 개혁에서 벤치마킹할 점은 개혁의 대상인 노조와의 합의가 아닌 민간 전문가 집단으로 구성된 사회적 합의 기구를 통해 노동 개혁안이 작성되었다는 점이다.

정부는 기업 경쟁력 향상, 국가 경제 성장 그리고 전체 근로자의 복지 증진이라는 세 가지 목표를 향해 담대하고 혁신적인 중·장기 노동 개혁 추진의 발동을 걸어야 한다. 이를 위해 정부는 노동 개혁 추진 과정에서 국내 전체 근로자의 밝은 미래를 보장할 수 있는 중·장기 근로자 복지 증진 프로젝트를 작성, 공표하고, 이를 연차적으로 내실 있게 추진하는 모습을 보여줘야 한다.

국내 기업들은 R&D 및 실물 투자를 늘리고 경영 효율을 높이는 등 글로벌 경쟁력 강화를 위해 한층 더 노력을 기울여야 한다. 아울러 '기업이 어려울 때는 노사가 합심하여 기업 경쟁력 제고를 도모하고, 기업이 이익을 많이 내면 근로자 복지 증진을 위해 배려하는 기업 풍토를 조성해 나가자'는 캐치프레이즈를 내걸고, 우선 기업 측이 본분을 이행하기 위해 노력하는 모습을 먼저 보여주어야 한다. 그리하여 사용자와 근로자 모두 기업 경쟁력을 지금보다 두 배 이상으로 키우겠다는 포부를 가지고 상생 노력을 기울임으로써 괄목할 성장이 이뤄진다면, 노조가 임금 투쟁을 통해 얻는 것보다 더 큰 혜택을 누릴 수 있다는 인식이 정착되도록 해야 한다.

2차 대전 이후 스웨덴과 노르웨이는 영국처럼 강력한 노조를 보유하고 있음에도 영국과 달리 상당한 수준의 성장을 이룰 수 있었는데, 그 이유는 두 나라의 노조 구성이 포괄적이었기 때문이다. 이들 두 나라는 거의 모든 근로자를 포함하는 아주 커다란 노조를 보유하고 있었기 때문에, 이들 근로자들은 경제가 전반적으로 성장하는 것이 자신들에게 이익이라고 생각했던 것이다. 우리나라도 지금처럼 소수의 양대 노총 구성원들이 전국 노동운동을 주도하고 장악하는 체제에서 벗어나 국내 거의 모든 근로자들이 노동운동의 주체가 되는 체제로 바꿔 나가야 한다. 이렇게 해서 터무니없이 비대해진 양대 노총의 세력을 어느 정도 정상화한 뒤에 본격적인 노동 개혁을 추진해야 한다.

OECD에 따르면 2023년 기준 한국의 시간당 노동생산성은 44.4달러로 OECD 38개 회원국 중 33위, 미국(77.9달러), 독일(68.1달러), 프랑스(65.6달러), 영국(60.1달러), 일본(49.1달러) 등 주요국 가운데 꼴찌 수준이다. 노동 개혁을 통해 한국을 기업 하기 좋은 나라로 만들고, 노동생산성을 다른 선진국 수준으로 높이는 것만이 기술 혁신과 경제 발전을 통해 한국을 다시 위대하게 만드는 첩경이 될 것이다.

저출산 대책

우리 경제를 중·장기적 관점으로 고찰할 때 가장 큰 문제로 떠오르는 것이 저출산 문제라고 할 수 있다. 인구수가 14억이 넘는 중국도 출산율이 갈수록 낮아져 생산가능 인구 감소로 성장 동력이 떨어질 것을 두려워하고 있다. 그래도 중국의 합계출산율은 2021년 기준 1.15명으로 2021년 기준 0.81명, 2024년 기준 0.75명에 불과한 한국에 비해 양호한 편이다. 세계적인 경제 석학인 조지 매그너스 옥스퍼드대 교수는 "생산 가능 인구 변화와 경제 성장은 정확히 비례한다"라고 말했다.

◆ 우리나라 출산 장려 정책

그동안 역대 정부에서는 저출산 문제 해결을 위해 지난 18년간 380조 원이라는 막대한 예산을 쏟아부었지만, 합계출산율이 2016년 1.17명에서 2024년 0.75명으로 매년 꾸준히 감소하는 결과를 가져왔다. 이렇게 막대한 예산을 쓰는데도 정책 효과가 뒷걸음질 치는 것은 정부 정책이 문제의 핵심을 제대로 파고들지 못한 데 있다고 볼 수밖에 없다.

저출산이 경제에 미치는 부정적 효과를 당장 피부로 느끼기는 어렵다. 그렇기 때문에 정부에서도 겉으로는 주요 국가 정책 과제로 선정해서 비중 있게 다루고 있지만, 내심으로는 당장 발등에 떨어진 불이 아니라고 생각해서 긴박감이 떨어질 수도 있다. 하지만 계속 이런 식으로 안일하게 대처하다가는 몇십 년 후, 미래 세대에 커다란 재앙으로 닥쳐올 것이 불을 보듯 뻔한 일이다. 2019년 유엔 경제사회국의 발표에 따르면, 출산율이 지금과 같은 상태를 계속 유지한다는 전제하에 2100년 한국 인구는 2,678만 명으로 반 토막이 날 것이라고 한다. 이 문제는 더 이상 미뤄서는 안 될 일이다. 지금부터 매년 0.05명씩이라도 합계 출산율을 반드시 높여야 한다는 사명감을 가지고 매일 벽돌 한 개씩을 올려놓는다는 자세로 착실하게 정책을 입안해서 실천해 나가야 한다.

먼저, 우리나라에서 저출산 현상이 지속될 수밖에 없는 근본 원인이 무엇인지 문제의 실상을 정확하게 파악할 필요가 있다. 항상 원인 없는 결과는 없는 법이다. 그리고 그 원인을 찾아서 올바른 처방을 하지 않고서는 문제를 해결할 수 없다.

◆ 저출산 원인

우리나라에서 저출산 추세가 지속되는 원인은 첫째, 보편적 무상보육 정책 시행으로 보육 시설에 대한 수요는 폭증하는 데 비해, 맞벌이 부부들 각각의 조건에 맞는 맞춤형 보육 시설을 구하기 힘들거나 비용이 많이 드는 등 직장 생활과 양육을 병행하기 힘든 상황이 지속되고 있다는 점이다. 천편일률적인 무상보육 정책이 정작 아이를 믿고 맡길 수 있는 양질의 보육 시설이 절실한 맞벌이 부부들에게는 출산 장려 효과를 제대로 발휘하지 못하고 있는 것이다.

둘째, 우리나라에서는 기업체에 다니는 직장 여성이 직장에 임신한 사실을 알리는 순간부터 최하 등급의 인사 고과를 받게 되고 출산 휴가와 육아 휴직도 자유롭게 사용할 수 없는 실정이라고 한다. 특히 대기업보다는 중소기업이 더 심하고 비정규직이나 5인 미만 사업장 근로자의 경우는 말할 것도 없다. 이와 같은 기업 문화가 바뀌지 않는 한 우리나라에서 출산율이 올라가는 것은 기대하기 힘들 것으로 보인다. 국내 시민단체인 '직장 갑질 119'가 2025년 2월 10일에서 17일까지 직장인 1,000명을 대상으로 설문조사를 실시한 결과, 직장인 36.6%가 출산 휴가를, 42.4%는 육아 휴직을 자유롭게 사용하지 못하고 있는 것으로 나타났다.

셋째, 건강보험심사평가원에 따르면 의학적으로 아이를 가지기 어려운 난임(難姙) 부부가 2021년 기준 25만 명에 이르러 연간 출생아 수(26만 500명)에 육박한다. 난임 시술 비용은 한 번에 150~400만 원이 발생하는 데 실패할 경우 수차례 반복 시술을 해야 하므로 수천만 원까지 비용이 들어갈 수 있다. 정부는 중위소득 180%(월 622만 원) 이하의 난임 부부를 대상으로 20~110만 원의 난임 시술비를 지원하는데, 2022년부터 동 사업이 지자체로 이관되면서 지자체 추가 지원 금액과 횟수 제한도 지자체마다 달라 시술비 부담 때문에 중도 포기하는 사람들이 많다고 한다.

넷째, 대부분의 샐러리맨 부부들이 내 집 마련의 꿈을 이루는 과정에서 많은 비용이 들어가는 자녀 양육비와 미래 교육비에 대해 커다란 중압감을 느끼기 때문이다. 웬만한 직장인 부부들이 매월 수입의 절반 이상을 20년 정도 저축해야 내 집 마련의 꿈을 이룰 수 있는 상황에서, 또다시 월 소득 500만 원 정도의 절반 이상이 자녀 2명의 사교육비로 나가는 실정이다. 2024년 2월 한국사회여론연구소에서 전국 19~39세 남녀 415명을 대상으로 실시한 여론조사에서 출산을 가로막는 가장 큰 걸림돌로 응답자의 43.7%는 양육비, 교육비 등 경제적 부담을, 21.7%는 높은 집값을, 16.9%는 일, 육아 병행의 어려움을 꼽았다. 기본적으로 내집 마련, 교육비 등 부담이 큰 데다 그밖에도 출산을 가로막는 요인이 복합적이고 다양해서 획일적인 출산 지원금만으로 출산 의지 창출이 어려울 것임을 알 수 있다.

그런데도 그동안 역대 정부에서 시행해 온 저출산 대책들은 출산장려금, 아동수당 등 획일적인 현금 지원 위주의 대증요법에 치우쳐 정책 효과가 아주 미미했던 것으로 보인다. 정부에서 지급하는 각종 지원금은 실제 소요되는 비용에 턱없이 모자라고, 지방자치단체(지자체)에서 지급하는 지원금은 개개인의 특성을 고려하지 않은 채 획일적으로 지급함으로써 출산율 제고 효과가 미미하거나 각 지자체별로 효과가 상쇄된다.[28] 다시 말해서 지금까지 정부와 지자체에서 시행해 온 출산 장려 정책들이 저조한 출산율을 조금이라도 끌어올릴 만큼 동기 부여가 되지 못했다고 볼 수 있다. 현행 출산장려금이나 아동수당 지원은 자

---

[28] 지역 주민들이 각 지자체에서 경쟁적으로 지급하는 출산 지원금을 받기 위해 거주지를 옮겨 다니는 등으로 한 지역의 출산율 증가가 다른 지역의 출산율 감소를 가져오는 현상이 발생한다. 또 지원금 지원 여부와 관계없이 이미 출산을 결심한 부부에게 사후 지원금을 지급하는 경우가 대부분이다.

녀를 둔 가정에 양육비 부담을 조금 덜어주는 데 불과하고, 한 자녀 이상 더 낳도록 하는 유인책은 되지 못한다는 것이다.

◆ 저출산 문제 해소 방안: 기존 사업 방식 개선

출산 장려 정책을 지금처럼 천편일률적인 시혜 차원에서 무상복지 정책의 일부로 추진할 것이 아니라 각각의 출산 기피 유형에 대한 맞춤형 정책을 추진하는 것이 좋을 것 같다. 먼저 'AI · 빅데이터 기반 출산 플랫폼(출산 플랫폼)'을 구축하고, 이를 이용해 저출산 대책 예산의 지출 효과를 분석한 결과에 따라 동 예산 편성 및 집행 방법을 개선해 나가는 것이다. 그 과정에서 우리나라 여성들이 출산을 기피하는 사유를 몇 가지 유형으로 나눈 다음, 각 유형별로 그 실상을 정확하게 파악한다. 그리고 나서 각 유형별로 문제 해결 방안을 마련하여 정책에 반영하는 것이다.

첫째, '출산 플랫폼'을 이용해 정부와 지자체의 저출산 예산 집행 결과 성과 분석을 실시한 후, 출산율 제고 효과가 없거나 미미한 예산 항목은 과감히 구조조정 해야 한다. 이렇게 해서 확보한 예산을 실질적으로 출산율을 높일 수 있는 분야에 집중적으로 투입하는 것이다. 현행 출산장려금 지원 제도는 '출산 플랫폼'을 통해 출산장려금 지원이 출산율 증가에 미치는 효과에 대하여 외국 및 국내 사례를 종합적으로 분석한 결과에 따라 가장 효율적인 출산장려금 지급 수준 및 방법을 개발해서 그대로 시행해야 한다.

둘째, 전국 지자체는 지자체 나름대로 막대한 예산을 들여 첫째, 둘째, 셋째 아이 출산 시 출산장려금을 차등 지급하고, 아동수당 및 용

돈을 지급하는 등 지자체별로 출산장려금 지급 경쟁을 벌이고 있지만, 실제 출산율 향상으로 이어지는 효과는 미미한 실정이다. 따라서 막대한 예산이 들어가는 출산 장려 정책을 지금처럼 중앙과 지방 정부에서 방만하게 추진할 것이 아니라, 정부에서 실질적으로 출산율을 높일 수 있는 정책을 만들고 각 지자체는 정부의 '출산율 제고를 위한 지침'에 따르도록 제도를 운영할 필요가 있다.

셋째, 출산으로 인해 직장 생활과 양육을 병행하기 힘든 여성들에게는 아이를 믿고 맡길 수 있는 보육 시설이 절실하게 필요할 것이다. 그러므로 이들에게는 출산장려금 지원과는 별도로 양질의 공공 보육 시설을 늘려줌으로써 아이를 안심하고 맡길 수 있도록 하는 방안을 강구할 필요가 있다. 이를 위해 정부와 지자체는 '출산 플랫폼'을 이용해 맞벌이 부부들이 원하는 보육시설 운영 방식, 이용료, 시간대 등을 효율적으로 세분해서 각각의 유형별로 맞춤형 보육 서비스가 제공되도록 해야 한다.

넷째, 직장 여성들이 임신과 출산으로 인해 차별을 받지 않고 육아휴직 또는 재택근무 제도를 자유롭게 사용할 수 있도록 하는 등 자녀를 출산, 양육하면서 부담 없이 직장 생활을 영위할 수 있는 기업 문화를 만들어 가는 노력이 필요하다. 회사 일과 육아를 모두 빈틈없이 수행할 수 있는 AI 기반 재택근무 프로그램을 개발함으로써 사업주와 직원 모두 만족할 수 있는 제도를 정착시키는 것도 좋을 것이다.

최근 국내 일부 대기업과 중소기업들이 출산 직원에게 6개월간 의무 휴직을 사용하도록 하고 복귀 시 평균 이상의 성과 평가를 부여함과 동시에, 어린이집에서 돌아온 자녀를 퇴근 전까지 돌볼 수 있게 '가족 돌봄실'을 운영하는 등 파격적인 지원을 제공하는 사례가 늘고 있는 것 같다. 이와 같은 사례가 널리 전파되도록 정부와 사회단체에서 적극적인 홍보 캠페인을 벌이고, 특히 정부에서는 직장 여성들이 마음 놓고 아이를 낳아 기를 수 있는 기업 풍토 조성에 공이 많은 기업체에 대하여 각종 인센티브를 부여하는 정책을 시행할 필요가 있다.

맞벌이 여성의 가사 부담을 덜어줄 수 있는 스마트홈 서비스와 가사 로봇 등을 저렴하게 공급해 주는 등의 방법도 있을 수 있다. 우리 사회에 양성평등 문화를 정착시키고 한국 남성들이 가사 노동에 더 많은 시간을 할애하도록 하는 등[29] 여성들의 육아 및 가사노동 부담을 최대한 덜어주기 위한 노력을 기울이는 것 또한 필요하다.

다섯째, 난임 부부에 대한 시술비 지원이야말로 출산율을 높일 수 있는 가장 확실한 방법이다. 그런데 1회 시술비도 난임 증상에 따라 금액 차이가 많이 날 수 있고 시술 횟수도 1회에서 5회 이상까지 다양할 것이므로, 출산율을 확실하게 높이기 위해서는 난임 부부 각각의 난임 증상과 소득 수준에 따른 맞춤형 지원이 이뤄져야 한다. 정부는 난임 부부에 대한 데이터를 따로 관리하면서 난임 부부들이 시술비 부담으로 인해 난임 시술을 중도에 포기하는 일이 없도록 지자체와의 긴밀한 협조를 통해 보다 효율적인 난임 부부 지원 시스템을 구축, 운용하도록 해야 한다.

---

29) OECD 조사 결과에 따르면 미국 남성의 가사 노동 시간은 하루 평균 2시간 30분인데 비해 한국 남성의 경우는 45분에 불과하다.

◆ 저출산 문제 해소 방안: 주요 정책 간 융합으로 시너지 효과 발휘

우리는 출산 장려 정책을 반드시 기존 사회복지 정책의 일환으로만 시행해야 한다는 고정 관념을 버려야 한다. 범국가적인 차원에서 주요 정책 간 융합을 통해 정책 추진의 시너지 효과를 내는 것이 출산율을 높이는 데 획기적인 기여를 할 수도 있다.

첫째, 출산율을 높이기 위해 청년 일자리를 늘리고 사교육을 근절하는 것이 최상의 방책 중 하나라는 것을 모르는 사람은 없다. 또 일자리를 늘리기 위해서는 기업 환경 개선 등 경제 개혁이 최상의 방책이다. 따라서 경제 및 교육 개혁과 저출산 대책을 하나로 묶어 국가 담론의 장에 상정하고, 각각의 개혁 강도를 높이는 방향으로 논의를 전개할 필요가 있다. 국민적 관심이 높은 저출산 대책과 경제, 교육 개혁을 함께 추진함으로써 높은 국민적 관심과 지지를 바탕으로 이 나라 경제를 살리고 국가 백년대계인 공교육을 정상화하자는 것이다. 예산 지출 효과가 저조한 특정 사업 예산을 R&D 및 첨단산업 지원 예산으로 전용(轉用)함으로써 결과적으로 출산율 증가에 기여할 수 있도록 하는 등 정책의 융통성을 발휘할 필요가 있다. 우리나라 경제 성장률이 5%까지 올라갈 때 30년 뒤 젊은이들 소득은 4배 이상 증가할 것이라고 한다. 더불어 출산율도 2배 이상 증가하게 될 것이다. 만약에 지난 18년간 지출한 저출산 예산 380조 원 중 100조 원을 반도체 등 첨단 산업 지원 예산으로 전용했다고 가정해 보자. 그랬다면 지금처럼 합계출산율이 급격하게 떨어지지는 않았을 것이다.

둘째, 민생 안정을 위해 가장 중요한 정책 과제로는 뭐니 뭐니 해도

'일자리'와 '주택 문제'가 첫 손가락에 꼽힌다. 또 우리나라에서 출산율을 떨어뜨리는 가장 중요한 요인으로도 역시 '일자리'와 '주택 문제'가 꼽힌다. 그런데 그동안 수도권을 중심으로 집값과 전셋값이 급등하여 민생을 안정시키고 출산율을 높이는 일이 더더욱 어렵게 되었다. 따라서 청년과 저소득층이 보다 쉽게 살 집을 마련할 수 있게 실효성 있는 주택 정책을 마련해 추진함으로써 '민생 안정'과 '출산율 제고'라는 일석이조의 정책 효과를 거둘 수 있게 될 것이다.

수도권에는 각종 규제에 묶여 개발이 불가능하거나 제한된 토지가 엄청나게 많은데, 그중에는 그동안의 여건 변화로 인해 원래 개발 제한 취지에 맞지 않는 유휴지가 상당히 많은 부분을 차지하고 있다고 한다. 정부와 해당 지자체에서는 그중에서 주택단지로 적합한 지역을 선정한 후, 이곳에 중·소형 아파트를 충분히 지어서 집 없는 청년이나 서민 가구에 공급하는 방안을 시급히 마련할 필요가 있다.

미국은 주택 개발 업체에 용적률 인센티브를 제공해 100채 지을 곳에 150채를 짓고 그중 30채를 중위소득 60~120% 가구에 10~20% 상당 싸게 팔도록 하는 '포용 주택 프로그램'을 운영한다고 한다. 이와 같은 제도를 한국 실정에 맞게 재구성해 청년과 저소득층 주택 지원 정책으로 정착시키는 것도 좋을 것 같다.

셋째, 중국은 '중국몽', '중국 제조 2025' 등 목표 지향적이고 구체적 실천 의지가 담긴 캐치프레이즈를 내걸어 내부 결속을 다지고 있으며, 이를 바탕으로 모든 정책 과제들을 역동적으로 추진함으로써 전무후무한 성과를 내고 있다. 이런 점은 수많은 개혁 과제들이 산적한 우리로서 벤치마킹해야 될 점이라고 생각한다. 우리 정부에서도 '한국몽',

‘2030 경제 도약’, ‘한국을 다시 위대하게’ 같은 캐치프레이즈를 내걸고 구체적인 개혁 로드맵을 만들어서 발표함과 동시에, 일단 발표한 정책 과제는 반드시 실천하고야 마는 강한 의지와 실행력을 국민들에게 보여주어야 한다. 그렇게 함으로써 미래 세대의 주인공인 이 나라 청년들이 ‘비록 지금 삶이 좀 팍팍하기는 해도 정부 정책을 믿고 잘 따르기만 하면 차츰 생활이 안정을 찾아가면서 노력한 만큼 풍요로운 삶을 누릴 수 있으리라’는 희망을 갖게 되고, 자연스럽게 출산율도 높아지게 될 것이다.

넷째, 우리는 저출산과 고령화 현상 모두 경제 성장을 저해하는 악조건이라고 당연히 생각한다. 그렇지만 획기적인 사고의 전환을 통해 이와 같은 생각을 확 바꿔놓을 수는 없을까? 최근 들어 인간 수명이 획기적으로 늘어나는 현상이 단순히 수명 그 자체만 늘어나는 것이 아님을 주목할 필요가 있다. 인간 수명과 함께 노화 현상도 서서히 완화되고 있으며 지금 미국 등 주요 선진국 중심으로 활발하게 진행되는 생명과학 연구 결과 앞으로 인간 노화를 방지하는 기술이 매우 빠른 속도로 개발될 것으로 보인다. 언젠가 신문 연재소설을 통해 80세의 현역 검사가 젊은 검사 못지않은 패기와 열정을 가지고 직무를 수행하는 모습을 볼 수 있었는데, 머지않아 이런 모습을 현실 세계에서 직접 목격할 수 있는 날이 반드시 올 것 같은 생각이 든다. 언젠가 인간 수명이 크게 늘어나고 노화 현상은 크게 줄어들어 다시 옛날처럼 산아 제한 정책을 시행해야 하는 시대로 되돌아가게 될지도 알 수 없는 일이다.

21세기 들어 4차 산업혁명을 통해 일자리의 생성과 소멸 그리고 질적인 변화가 크게 이뤄지고 있는 가운데, 60세 이상의 노인들이 자신들에게 적합한 일자리를 찾아 제2의 직장 생활을 활발하게 영위하게 될 날이 가까워지고 있다. 각자의 전문 분야에서 다양한 전문 지식과 노하우를 축적한 60세 이상 은퇴자들에게 값진 지적 자산을 재활용할 수 있는 기회를 제공함으로써 갈수록 심화되는 생산 가능 인구 감소 현상 완화를 넘어 국가 생산력 향상에 큰 기여를 할 수 있게 될 것이다. 우리는 이와 같은 변화를 '저출산 콤플렉스'를 해소하는 계기로 삼아, 고령화가 저출산 콤플렉스 일부를 완화해 주는 기회로 만들어야 한다. 노인 기준 연령을 60세에서 70세, 80세 이상으로 상향 조정하는 것도 필요할 것이다. 다만, 이와 같은 과제는 중·장기적인 정책 프로그램으로 추진함으로써 갑작스러운 변화에 따른 부작용을 일으키지 않으면서 소기의 목적을 달성할 수 있게 충분한 준비 기간을 갖도록 해야 한다.[30]

다섯째, 2025년 2월 10일 한국은행과 국제통화기금(IMF)이 내놓은 'AI와 한국경제' 보고서에 따르면 '저출산, 고령화로 2023년에서 2050년까지 한국에서 GDP 16.5% 감소가 예상되지만, AI 도입으로 인해 감소 폭을 5.9%로 크게 줄일 수 있을 것'이라고 전망했다. 저출산 문제는 장기적 과제이므로 장기적인 관점에서 문제를 바라보고 합목적적인 해결 방안을 모색해야 한다. 우리나라의 AI 기반 첨단 기술을 미국, 중국 등 주요 경쟁국 수준으로 최대한 끌어올림으로써 서서히 진행되는 저출산, 고령화 리스크를 조금씩 해소해 나가는 한편, 우리 경제의 구조

---

30) 60세 이상 노인들이 정년 연장 또는 재취업 등으로 계속 일을 할 수 있게 되면 필연적으로 청년 실업률 증가 또는 젊은 직장인들의 승진 기회 박탈 등 부작용을 초래할 수 있다. 이와 같은 부작용을 최소화하기 위해 노인들에게 특히 적합한 일자리 창출, 직장 내 인사 시스템 효율화 등 대책을 점진적으로 추진해 나가야 한다.

적 개혁을 통해 출산율이 자연스럽게 높아지도록 하는 정책을 추진해 나가야 한다.

여섯째, 우리나라에서 지금과 같은 초저출산 추세가 지속되는 가운데 정부의 출산 장려 정책만으로 현 인구 수준을 유지하는 것은 불가능에 가깝다고 할 수 있다. 따라서 보다 효율적인 출산 장려 정책을 지속 추진함과 동시에 중·장기적인 프로그램에 따라 이민 정책 또한 적극적으로 추진하는 것이 필요할 것으로 보인다.[31] 정부는 고학력, 고소득자에게만 영구 체류 자격을 주는 등 구시대적인 이민 규제를 과감히 철폐해야 한다. 한국 못지않게 외국인 근로자의 정착이 어려웠던 일본도 갈수록 심화하는 저출산 문제를 극복하기 위해 이민 담당 독립관청을 만들고, 건설업, 농업, 제조업 분야 등에서 일할 외국인 근로자의 체류 기한을 없애 영구 거주가 가능하도록 하는 등 이민 규제를 확 풀었다. UN 국제이주기구(IOM)가 2023년 1분기 중 베트남인이 이주하고 싶은 나라를 조사한 결과 일본, 미국, 대만 순이었고, 한국은 10위 안에도 들지 못했다. 우리나라 이민 정책의 대변혁이 불가피하다.

과학기술 인재 육성

중국은 오래전부터 과학기술 분야 인재들을 미국 유명 대학에 보내 공부하도록 하는 등 글로벌 인재 양성에 심혈을 기울여 왔으며, 다시 이들에게 고액 연봉과 격려금을 보장하면서 국내로 데려왔다. 아울

---

31) 이민 정책에 대하여는 제4부 '문화 강국의 길' 참조.

러 2008년부터 글로벌 인재 유치를 위한 '천인(千人) 계획'을 추진함으로
써 2012년까지 해외 인재 2,000여 명을 데려오는 데 성공했다. 중국은
이에 만족하지 않고 2012년부터 다시 '만인(萬人) 계획'을 추진함으로써
2022년까지 국내에서 우수 인재 1만 명을 발굴, 육성하는 프로젝트를
진행해 왔다. 중국은 계속해서 4차 산업혁명 시대를 맞이하여 AI 인재
양성 및 유치에도 심혈을 기울이고 있다. 중국은 포섭대상 AI 인재에
게 파격적인 연봉은 물론 상여금, 개인 연구비, 주택 및 교육비, 식대
보조, 이주 보상금 등 다양한 혜택을 부여하면서 글로벌 AI 인재를 빨
아들이고 있다.

중국은 그동안 2~3억 원대의 높은 연봉과 주택 그리고 자녀 학비
등 여러 가지 혜택을 부여하면서 삼성디스플레이와 LG디스플레이 출
신 인재들을 빼갔다. 결국 우리나라는 2022년에 17년간 유지해 오던
디스플레이 시장 선두 자리를 중국에 빼앗기고 말았다.

우리나라도 박정희 정부 때 과학기술 분야 인재 육성 및 유치에 심혈
을 기울인 결과 국가 경제의 급속한 발전에 큰 힘이 됐다고 한다. 그런
데 지금은 우리나라에서 인재 육성 및 유치를 위한 여건이 1960~70년
대에 비해서는 훨씬 양호하지만, 실제로 우리나라에서 고급 인재의 해
외 유출은 갈수록 심해지는 반면 해외 고급 인재의 국내 유입은 매우
저조한 실정이다. 정부와 대학들은 이와 같은 현상이 발생하는 원인을
심도 있게 분석한 후 해외 인재와 해외에 나가 있는 국내 인재들을 최
대한 유치함과 동시에 더 이상 국내 인재들이 해외로 빠져나가는 일이
없도록 하는 등 우수 인재 관리에 온 힘을 기울여야 한다. 이중 국적
문제 때문에 한국에 돌아오지 못하고 해외에 머물고 있는 많은 이공계

박사들에 대하여도 법무부 등 관련 부처 간 협조를 통해 조속히 귀국하여 첨단기술 개발에 기여하도록 해야 한다.

우리나라가 1960~70년대에 이어 제2의 경제 개발을 성공적으로 추진하기 위해서는 해외 우수 인재를 유치하는 것 못지않게 국내에서 탁월한 인재를 발굴해 키워내는 일 또한 소홀히 할 수 없다. 조선 세종 때 장영실은 과학과 발명 분야에 천재적인 재능을 타고났으나 미천한 노비 신분으로 태어나 자신의 꿈을 마음껏 펼칠 수 없었다. 그렇지만 천만다행으로 위대한 세종 시대에 태어난 덕분에 세종의 아주 특별한 배려로 면천되어 벼슬길에 나가게 되었고, 세계 최초의 우량계인 측우기를 발명하는 등 우리 역사에 길이 남을 위대한 업적을 많이 남겼다. 오랜 역사 동안 우리나라에는 장영실 못지않은 과학자와 발명가들이 자신을 알아주고 키워주는 사람을 만나지 못해 이름도 없이 스러져 간 경우가 수도 없이 많을 것이다. 오늘날에는 조선 시대처럼 신분상 제약으로 재능 있는 사람이 꿈을 실현하지 못하는 경우가 발생하지는 않지만, 오늘날에도 또 다른 유형의 제약이 있을 수 있다. 영재교육시스템 미비로 특정 분야에 뛰어난 재능을 지닌 영재가 자신의 재능을 연마하여 국가 과학기술 발전을 위해 유감없이 발휘할 수 있는 기회를 놓치게 되는 일이 비일비재할 것이다.

2023년 3월 만 10세 나이로 영재 학교인 서울과학고에 입학했다가 5개월 만에 자퇴서를 제출한 한 학생의 사례가 이를 입증해 주고 있다. 만 3세에 1차 방정식, 만 4세에 2차 방정식을 풀었다는 IQ 204의 천재 소년은 자신보다 5세 이상 나이가 많은 학우들과의 수업 또는 학교생활에 적응하기 어려운 데다 "잘난 척하지 말라"는 등의 조롱과 학교폭력을 견디지 못해 자퇴서를 제출한 것이다.

지금부터 12년 전에도 한국과학기술원(KAIST)에서 로봇 영재라고 불렸던 한 학생이 영어로 강의하는 미적분 수업을 따라가지 못해 자살한 일로 우리나라 영재 교육의 문제점이 크게 부각된 적이 있었다. 그렇지만 이 또한 일회성 대책 마련에 급급하다가 다시 원점으로 돌아가는 전철을 되풀이한 것으로 보인다. 일회성 대증요법이 아닌 종합적이고 실용적인 영재 교육 방안을 마련하여 내실 있게 추진해야 한다.

과학, 컴퓨터, 게임, 발명 등 분야에 천재적인 재능을 타고난 학생이 본인 또는 부모의 잘못된 선택으로 법관이나 의사 등 사회적 선호도가 높은 직업 쪽으로 일찌감치 진로를 결정함으로써, 천부적인 재능을 발휘할 기회를 영영 놓쳐버리는 결과를 가져올 수도 있다. 심지어 우리나라 미래 과학기술 동량(棟梁)인 영재학교 졸업생 가운데 의대에 진학하는 사례도 많다. 또 KAIST, 서울대, 연세대, 고려대의 이공 계열 입학생들 가운데 상당수가 기존 전공을 포기하고 N수(4회 이상 재수)까지 감수하면서 의대에 진학하기도 한다. 이와 같은 현상은 이미 우리 사회에서 새로운 뉴노멀로 자리 잡고 있다. 그 어느 때보다 첨단 과학기술 인재 확보가 시급한 마당에 그야말로 경제 안보 최대의 위기 상황이 아닐 수 없다.

정부와 교육 당국에서는 어떤 방법을 동원해서라도 우리나라 전체 초·중·고등학생들을 대상으로 과학, 컴퓨터, 발명 등 분야 영재들을 빠짐없이 찾아내고, 이 학생들이 자신들의 천재적 재능에 부합하는 진로를 선택하여 대망을 이룰 수 있도록 맞춤형 교육과 최대한의 지원을 제공해야 한다. 아울러 국가 담론의 장을 통해 '중국 제조 2025'처럼 우리나라 첨단산업 육성에 관한 로드맵과 비전을 국민들 마음속에 깊이 심어줌으로써, 대다수 학생들이 이공 계열 졸업 후 취업 걱정을 하지 않고 전공을 계속 살려 나가도록 해줘야 한다. 그런데 중국에서 '중국 제조 2025' 같은 캐치프레이즈가 위력을 발휘하는 것은 당과 정부에서 한 번 발표한 정책은 반드시 실천한다는 믿음을 주기 때문이다. 우리 정부도 한 번 발표한 정책은 반드시 실천한다는 강한 믿음을 주는 것이 필요하다.

또 미국, 독일 등 기술 선진국들처럼 R&D 연구자들이 개발한 신기술이 민간으로 기술 이전돼 대박을 터뜨리는 사례가 많이 나오도록 국가 R&D 시스템을 획기적으로 개선함으로써, 이공계 인재들이 의사 못지않게 수입을 올릴 수 있는 길을 활짝 열어줘야 한다.

지금 우리나라 경제 발전에 가장 큰 걸림돌 중 하나로 떠오른 의대 광풍 현상을 잠재우는 보다 근원적인 방안은 기술 혁신과 함께 기업하기 좋은 환경을 조성함으로써, 젊은이들이 학교를 졸업하자마자 망설임 없이 취업할 수 있는 양질의 일자리를 많이 만들어 내는 것이다. 한국은 2022년 기준 전문, 과학, 기술서비스업 등 고부가가치 지식 기반 산업 비중이 6.2%로서 OECD 38개 회원국 중 28위에 불과하다.

한편, 우리는 특정 분야에 뛰어난 재능을 가진 영재들이 다른 일반적인 분야에는 전혀 관심을 기울이지 않거나 보통 사람보다 못한 재능을 나타내는 경우를 흔히 볼 수 있다. 결국, 이런 학생들이 일부 과목의 점수 미달로 서울대 등 일류 대학에 입학할 수 없게 되는 일이 종종 발생한다. 특정 분야에 뛰어난 재능을 가진 영재의 수는 극히 제한되어 있다. 우리나라가 세계 주요 경제 강국으로 도약하기 위해서는 지금부터 국내에 몇 안 되는 과학, 컴퓨터, AI 등 영재들이 마음껏 재능을 연마하고 꿈을 펼칠 수 있도록 길을 활짝 열어줘야 한다. 정부와 교육 당국은 과학, 컴퓨터, AI 등 영재들이 일부 과목의 점수가 미달되는 경우에도 서울대 등 일류 대학에 입학할 수 있게 특례를 부여하는 것은 물론, 대학에 입학한 후에도 정규 교과 과정에 구애받지 않고 자신의 천재적 재능을 마음껏 연마할 수 있게 해줘야 한다.

뛰어난 원로 과학기술 인재를 활용하는 면에서도 우리는 미국, 중국 등 경쟁국에 비해 한참 뒤떨어진다. 최근 들어 특정 과학기술 분야에서 세계적 권위자인 원로 교수들이 정년 후 국내에서 합당한 일자리를 찾지 못해 중국으로 가서 첨단 과학기술 분야 연구팀을 이끌고 있는 사례가 등장하곤 하는데, 이 또한 안타까운 일이 아닐 수 없다.

뛰어난 인재를 발탁해 국가를 위기 상황에서 구해 내거나 국가 발전에 커다란 기여를 하도록 하기 위해서는 '파격'이라는 통 큰 용인술이 작동할 수 있어야 한다. 임진왜란 발발 전에 조선 조정에서 이순신 장군에게 파격적인 인사를 단행하지 않았더라면 조선의 운명이 어떻게 되었을지 한번 상상해 보라.

국내에 세계적인 글로벌 빅테크 기업이 많아져야

우리나라 경제가 본격적인 성장기에 접어든 1970년대 이후 40여 년 간 미국에서는 MS, 구글, 페이스북[32] 등 세계시장을 뒤흔들 만한 빅테크 기업들이 우후죽순처럼 생겨났다. 우리보다 뒤늦게 경제개발을 시작한 중국만 해도 1998년과 1999년에 각각 창업한 텐센트와 알리바바를 비롯해 이미 글로벌 빅테크 반열에 들어섰거나 얼마 안 있어 이 대열에 합류할 신생 기업들이 부지기수다. 하지만 이 땅에는 그동안에 괄목할 만한 세계적 기업들이 탄생하지 않은 채 삼성, 현대, SK, LG 등 기존 재벌기업 중심의 경제 체제를 계속 유지해 오고 있다.

◆ 국내 대기업을 글로벌 빅테크로

1995년 당시 이건희 삼성그룹 회장은 "우리나라 기업은 2류, 관료는 3류, 정치는 4류"라고 평가했다. 그런데 30년이 흐른 오늘날 '우리나라 관료와 정치 수준은 그대로인데 기업은 1류로 진화했다'는 게 중론이다. 우리나라 정치 수준은 지난 30년 동안 꾸준히 하향 곡선을 그려오다가 최근에는 혼돈 그 자체다. 이대로 가면 우리나라 경제가 폭망할 것 같았는데, 신기하게도 아직까지 세계 10위권을 유지하고 있다니! 그저 놀라울 따름이다. 하지만 이 모든 게 삼성, SK, 현대, LG 등 우리

---

32) 2021년 10월, 회사명을 '메타'(Meta Platforms, Inc.)로 변경하였으나, 이 책에서는 우리에게 익숙한 '페이스북'이란 이름을 계속 사용하기로 한다.

나라 대표기업 덕분이다.

그러나 삼성전자의 세계 시가총액 순위는 2021년 2월 기준 12위에서 2025년 5월 기준으로 43위까지 떨어진 상태다. 그리고 미국, 중국 등 경쟁국들에 비해 세계시장을 주름잡는 빅테크 기업의 수도 아직은 형편없이 적다. 따라서 삼성전자의 시가총액 순위를 3위 안에 올려놓고 나머지 대표기업들의 시가총액 순위도 20위 안에 올려놓을 수만 있다면 우리나라가 G5 내외의 명실상부한 경제 대국으로 확실히 자리매김할 수 있게 될 것이다. 우리가 마음먹기에 따라 충분히 가능한 일이다. 2025년 1월 기준 세계 시가총액 순위 1위인 엔비디아도 4년 전인 2021년 2월 기준 시가총액 순위는 삼성전자(12위)보다 낮은 19위였다. 지금 세계 경제 순위 1~4위국인 미국, 중국, 독일, 일본 등 주요 경쟁국들을 따라 하기만 해도 되는 일이다.

우리나라에서 삼성전자의 시가총액은 세계 3위 안에, 그밖에 국내 대표 기업들의 시가총액은 세계 20위 안에 올려놓기 위해서는 미국, 중국, 일본 등 주요 경쟁국들 못지않게 정부 지원을 화끈하게 늘려야 한다. 너무나도 당연한 이야기인데 우리나라에서 이 일을 성사시키기 위해서는 두 개의 큰 관문을 통과해야 한다. 그 하나는 유달리 반(反)대 기업 정서가 강한 진보 여당의 마음을 돌리는 일이고, 나머지 하나는 막대한 재원을 조성하는 일이다. 그런데 사실 우리나라에서 진보 여당의 마음만 확실히 돌아선다면 재원 조성은 그리 큰 문제가 아니다. 그동안 진보 여당이 야당 시절부터 입버릇처럼 강조하던 국민 1인당 25만 원씩 돌아가는 민생 지원금 예산만 해도 1회 소요 예산이 13조 원에 달한다.

국내 대표 기업들에 대한 지원금 조성을 위해 일정한 범위 내에서 적자 예산을 편성하는 것도 방법이 될 수 있다. 지금 우리나라의 재정 건전성은 미국, 중국, 일본에 비해 훨씬 양호한 편이다. 각종 소모성 예산을 조달하기 위해 자꾸만 적자 예산을 편성하는 것은 경계해야 할 일이지만, 투자 대비 높은 수익률이 보장되는 반도체 등 글로벌 경쟁력이 있는 산업 분야 투자를 위해 적자 예산을 편성하는 것은 결코 잘못된 일이 아니다. 감사원의 예·결산 정책감사 등을 통해 구조 조정한 예산을 투입하거나, 세제 개혁과 지하경제에 대한 세금 징수 강화를 통해 확보한 재원을 투입할 수도 있다.

우리나라 진보 여당에서도 이제는 국내 대표 기업들에 대한 부정적 인식을 탈피하고, 오히려 이들 대기업에 대한 지원을 주요 경쟁국들 수준으로 크게 늘리지 않으면 안 된다는 방향으로 인식의 대전환이 이뤄져야 한다. 만약에 그게 아니라면, 국민들에게 호소해서 위대한 국민의 뜻에 따라 진보 여당이 마음을 돌릴 수 있도록 최선을 다해야 할 것이다.

다음으로, 국내 대기업들이 주요 경쟁국 대기업들과 현저하게 불리한 여건에서 싸우지 않도록 겹겹이 싸인 각종 규제를 철폐 또는 완화해야 한다. 국내 대기업들은 경쟁국 기업들에 비해 경영권 방어 장치가 매우 취약한 상태에 있으므로 엘리엇 같은 해외 투기 자본의 공격을 받아 경영권을 위협받는 일이 빈번하게 발생한다. 한국경제인협회 등 경제 8단체에 따르면, 국내 기업에 대한 행동주의 펀드의 공격이 2019년 8건에서 2023년 77건으로 크게 늘어났다고 한다. 국내 대기업들은 배당금을 늘리고 자사주를 소각하는 등 경영권을 지키기 위해 막대한 자금이 들어가기도 한다.

우리 정치권에서는 국내 대기업들이 해외 투기 자본으로부터 경영권을 방어하기 쉽도록 미국, 일본, 영국, 프랑스 등 선진국들처럼 차등 의결권이나 황금주 같은 경영권 안전장치를 마련해주기는커녕, 경영 안정성을 흔들고 해외 투기 자본의 공격 가능성을 높여줄 수 있는 각종 규제를 양산해 왔다. 결국은 기업 성장을 위해 R&D 또는 설비 투자에 들어가야 할 돈이 기업 경영권 방어 등 엉뚱한 데로 흘러가는 셈이다. 우리나라 정치권에서는 경영권 안정 장치 마련 등 대기업 규제 완화 시 경영권 승계에 이용될 수 있다는 이유로 규제를 고수하고 있지만, 이는 '구더기 무서워 장 못 담근다'는 우리 속담처럼 안일하기 짝이 없는 구시대적 발상이 아닐 수 없다. 대기업 규제를 완화할 경우 발생할 수 있는 폐해를 면밀하게 분석해 이를 방지할 수 있는 대안을 확실하게 만들어 놓고, 쟁쟁한 글로벌 빅테크들과 경쟁을 벌이는 과정에서 각종 불리한 여건을 안고 가는 일이 없도록 각종 규제를 완화해 줘야 한다.

우리나라 정치권에서 대기업 규제를 주장하는 또 하나의 이유는 국내 중소기업들이 대기업의 그늘에서 벗어나 보다 평평한 운동장에서 사업을 운영할 수 있도록 하기 위해서다. 하지만 도무지 정신을 차릴 수 없을 만큼 첨단 기술 경쟁이 치열하게 전개되는 4차 산업혁명 시대에 '대기업 규제를 통해 중소기업을 살리자'는 식의 편협한 방식으로는 대기업이든 중소기업이든 우리 기업들이 더 이상 글로벌 경쟁에서 살아남기 어렵다.

지금 우리나라에서 대기업과 중소기업 간 세제 지원율 차이만 보더라도 일본은 3%, 미국은 차이가 전혀 없는 데 비해, 한국은 무려 23%

나 차이가 난다. 국회는 2025년 2월 27일 2023년까지 한시적으로 적용하기로 한 임시투자세액공제를 중소·중견기업에 한해 2025년까지 연장하는 조세특례제한법 개정안을 통과시키면서 대기업은 제외했다. 대기업 집단 지정제도와 중소기업 적합 업종제도 등도 한국에만 있는 갈라파고스 규제라고 할 수 있다.[33] 최소한 국내 대기업과 중소기업을 동등하게 대우함으로써 대기업과 중소기업이 거대한 통합 생태계 안에서 서로 상생 관계를 유지하며 함께 성장할 수 있는 기업 풍토를 만들어가야 한다.

◆ 일반 대기업 수를 늘리고 글로벌 경쟁력을 키워 나가야

우리나라에서 글로벌 빅테크 기업을 많이 배출하기 위해서는 미래 빅테크 후보군으로서 국내 대기업 수 또한 충분히 늘려야 한다. 그런데 지금 국내 전체 대기업 수는 미국, 중국, 독일, 일본 등 경쟁국들과 비교가 안 될 정도로 적다. 문제는 우리나라에서 중견기업이 성장하여 대기업 집단에 포함될 경우 신규 순환출자 제한, 계열사 간 거래 규제 등 70여 가지의 각종 규제 대상이 되어 기업 활동이 제한을 받기 때문에 대기업의 문턱에서 일부러 몸집을 키우지 않거나 줄이는 것이 일상화되어 있다는 것이다. 일부 중견기업의 경우 기업 인수·합병(M&A)을 통해 몸집을 불릴 기회가 발생하여도 대기업 집단에 포함되지 않으려고 이를 포기함으로써, 기업 간 자발적인 사업 재편 기회를 날려버리는

---

33) 육지에서 멀리 떨어져 세상과 괴리된 상태에 있는 갈라파고스 제도처럼, 현실과 동떨어진 황당한 규제를 말한다.

경우도 비일비재하다고 한다.

동서고금을 막론하고 사람들은 누구나 오늘보다 더 나은 내일, 나아가서 오늘보다 한 단계 더 높은 지위를 얻기 위해 심혈을 기울인다. 회사원의 경우 대리에서 과장, 부장, 상무, 전무 등으로 한 계급씩 지위가 높아질수록 희열과 행복감을 느끼고 회사에 대한 충성심도 높아진다. 지위가 높아질수록 책임과 의무도 따라서 무거워지지만 승진에 따른 희열감, 행복감에 비하면 그 정도는 충분히 감당하고도 남음이 있다. 그래서 한 달 전 승진한 사람에게 "다시 이전 지위로 돌아가고 싶은가"라고 물었을 때 "네"라고 대답할 사람은 한 사람도 없다.

그런데 기업의 경우는 다른가 보다. 2023년 1월 26일 대한상공회의소가 국내 중견기업 300곳을 대상으로 설문조사를 실시한 결과 이들 중 30.7%가 "다시 중소기업으로 회귀를 생각해 본 적이 있다"고 대답했다고 한다. 중소기업이 커져서 중견기업이 되면 각종 세 부담이 늘어나고, 세액 공제와 정부 지원은 줄어들고, 정책금융 축소, 공공조달시장 참여 제한 등 규제도 늘어난다. 이것은 중견기업이 커져서 대기업이 될 경우에도 마찬가지이다.

국가통계포털(KOSIS)에 따르면 2020년 기준 우리나라 대기업은 8,508곳으로 전체 기업 중 0.12%, 중견기업은 5,220곳으로 0.076%, 중소기업은 6,812,342곳으로 99.8%에 달한다. 다른 선진국들의 대기업 비중이 미국 0.62%, 독일 0.44%, 일본은 0.39%인데 비해 한국은 미국의 5분의 1, 독일의 4분의 1, 일본의 3분의 1 수준에 불과하다. 당연히 우리나라 대기업 일자리 비중 또한 다른 선진국들에 비해 형편없이 낮은 수준이다. 2024년 2월 27일 한국개발연구원(KDI) 보고서에 따르면 2021년 한국 대기업의 일자리 비중은 미국(57.7%), 프랑스(47.2%), 영국(46.4%), 일본(40.9%)은 물론 OECD 회원국 평균인 32.2%보다 훨씬 낮은 13.9%에 불과하다. 이는 우리나라 최대의 고민거리 중 하나인 출산율 저하의 결정적 요인이 되기도 한다.

우리 경제가 1차적 목표인 일본을 따라잡기 위해서는 전체 기업 가운데 대기업 비중을 현재 0.12%에서 0.39% 이상 수준으로 높여야 한다. 다시 말해 대기업 수를 현재 8,508곳에서 27,304곳으로 3배 정도 늘려야 한다는 말이다. 그러자면 대기업에 대한 각종 규제를 대폭 완화하는 것으로 획기적인 정책 전환이 필요하다.

◆ 유망 벤처를 신생 글로벌 빅테크로 키워야

미래 글로벌 빅테크를 육성하는 길은 두 가지가 있다. 그 하나는 기존 일반 대기업의 양적 팽창과 질적 성장을 통해 그중 일부를 빅테크로 키워내는 것이고, 나머지 하나는 유망 벤처 기업을 발굴, 육성함으로써 한달음에 빅테크로 성장할 수 있도록 키워내는 것이다. 20대 초반의 세르게이 브린(Sergey Brin)과 래리 페이지(Larry Page)는 고객이 원하는 정보를 아무리 복잡한 내용이라도 가장 빠르고 정확하게 검색할 수 있는 아이디어를 개발하고, 1998년 자신들이 세 들어 사는 집 차고에서 구글을 창업했다. 창업 당시 대학원생으로서 사업 자금을 마련할 길이 없었던 두 사람에게 벤처 투자자인 앤디 벡톨샤임(Andy Bechtolsheim)이 10만 달러를 선뜻 투자함으로써 오늘날 세계 굴지의 IT 기업인 구글이 창업의 첫발을 떼게 된 것이다. 구글은 창업한 지 10년도 안 되어 시가 총액 150조 원의 빅테크 기업으로 성장했으며, 2025년 1월 기준 시가총액은 3,400조 원이 넘는다.

20세기 후반 이후 정보화 시대에 접어들면서 젊은 창업가들이 창의적 아이디어와 열정만으로 벤처 기업을 창업한 후 불과 10년 내외에 글로벌 빅테크로 도약하는 사례들이 넘쳐나고 있다. 그런데 우리나라는 창의적인 아이디어를 가진 젊은 창업가들이 유니콘을 거쳐 글로벌 빅테크로 성장할 수 있는 벤처 환경이 매우 취약하다.

우리 정부와 창업 지원 기관들은 예나 지금이나 지나치게 규정에만 얽매인 지원 시스템을 그대로 유지하고 있어서, 기업 외형을 초월해 미래 발전 가능성이 풍부한 유망 벤처에 대한 획기적 지원을 기대하기 어렵다. 더욱이 우리나라에서는 일반 금융기관으로부터 융자받기 어려운 유망 벤처에 무담보 주식 투자 형태로 투자하는 곳으로 알려진 벤처 캐피털 또한 기술력이나 미래 성장 가능성보다는 투자금 회수 가능성에 주목하는 등 일반 금융기관과 비슷한 행태를 보이고 있는 실정이다.

2000년에 서울대학교의 데이터베이스(DB) 연구팀은 대용량의 데이터를 엄청나게 빠른 속도로 처리할 수 있는 빅데이터 기술을 개발하고 이를 국내에서 상용화하기 위해 백방으로 뛰어다녔지만 정부 기관이나 국내 대기업들로부터 철저하게 외면을 당했다. 결국, 이 연구팀은 2년 뒤 미국 실리콘밸리로 갈 수밖에 없었고, 이곳에서 독일의 소프트웨어 솔루션 업체인 SAP를 만나 2005년 이 회사에 빅데이터 기술을 매각했다. SAP는 위 기술을 적용한 빅데이터 처리 소프트웨어로 한 해 10억 유로(약 1조 3,000억 원)의 수익을 올렸다. 이와 같은 국내 벤처 환경은 20여 년이 지난 현재에도 별로 달라진 것이 없으며, 이처럼 열악한 국내 벤처 환경은 우리나라에서 미래 글로벌 빅테크 탄생 및 육성을 어렵게 하는 요인으로 작용한다. 세계 유니콘 기업 수가 2019년 말 449개에서 2023년 1,209개로 2.7배 늘어난 데 비해, 한국 유니콘 기업 수는 같은 기간 10개에서 14개로 40% 증가에 그친 것만 봐도 알 수 있지 않은가.

지금부터라도 국내 대표기업, 벤처 투자회사, 성공한 벤처 사업가, 기술 자문단 등으로 구성된 '유망 벤처 발굴·육성 위원회'를 두고, 미래 성공 가능성이 큰 유망 벤처 창업가들을 엄선하여 집중적으로 육성할 필요가 있다. 여기서는 자본금이나 매출액 등 외형적 요건은 모두 배제하고, 오로지 성공한 벤처 사업가를 거쳐 글로벌 빅테크로 성장할 수 있는 자질과 창의적 아이디어 또는 기술력 위주로 지원 대상자를 선정하여 아낌없는 지원을 제공해야 한다. 이렇게 해서 지원 대상 100개 기업 가운데 2~3개 기업만이라도 구글 같은 빅테크로 성장할 수 있다면 그야말로 대박 중의 대박 아닌가.

국내 대기업들도 일찌감치 유망 벤처들이 개발한 창조적 신기술의 가치를 알아보고 이를 접목함으로써 세계적인 글로벌 빅테크로 성장하는 데 밑알이 되게 할 수도 있을 것이다. 그런데 우리나라 대기업들은 일종의 대기업병에 빠져 신생 창업기업을 경시하는 풍조가 만연함으로써, 세상을 바꿀 수 있는 혁신적 신기술을 보유하고 있는 신생 벤처가 있어도 그 가치를 알아보지 못해 서로 윈-윈할 수 있는 기회를 놓쳐버리는 경우가 많은 것 같다.

실질적으로 국내 중소기업의 경쟁력을 키워야

우리나라는 전체 기업 가운데 대기업과 중견기업이 각각 0.1%를 차지하는 데 비해 중소기업이 99.8%를 차지하지만, 국내 전체 수출액 가운데 중소기업이 차지하는 비중은 20%를 밑도는 수준이다. 우리나라 중소기업의 생산성은 대기업의 30% 수준에 불과해 독일(61%)과 일본(57%)의 절반밖에 되지 않는다. 한국은행에 따르면 2024년 9월 기준 국내 중소기업 가운데 17%가 넘는 기업들이 3년 연속 영업이익이 이자비용에도 못 미치는 좀비기업(한계기업)이라고 한다.

우리나라는 경제민주화를 내세워 경제적 약자인 중소기업에 여러 가지 지원과 혜택을 주고 있지만, 이렇게 전체 기업 가운데 중소기업 비중이 월등하게 높고 그나마 상당수가 한계기업 수준인 상황에서 중소기업에 대한 보편적 지원 정책이 제대로 효과를 발휘하기는 매우 어려울 것 같다. 그러므로 중소기업의 글로벌 경쟁력 향상과 국가 경제 발전에 실질적으로 기여할 수 있는 실효성 있는 중소기업 지원 정책을 마련해서 시행해야 한다.

중소기업이 글로벌 강소기업 또는 중견기업으로 성장하기 위해서는 정글의 법칙이 작용하는 세계시장에서 경쟁국 기업들과 당당히 겨룰 수 있는 경쟁력을 갖추는 것이 절대로 필요하다. 오늘날 세계시장은 『거울 나라의 앨리스』에 나오는 '붉은 여왕의 나라[34]'와도 같다. 경쟁국

---

34) 루이스 캐럴이 쓴 『거울 나라의 앨리스』라는 소설에서 주인공 앨리스는 붉은 여왕에게 붙들려 함께 달리게 된다. 붉은 여왕은 앨리스에게 "이 나라에서는 자신이 움직일 때 주변 세계도 따라서 함께 움직이기 때문에 주변보다 훨씬 빠른 속도로 움직이지 않으면 앞으로 나아갈 수 없다"고 말한다.

기업들이 모두 열심히 뛰고 있기 때문에 국내 기업들이 그들보다 더 열심히 뛰지 않으면 경쟁에서 살아남을 수 없다. 국내 중소기업들은 세계 시장 진출을 위한 대표 선발전이라고 할 수 있는 국내 시장에서 혹독한 훈련과 체력 보강을 통해 스스로 글로벌 경쟁력을 키워 나가야 한다. 또한, 정부에서는 지금과 같은 단순 보호, 특혜 위주의 지원 정책 대신 국내 중소기업들이 스스로 글로벌 경쟁력 향상을 위해 노력할 수 있는 여건을 만들어 주는 것이 필요하다.

◆ 천편일률적인 중소기업 지원, 경쟁력 향상과는 거리가 멀다

우리나라는 중소기업 지원을 위한 정책 가짓수가 1,500개나 되고 지원 금액도 연간 수조 원이 넘는다. 그렇지만 국내 중소기업 가운데 정부 지원을 통해 성공한 사례를 찾아보기가 어려운 실정이다. 정부에서 기술력과 혁신 역량이 뛰어난 중소기업을 선별해 집중적으로 지원하는 것이 아니라, 시혜 차원에서 수많은 중소기업에 대하여 천편일률적으로 지원을 해주고 있기 때문이다. 더욱이 자사의 경쟁력을 키우는 데는 관심이 없고 정부 지원금을 타내는 데만 열중하여 여러 개의 지원 분야에서 수억~수십억 원의 지원금을 받아 챙기는 중소기업도 많다고 한다. 심지어 정부 지원 자금 소위 '눈먼 돈'을 더 많이 챙기기 위해 브로커를 동원하는 사례까지 비일비재한 실정이라고 하니 참으로 기가 막힐 일이다.

정부에서는 'AI·빅데이터 기반 중소기업 플랫폼(중소기업 플랫폼)'을 통해 국내 중소기업 현황, 경영 상태, 각종 지원금 사용 내역 및 지원 효과 등을 입체적으로 정밀하게 분석하고 그 결과를 중소기업 지원 정책

     한국을 다시 위대하게

에 활용하도록 해야 한다. 옛날 같으면 680만 개가 넘는 국내 중소기업에 대하여 정책 목적별로 다양한 분석을 하는 것이 불가능했겠지만 지금은 가능하다. 이렇게 해서 각종 중소기업 지원 예산이 기업 경쟁력 향상을 위해 가장 효율적으로 쓰일 수 있도록 계속 지원 방법을 수정, 보완해 가면서 편성, 집행하도록 해야 한다. 정부 지원금을 제대로 활용해서 기업 혁신과 괄목할 성장을 이뤄낸 성공 사례집을 발간, 배포하는 것도 필요할 것이다. 군부대에서 사격 훈련을 할 때 육안으로 보이는 상태만으로 훈련을 반복 실시하는 것과 첨단 컴퓨터 시스템을 이용한 과학적 분석 결과를 토대로 훈련을 실시하는 것은 하늘과 땅 사이만큼 차이가 날 것이다.

'중소기업 플랫폼' 분석 결과 더 이상 회생 가능성이 희박한 한계기업에 대하여는 과감하게 퇴출 절차를 진행함으로써 더 이상 다른 중소기업들에게 악영향을 미치지 않도록 차단해야 한다. 이들 한계기업은 기업 경쟁력 향상을 위해 정부 지원금이 절실하게 필요한 유망 벤처 또는 창업기업에 가야 할 지원금을 가로채고, 저품질, 저가 수주 등으로 시장 경쟁 질서를 해칠 수 있어 그대로 두면 우리 산업의 혁신 기반이 갈수록 황폐화될 수밖에 없다. 다만, 이렇게 해서 퇴출되는 한계기업주 및 직원들에게는 사회안전망 시스템을 통한 지원과 배려 또한 소홀히 하지 말아야 할 것이다.

아울러 꼭 한 가지 유념해야 할 점은 이 과정에서 세상을 바꿀 혁신기술을 보유한 유망 벤처까지 싸잡아서 구조조정하는 우를 범해서는 안 된다는 것이다. 애플, 구글 같은 글로벌 빅테크도 창업 초창기에는 불가피하게 한계기업 과정을 거쳐야 했다. 기업 구조조정 담당자들에게 수많은 퇴출 대상 한계기업 가운데 어느 기업이 '돌'이고 어느 기업이 '옥'인지 가려내는 기술은 필수이다.

◆ 중소기업 경쟁력 향상을 위한 맞춤형 지원

국내에 680만 개가 넘는 중소기업들을 몇 개의 그룹으로 나누고 각각의 그룹 유형에 맞는 맞춤형 지원 정책을 시행해야 한다. 예를 들어 전체 중소기업을 ① 중견 또는 강소기업 육성 그룹, ② R&D 특화 그룹, ③ 국가 전략산업 특화 그룹, ④ 디지털 전환(DX) 촉진 그룹, ⑤ 일반 지원 그룹, ⑥ 지원 제외 그룹으로 분류하는 것이다.

첫째, 실질적인 국내 경쟁 체제 아래에서 매년 일정 수의 유망 중소기업을 선정하여 이들을 중견 또는 강소기업으로 육성하기 위한 중·장기 지원 정책을 집중적으로 시행한다. 지원 대상 기업의 수는 경쟁국들의 수준에 맞추어 국내 전체 기업 가운데 목표 연도에 이뤄져야 할 중견 또는 강소기업 비중을 기준으로 정하면 될 것이다.

둘째, 고부가가치 원천기술 개발 의지와 역량을 갖추고 있으나 R&D 투자 여력이 없는 중소기업을 선발하여 정부 R&D 예산 또는 산학협력 지원을 집중적으로 제공한다. 또한, 반도체, AI, 양자컴퓨터, 생명공학, 신소재 같은 첨단산업을 국가 전략 산업으로 육성하는 데 핵심 파트너로서 참여할 중소기업을 선정하여 집중적으로 지원한다.

셋째, 디지털 전환이 안 돼 있거나 미흡한 중소기업을 대상으로 DX 추진이 원활하게 이뤄질 수 있도록 지원한다. 미국 기업들은 최근 5년 동안 DX 투자 금액이 10배 이상 늘어난 데 비해, 국내 기업들의 DX 투자는 전반적으로 미흡하여 디지털 기술의 활용률이 OECD 38개 회원국 중 21위에 불과하다.

넷째, 그밖에 일반 중소기업들의 글로벌 경쟁력을 높일 방안을 다각도로 모색하여 각각의 중소기업 실정에 맞는 지원 또는 컨설팅을 제공한다. 물론 정부 지원 정책에 의존하여 간신히 연명하는 한계기업이나 국가 경제 발전에 도움이 안 되는 저부가가치 기업 등은 정부 지원 대상에서 제외한다. 한마디로 말해서 스스로 기업 경쟁력 향상을 위해 노력하는 정도에 따라 정부 지원 등급도 달라지는 시스템을 유지하자는 것이다.

◆ 대기업과 중소기업 상생 방안을 마련해서 시행해야

그동안 역대 정부에서 대기업이 중소기업을 쥐어짜고 쥐락펴락하는 등 불공정 행위를 근절하고자 많은 노력을 기울였지만, 대기업과 중소기업 간 숙명적 '갑을' 관계의 폐단이 좀처럼 개선되지 않고 있다. 피해 중소기업이 대기업으로부터 더 이상의 불공정한 대우를 받지 않기 위해 공정거래위원회에 신고하는 방법이 있는데, 그럴 경우 십중팔구는 어렵게 따낸 협력업체의 지위까지 몽땅 잃어버리게 될 것이므로 대부분 신고할 엄두도 못 내는 실정이다. 따라서 대기업과 중소기업 간 공정 질서를 유지하기 위해 피해 업체의 신고 및 조사에만 의존할 것이 아니라 처음부터 대기업의 갑질이 통할 수 없는 기업 풍토를 조성하는 것이 필요하다.

미국에서는 구글 같은 빅테크 기업이 수많은 스타트업(신생 벤처기업)과 함께하는 기술 생태계를 구축하고, 성장 잠재력이 큰 벤처 육성과 지원을 아끼지 않고 있으며, 유망 스타트업에 대한 M&A도 활발하게 이뤄지고 있다. 요즘은 대기업들이 새로운 성장 엔진이 필요할 때마다 일일이 자체 R&D를 통해 개발하기에는 시간과 비용이 너무 많이 소요되므로, 기술력이 뛰어난 벤처기업을 M&A 하는 등의 방식을 택하는 게 일반적인 추세다.

우리나라에서도 삼성전자가 208곳의 협력사가 참여하는 협력회사 협의회(협성회)를 결성하고 기술 협력 등을 통한 대·중소기업 동반 성장 및 상생·협력을 지향하고 있다. 삼성전자는 2015년부터 2022년까지 국내 중소기업 3,000여 곳을 대상으로 스마트공장 구축 사업을 추진하여 이들 모두를 스마트공장으로 탈바꿈시킨 데 이어, 2023년 6월부터 그중 600여 곳을 대상으로 또다시 '스마트공장 3.0' 사업을 시작했다. AI 기반 '지능형 공장' 수준으로 한 단계 업그레이드하는 것이 목표다. 국내 굴지의 글로벌 빅테크가 중소기업 가운데 기술 혁신 의지가 뛰어난 업체들을 대상으로 첨단 기술을 아낌없이 나누어주는 대·중소기업 간 상생·협력의 본보기가 아닐 수 없다. 삼성전자뿐 아니라 국내 대기업 모두 이와 같은 유형의 대·중소기업 간 상생, 협력 문화를 정착시켜 나가야 한다. 간단히 말해서 대기업은 수많은 기술 혁신적인 중소기업으로부터 자체적으로 해결이 어려운 특정 문제 해결 솔루션이나 혁신적 신기술을 얻고, 중소기업은 대기업으로부터 각종 사업화를 위한 동력을 얻는 방식으로 상호 협력하면서 시너지를 창출하는 것이다.

지금 우리나라는 대기업이 주도하는 주력 산업이 닫힌 생태계여서 주력 산업은 갈수록 노쇠화되어 가는 반면, 미래 글로벌 시장을 선도할 예비 유니콘도 키워내지 못하는 실정이다.

우리나라 대기업들은 기존의 1·2차 협력업체들 줄 세우기로 자신들 울타리 안에서만 중소·중견기업들을 길들이고, 신인들의 등장은 바라지 않는 분위기이다. 우리나라 대기업들이 당장의 사업 비용을 줄이기 위해 협력업체들을 이용하기만 하는 행태에서 벗어나, 보다 긴 안목을 가지고 이질적 파트너들과 협업할 수 있는 기업 문화를 만들어 가는 것이 필요하지만, 이런 분위기를 대기업 스스로 만들어 내기는 어려울 것이다.

우리나라에서 미국이나 중국처럼 유니콘을 거쳐 빅테크로 성장할 미래 지향형 산업 전사들이 계속 쏟아져 나오게 하려면 국내에서 열린 생태계가 구축될 수 있도록 정부가 직접 나서야 한다. 국내 대기업들을 견제하는 데만 주력할 것이 아니라, 그들이 국내 중소기업들과 함께 열린 생태계를 구축해 상생 관계를 이어갈 수 있도록 이끌어 가는 방향으로 정책 방향을 과감히 틀어야 한다.

빅뱅식 금융개혁으로
동북아 금융허브를 구축하자

2003년 12월 당시 노무현 정부에서는 2020년까지 우리나라를 싱가포르, 홍콩과 더불어 아시아 3대 금융허브로 자리매김한다는 목표에 따라 '동북아 금융허브 추진 계획'을 발표하였다. 그런데 그로부터 20년이 지나도록 금융허브는커녕 우리 금융 산업의 글로벌 경쟁력이 그 당시에 비해 조금도 나아지지 않았다.

우리나라가 동북아 금융허브로 도약하기 위해서는 싱가포르, 홍콩에 비해 턱없이 높은 법인·소득세율, 과도한 규제, 노동시장 경직성, 열악한 외국인 거주 환경 등이 개선돼야 하고 한국 금융기관들의 글로벌 경쟁력 또한 금융 선진국 수준으로 키워내야 한다.

금융감독원 통계에 따르면 2013년 이후 한국을 철수한 외국계 은행이 영국 빅4 은행 중 하나인 바클레이스 은행, 캐나다 3위 은행인 노바스코샤은행을 포함해 11곳에 달한다. 국내에 지점이 11곳이던 홍콩상하이은행(HSBC)은 서울지점 단 1곳만 남았다. 이자 수익 이외의 다양한 수익 구조 한계, 금융 당국의 과도한 개입과 규제, 높은 법인세율 등이 이들 외국계 은행들을 내몬 것이다.

서울을 금융허브 도시로 키우겠다면서 서울에 있는 금융 인프라를 모조리 지방으로 내보내는 것도 이해할 수 없는 일이다. 기금 적립금이 900조 원에 달하는 국민연금공단은 2015년에 본사를 전주로 이전함으로써, 골드만삭스, 블랙록 등 글로벌 금융 큰손들의 방문이 뜸해지고 펀드매니저조차 구하기 어려워졌다고 한다.

영국의 글로벌 컨설팅 그룹 지옌(Z/Yen)이 발표하는 국제금융센터지수(GFCI)에서 서울은 2015년 6위, 2020년 33위, 2024년 10위를 기록했다. 이렇게 연도별로 순위가 들쑥날쑥 오르내리는 것은 우리나라 금융산업이 발전 잠재력을 갖추고는 있으나 그 잠재력을 제대로 발현하지 못하고 있음을 나타낸다. 계속 이렇게 들쑥날쑥 순위가 오르내리는 대로 내맡길 것이 아니라, 지금부터라도 확실한 목표를 세우고 목표를 향해 치밀하게 도전해 나가면 반드시 꿈이 이뤄질 것이다.

◆ 우리 금융 산업 글로벌 경쟁력 높이기 위해 개혁을 서둘러야

얼마 전까지 유례없는 초고금리 시대를 맞아 국내 시중은행들이 예대 마진[35]으로 막대한 수익을 창출하게 됨으로써 은행권에 한바탕 소동이 일어났다. 시중은행들이 때마침 점포 감축 등으로 희망퇴직자 수가 늘어난 데 이어 수천억 원이 넘는 추가 이익이 발생하자 희망퇴직자들에게 1인당 6~10억 원 상당의 퇴직금을 지급하는 등 돈 잔치를 벌인다는 이유로 호된 비난을 받게 된 것이다. 이에 정부에서는 은행의 공공성을 강조하면서 시중은행들을 향해 계속해서 질타성 경고 메시지를 보내고, 은행권은 부랴부랴 가산 금리를 인하하고 수익의 일부를 사회 환원하겠다고 발표하는 등 진화에 나섰다.

그런데 곰곰이 생각하면 이때가 본격적인 금융개혁을 착수하기 딱 좋은 시점이었는데 이런 식으로 대충 넘어간 것 아닌가 하는 아쉬움이 든다. 우리 금융 산업의 글로벌 경쟁력이 떨어지는 가장 큰 요인은 시중은행들이 예대 마진 수입에 지나치게 의존하는 것이라고 알려져 있었다. 2024년 국내 시중은행들의 총영업이익 중 이자 이익 비중은 90.8%로 글로벌 100대 금융 회사의 2021년 이자 이익 비중이 59%인 데 비해 지나치게 높은 수준이다. 따라서 이참에 국내 시중은행들이 손쉽게 돈을 벌 수 있는 예대 마진 수입에 지나치게 의존하는 관행에서 벗어나 다양한 국내 및 해외 영업 활동을 통해 비이자 이익 비중을 금융 선진국 수준으로 높이도록 하는 등 본격적인 금융개혁에 착수

---

35) 대출로 받은 평균 이자에서 고객에게 돌려준 평균 이자를 뺀 나머지 부분 즉, 예금
    금리와 대출금리의 차이로 금융기관의 수입이 되는 부분을 말한다.

해야 한다. 단, 대중 요법적 임시방편이 아니라 금융 선진국들의 금융 개혁 및 디지털 금융 혁신 사례들을 참조하여 우리 실정에 맞는 금융 개혁 로드맵을 작성한 후 그대로 빈틈없이 추진해야 한다.

무엇보다 금융 감독기관과 금융기관 수뇌부에 대한 낙하산 인사를 철폐하고 우리나라 금융 시스템을 금융 선진국 수준으로 개혁할 의지 와 능력을 갖춘 전문가들을 발탁해서 앉혀야 한다. 금융 당국은 국내 금융기관들의 시스템 혹은 구조적인 문제점들을 정확하게 파악하고, 이를 치유하여 글로벌 금융회사 수준으로 만들 수 있는 지침서를 만들 어 각 금융기관에 전달한 후 정기적으로 그 이행 상황을 점검해야 한 다. 이를 위해 현재 금융위원회와 금융감독원으로 이원화되어 있는 금 융감독 시스템을 일원화하여 국내 금융기관들의 구조 및 시스템 개선 등 금융개혁을 일사불란하게 추진하도록 해야 한다.

◆ 은행 업무 디지털화, 국제화

우리나라에서 본격적인 금융개혁을 추진함에 있어 글로벌 추세에 맞 게 은행 업무의 디지털화 및 국제화에도 소홀함이 없어야 한다. 한때 우리나라에 핀테크 기반 인터넷전문은행이 도입되면서 시중은행들이 위기의식을 느껴 혁신이 일어나지 않을까 하는 기대가 있었으나 무위 로 끝나고 말았다. 그러다가 최근 들어 핀테크가 미래 금융 시장을 주 도할 것이라는 전망이 대두되는 가운데 핀테크의 영향력이 갈수록 커 지는 현상이 우리나라 금융 산업 발전에 청신호가 될 수도 있을 것 같 았다. 우리나라의 앞선 IT 기술을 바탕으로 핀테크 역량을 크게 끌어 올리는 것이 가능할 것이기 때문이다. 그런데 글로벌 시장조사기관인

CB인사이트에 따르면 2022년 말 기준 전체 글로벌 유니콘 1,204개 중 252개(21%)가 핀테크인데, 그중에서 국내 기업은 단 1곳(비바리퍼블리카) 뿐이다. 아직은 우리나라에서 핀테크 역량을 한참 더 키워야 함을 여실히 보여주는 것이다.

국내 금융기관들이 기업 투자 자금의 주요 조달원(調達源)으로서의 직분을 소홀히 한 채 개인 고객들을 상대로 한 이자 장사에 치중하게 된 이유 가운데 하나로 기업의 상환 능력, 나아가서 혁신적 프로젝트를 제대로 평가할 수 있는 역량 부족을 들 수 있다. 따라서 국내 금융기관들이 핀테크와 블록체인 기술 등을 이용해 기업의 상환 능력과 혁신적 프로젝트를 장기적 관점에서 제대로 평가할 수 있는 역량을 꾸준히 키워나가는 것이 절대 필요하다. 국내 금융기관들이 기업 투자 자금의 조달원으로서의 직분을 지금보다 몇 배 더 충실하게 수행할 수 있다면, 그만큼 국내 기업들의 기술 혁신과 글로벌 경쟁력 강화로 이어지게 될 것이다. 우리나라에서 예전의 고속 성장을 다시 이어가기 위해서는, 경쟁력 없는 기업은 점차 사라져 가고 혁신적 기술과 창조적 기업가 정신을 가진 기업만 살아남아 글로벌 시장에서 주요 경쟁국 기업들과 자웅을 겨룰 수 있어야 한다. 핀테크와 블록체인 기술로 무장한 국내 금융기관들만이 이와 같은 창조적 파괴 과정을 주도적으로 이끌어 나아갈 수 있다.

금융 선진국에 비해 형편없이 취약한 해외 영업 부문을 강화하는 것도 빼놓을 수 없이 중요한 일이다. 금융 선진국 은행들은 해외수익 비중이 40%를 넘는 것에 비해 국내 은행들은 겨우 8%에 불과한 실정이다. 전 세계를 하나의 시장으로 보는 21세기 글로벌 시대에 살고 있는 우리로서 언제까지나 우리 금융 산업을 우물 안 개구리처럼 국내에서만 머무르게 할 수는 없다. 그리고 어차피 우리 금융 산업의 국제화를 피할 수 없는 추세라면 하루라도 빨리 추진하는 것이 우리나라의 금융 선진국 진입을 앞당기는 데 유리할 것이다. 이 또한 금융기관 자율에 맡겨서는 안 된다. 금융기관 경영진으로서는 짧은 임기 중 해외 영업 확대로 인한 초기 실패로 인사상 불이익을 당할 우려가 있으므로, 보증수표나 다름없는 국내 영업에 안주하는 쪽을 선호할 가능성이 크기 때문이다.

금융 당국에서는 선진국 금융회사들의 해외 영업 실태 및 성공 사례에 대한 분석·검토를 거쳐 국내 금융기관들의 해외 영업 활성화 방안을 마련하고, 이를 금융개혁 과제에 포함하여 적극적으로 추진해야 한다. 아울러 국내 금융기관 임직원들이 해외 영업 확대 등 미래 지향적인 업무 수행으로 인해 발생할 수 있는 초기 실패에 지나치게 구애받지 않도록 진취적, 합리적인 인사제도를 구축할 필요가 있다.

지금부터라도 높은 세율, 과도한 규제, 경직된 노동시장 등 열악한 기업 환경 개선을 통해 우리나라가 동북아 금융허브로 도약할 수 있는 기본 여건을 갖춰 나가는 것이 급선무다. 아울러 우리 금융기관들의 체질 개선과 함께 핀테크 역량을 세계 최고 수준으로 끌어올림으로써 20년 전부터 소망해 왔던 '동북아 금융허브'의 꿈을 반드시 이루어야 한다.

외국인 관광객 추가 유치로
국내 내수시장을 키우자

◆ 국내 내수시장 규모를 1억 명 이상으로 키우자

우리 경제가 침체에서 벗어나지 못하는 원인 가운데 하나로 내수시장 침체를 들 수 있다. 그런데 극심한 경기 침체 속에서 불과 5,000만 명에 불과한 인구 수준으로 국내 내수 경기를 활성화하기 위해 정부에서 많은 노력을 하고 있지만 뚜렷한 성과를 기대하기 어려운 실정이다. 그런데 밖으로 눈을 돌려보면 비행기로 1~3시간 걸리는 중국에만 해도 날로 확장 추세에 있는 14억 명 규모의 내수시장이 있다.

한 나라의 내수시장을 활성화하기 위해서는 인구가 적어도 1억 명 정도는 돼야 한다고 하니 중국을 비롯한 외국인 관광객 수를 획기적으로 늘려 국내 내수시장 규모를 1억 명 정도로 키워야 한다. 한국관광공사에 따르면 2024년 한국을 찾은 외국인 관광객 수가 1,637만 명으로 코로나 이전 수준을 회복한 것으로 보인다. 따라서 지금보다 외국인 관광객 수를 3배 정도 늘리면 된다. 그런데 우리나라에서 외국인 관광객 수를 이처럼 획기적으로 늘리기 위해서는 정부와 관광 및 서비스업계를 중심으로 외국인 관광객 유치 전략을 완전히 새롭게 짜야 한다.

◆ 외국인 관광객을 위한 관광 상품 다변화

우리나라에서 외국인 관광객 수를 획기적으로 늘리기 위해서는 외국인 관광객들이 쇼핑, 명소 관광, 레저, 의료, 한류 체험 등 다양하고 실속 있는 관광 상품 및 이벤트에 매료될 수 있도록 창의적이고 종합적인 외국인 관광객 유치 전략을 짜야 한다. 우리나라에는 유럽이나 중국처럼 웅장하고 화려한 고대 유적이나 세계적으로 알려진 관광 명소가 별로 없다. 그런데 두바이는 국토 대부분이 사막인 보잘것없는 자연환경을 보유하고 있음에도 사막에 기이한 모양의 건축물을 짓는 등 아름다운 도시를 건설하고 인공 섬을 조성하는 등으로 세계적인 관광 명소를 만들었다. 우리나라에서도 창의적 발상의 전환을 통해 우리의 자랑스러운 역사적 사실 또는 문화유산과 한류를 접목하여 세계적인 관광 명소를 얼마든지 만들어 낼 수 있다.

지금 해외에는 특히 MZ 세대를 중심으로 우리가 생각하는 것 이상으로 한류에 대한 동경과 열망이 충만해 있다. 이들에게 한국에서만 경험할 수 있는 다양한 한류 관광 상품을 공들여 만들어서 제공한다면 우리가 기대하는 것 이상으로 크나큰 호응을 얻을 수 있을 것이다. 지금까지 방탄소년단(BTS) 관련 장소, 넷플릭스를 통해 폭발적인 인기를 끈 드라마, 영화에 자주 등장하는 장소와 촬영지 등을 순례하는 것으로 상당한 호응을 얻고 있으나, 지금보다 외국인 관광객 수를 3배로 늘리기 위해서는 보다 창의적이고 기발한 발상의 전환이 필요하다.

예를 들어 이상과 같은 순례 코스 중간마다 해외 관광객들의 관심을 끌 수 있는 독특한 양식의 실내 또는 야외 콘서트홀을 만들어 놓고 이곳에서 한국에서만 볼 수 있는 BTS 공연을 관람하도록 한다든지, 한국에서만 맛볼 수 있는 독특한 음식을 선보일 수도 있다.

2022년 4월 미국 라스베이거스에서 열린 BTS 공연과 이벤트에 30만

   한국을 다시 위대하게

명의 팬이 몰려 1,315억 원을 벌어들였다고 한다. 만약에 이런 공연이 한국에서 열린다면 외국인 관광객 추가 유치로 인한 관광 수입 증대는 물론 국내 일자리 창출 효과까지 다양한 부수 효과를 누릴 수 있게 될 것이다. 정부와 관광업계가 지혜를 짜내어 라스베이거스에는 있고 한국에 없는 것이 무엇인지 찾아내어 보완하고자 하는 노력을 아끼지 말아야 할 일이다.

세계 해전사에서 유례를 찾아볼 수 없는 23전 23승의 기적을 이뤄낸 이순신 장군의 전승 기록과 거북선 등을 소재로, 남해안의 옛 통제영 터와 격전 해역들을 생동감 있게 복원함으로써 세계인이 즐겨 찾는 관광 명소를 만들어 낼 수 있다. 증강현실(AR) 기술을 이용해 관광객들이 거북선을 타고 해전 장면을 직접 볼 수 있도록 하는 것 등이다. 그 밖에 춘향전 등 고전 명작이나 한류를 소재로 한 테마파크(theme park), 관광농원, 의료관광, 한류체험관 등 한국에서만 접할 수 있는 다양한 관광 코스를 만들어서 내놓아야 한다.

◆ 외국인 관광객들의 불만 요인 해소

그동안 우리나라에서는 외국인 관광객들을 위한 숙박시설 부족, 불량 숙박업소 급증, 바가지요금, 엉터리 성형수술 등 이들의 불만을 극대화하고 한국의 이미지를 실추시키는 일들이 끊이지 않았다. 이와 같은 사례들이 각국에 지속적으로 전파될 경우 한국을 찾는 외국인 관광객 수는 급격하게 감소할 수밖에 없다. 그러니 앞으로 정부와 서비스업계 그리고 전 국민이 합심하여 외국인 관광객들이 한국에 와서 겪어야 하는 불친절, 불량 숙박업소, 바가지요금 등 불만 요인들을 말끔히 해소하는 노력을 기울여야 한다.

지금부터 서비스업 종사자를 포함한 모든 국민들이 당장 눈앞의 이해관계를 초월하여 외국인 관광객들의 불만 요인을 해소하고 이들에게 자그마한 친절이라도 베풀고자 하는 노력을 아끼지 말아야 한다. 특히 외국인 관광객 수를 3배 정도 늘리려면 외국인 관광객을 위한 숙박시설도 3배 이상 늘어나야 한다. 값싸고 실용적인 게스트하우스 같은 숙박시설을 많이 짓고, 도시 주택을 외국인 관광객에게 숙식은 물론 한국 가정문화 체험 시설로 제공하는 에어비앤비(Air bnb) 도시 민박 서비스를 한층 업그레이드시켜 충분히 제공해야 한다.

정부와 관광 및 서비스 업계의 노력으로 국내 내수시장 규모가 1억 명 수준으로 늘어나면서 내수시장 확대 및 활성화를 통한 경제성장의 선순환이 이뤄지도록 해야 한다.

농업 현대화로 농업 선진국 수준의 경쟁력을 확보하자

우리나라는 농업 선진국에 비해 턱없이 작은 땅덩어리를 보유하고 있어 1인당 평균 경지 면적이 미국의 53분의 1, 프랑스의 26분의 1에 지나지 않는다. 이처럼 열악한 환경에서 우리는 미국, 프랑스 등 농업 선진국에 비해 크게 낙후된 농업 경쟁력 격차를 해소하지 못한 채 농산물 수입 개방에 전전긍긍해 왔다. 그런데 최근 들어 농업에 IT 기술을 접목한 첨단 농법이 개발되고 온실 등 특수 환경에서의 농작물 재배가 보편화되는 등 좁은 공간에서도 얼마든지 고수익을 올릴 수 있게 되었다. 드디어 농업 현대화 사업을 통해 우리나라가 농업 선진국으로 발돋움할 수 있는 길이 열리게 된 것이다.

◆ 농업 현대화 사업 위해 기업체의 농업 참여 절실

농업 현대화 사업의 요체는 크게 ① 영농 규모의 확대, ② 농업의 첨단산업화, ③ 농축산물 유통 단계의 단축 등 세 가지로 요약할 수 있다. 그동안 정부에서는 '들녘경영체' 육성을 통해 영농 규모의 확대를 도모하고, 농업에 IT 기술을 접목하여 농업을 첨단산업화하기 위한 사업을 지속적으로 추진하고 있지만, 농업 현대화 사업의 본격 추진으로 우리 농업을 미국, 프랑스 같은 농업 선진국 수준으로 끌어올리기에는 미흡한 수준이다. 농업 현대화 사업을 보다 확실하게 본격적으로 추진하기 위해서는 농식품 관련 기업 또는 IT 기업 등을 본 사업에 끌어들임으로써 사물인터넷(IoT), AI, 빅데이터, 블록체인 기술 등을 이용한 농업의 규모화, 첨단화, 지능화가 이뤄지고, 농축산물 생산, 보관, 가공, 유통을 일괄적으로 처리할 수 있게 돼야 한다.

중국 거대 IT 기업인 알리바바와 JD닷컴은 AI 기반 농업 플랫폼을 구축해 드론, 로봇을 활용한 스마트 농기계 개발, 농산물 유통 과정 효율화 등을 추진함으로써 농업 생산성을 크게 높이고 농·축산물 판로 확대와 농민 소득 증대에 기여하고 있다. 지금 중국은 빅테크 기업들의 기술·자본 투자, AI·바이오 기술 융합을 통해 농업 혁신을 가속화하고, 전통적 농업에서 데이터·알고리즘을 활용한 AI 농업으로의 대전환이 이뤄지고 있다. 또 '즈샤오농(AI Little Farmer)' 시스템을 도입해 사무실에서 데이터 분석과 시스템 관리만으로 농사를 짓는 스마트 농업 또는 무인(無人) 농장 시대를 열어가고 있다. 일본 IT 기업인 후지쯔와 파나소닉은 최첨단 IT 기술을 활용한 식물공장을 적극적으로 육성하고 있으며 소프트뱅크와 골드만삭스 등에 의한 대규모 투자도 진행 중이다.

그런데 우리나라에서는 동부그룹이 2012년 말 경기도 화성시에 있는 간척지 15ha에 초대형 유리 온실을 짓고 수출용 토마토를 재배하려다 농민들의 반대에 부딪혀 사업이 백지화되는 등 기업체의 농업 참여가 실현되기 어려운 실정이다.

우리나라가 오랜 숙원인 농업 선진국 수준의 경쟁력을 갖추기 위해서는 정부와 기업 그리고 농민 간 대타협을 통해 기업체의 농업 참여를 이끌어내는 것이 급선무다. 그리고 이를 위해 우리나라 농촌 지역을 각각 그 특성에 따라 지구, 단지 등으로 세분화하고, 각 지구별로 기업체가 참여하는 농업 현대화 사업 프로젝트를 마련해야 한다.

정부는 각 지구별로 농업 현대화 사업 추진 내용, 사업이 성공적으로 추진될 경우 우리 농업의 미래상과 지역 농민들이 누리게 될 각종 혜택에 대하여 대 농민 홍보에도 많은 공을 들여야 한다. 그리고 나서 우선 기업체가 참여하는 농업 현대화 사업에 찬성하는 지구 가운데 몇 곳을 선정하여 시범 사업을 할 필요가 있다. 이곳에서 대규모 농장을 경영하는 기업체는 IoT, AI, 빅데이터 기술을 이용한 첨단 농법으로 가격 및 품질 경쟁력이 있는 최상품의 농·축산물을 생산하고, 농·축산물 직거래를 통해 소매 가격의 절반을 차지하는 유통 비용을 최소화해야 한다.

또한, 기업체의 농·축산물 생산 및 유통 시스템에 지역 농민들이 일정 부분 동참하여 함께 이익을 누리는 것은 물론, 회사 직원 또는 아웃소싱 멤버로 참여하여 소득을 올릴 수 있는 기회를 제공하도록 해야 한다. 이와 같은 시범 사업지구의 성공 사례를 통해 국내에서 기업체의 농업 진출이 활성화되고, 농업 진출 기업들과 영농조합 법인 및 농민들이 긴밀하게 연계하여 전국적으로 농업 현대화 사업망을 촘촘하게 엮어나가도록 해야 한다.

다행히 우리나라에서도 최근 들어 일부 지자체를 중심으로 기업체의 영농 참여를 수용하는 움직임이 일고 있는 것 같다. 경상북도에서 2023년 시범사업 지구로 선정한 문경시 영순면 공동영농단지 내 80명의 농가가 농지 110만㏊를 법인에 제공해 농사를 짓게 한 후 연말에 배당금을 받는 식이다. 농민들은 배당금 이외에 법인으로부터 일당을 받고 농사일에 참여할 수도 있다. 이렇게 기업체의 농업 참여가 국내에 서서히 자리 잡으면서 중국이나 일본 수준의 본격적인 기업 영농이 이루어지도록 해야 한다.

한편, 기업체의 영농 참여를 통해 국민 식생활 변화와 쌀 수입 개방으로 갈수록 재고가 늘어나는 쌀 생산을 줄이고, 대신 자급률이 부족한 잡곡 재배를 늘리는 것도 자연스럽게 이뤄질 수 있다. 한국농촌경제연구원에 따르면 우리나라에서 최근 3년간(2021~23년) 곡물(쌀·보리·밀·옥수수 등) 전체의 평균 자급률이 19.5%에 불과한 실정이다. 영농 참여 기업은 농지(논)를 구입 또는 임차하여 잡곡등 경제성이 높은 작물을 재배함으로써 쌀 생산 감축과 농업 소득 증대라는 일석이조의 효과를 거둘 수 있다.

◆ 농업 경쟁력을 높이고 고부가가치 산업으로 육성해야

이제는 우리나라에서도 대기업의 농업 참여를 통해 농업의 규모화와 첨단산업화 및 도시 소비자와의 농·축산물 직거래가 이뤄짐으로써 우리 농·축산물의 가격과 품질 경쟁력을 농업 선진국 수준으로 높일 수 있게 되었다. 이렇게 해서 지금까지 농·축산물 유통 구조의 왜곡 현상으로 인해 생산자는 제값을 못 받고 소비자는 턱없이 비싼 가격으로 농·축산물을 구입할 수밖에 없는 난제(難題)도 자연스럽게 해소될 것이다.

한편, 중국, 인도를 비롯한 전 세계 신흥국들의 지속적인 식량 등 농·축산물 수요 증가, 농·축산물을 이용한 다양한 가공식품 및 기호식품 개발로 사양 산업으로 취급되었던 농업이 신성장 산업으로 주목받게 되었다. 이러한 추세에 발맞추어 농업과 바이오기술(BT) 및 나노기술(NT) 융·복합을 통해 농·축산물을 재료로 고급 식품, 의약품, 바이오 에너지를 생산하고 관광 농업을 활성화하는 등 농업을 고부가가치 산업으로 육성해야 한다.

국내에서 농업 현대화 사업 참여 기업을 많이 육성하고 글로벌 경쟁력까지 갖추게 함으로써 세계적인 농업 기업을 배출해 내는 것도 빼놓을 수 없이 중요한 일이다. 아울러 기업체의 농업 참여와 IoT, AI, 빅데이터 기반의 첨단산업화를 통해 대량의 일자리를 새롭게 창출함으로써 실업률을 크게 낮추도록 해야 한다. 최근 농협중앙회에서 도시형 스마트팜을 만들어 이곳에서 귀농, 귀촌 교육을 실시한다고 한다. 전국적으로 이런 교육 시설을 많이 만들고 구직 청년들 가운데 귀농, 귀촌을 원하는 사람들을 대상으로 첨단 농업기술을 익히도록 하여 새로운 일자리를 마련해주는 것도 좋을 것 같다.

우리나라 농업을 첨단산업으로 육성하기 위해서는 유전자 기술에 대한 과도한 규제 또한 시급히 철폐 또는 완화해야 한다. 미국, 중국 등 주요 경쟁국들은 일찍부터 우리나라와 달리 유전자변형생물체(LMO)에 대한 규제를 하지 않아 유전자 편집 기술을 적용한 농·축산물 개발로 농업 경쟁력을 크게 높이고 있다.

우리나라 정치의 양극화

◆ 보수와 진보, 국가 위기 극복 위해 가치 융합 필요

원래 보수와 진보의 구분은 현대 민주주의 발원지인 서구에서 그 뿌리를 찾을 수 있다. 서구 민주주의 국가에서 보수는 정부의 역할을 줄이고 시장 중심의 경제 운용을 통해 성장 위주의 정책을 추구하는 경향이 있다. 반면에 진보는 정부의 역할을 늘리고 시장 경제에 개입하여 경제, 사회적 불평등을 완화하고자 하는 정책을 추구한다.

우리나라에서 권위주의적 정부 행태가 유지된 1980년대 중반까지는 보수와 진보의 구분이 뚜렷하게 나타나지 않았으나, 1980년대 말부터 급속한 민주화가 진행되면서 서구 선진국들처럼 보수와 진보의 구분이 분명해졌다. 그리고 1990년대 후반 이후에는 보수와 진보가 각각 성장과 분배 위주의 상이한 정책 이념을 표방하면서 번갈아 국정을 운영하고 있다. 그런데 현대 민주주의의 발원지인 서구와 미국에서는 지금 우리처럼 보수와 진보가 번갈아 집권해서 국정을 운영하면서도, 시대 상황과 국내 형세에 맞게 보수와 진보의 가치를 융합한 창조 정치를 구현함으로써 국익을 극대화하는 것처럼 보인다.

예를 들어 좌파(진보)의 슈뢰더 독일 전 총리는 2003년 3월부터 위기에 처한 경제를 살리겠다는 일념으로 소득세율 인하, 노동시장 유연화, 재정지출 축소 등 우파(보수)적 개혁 정책을 강하게 밀어붙임으로써 결국 독일 경제를 일으켜 세우는 원동력이 됐다. 영국의 진보인 노동당의 경우 마거릿 대처(Margaret Thatcher) 전 총리의 국가 개혁이 착수된 1979년 이후 18년 동안 보수에 정권을 내주면서 위기에 처했지만, '신노동당'을 표방하며 기존 정강 정책을 보다 보수화함으로써 1997년 총선을 통해 정권을 되찾았다. 이때 토니 블레어(Tony Blair)가 이끄는 노동당은 하원 659석 중 418석(63%)을 차지하는 압승을 거두었다. 호주 또한 보수 정부의 오커스(AUKUS) 가입 등 대중 견제 정책에 반대하던 노동당이 집권하자마자 전임 정부의 정책을 계승해 미국과의 안보 동맹을 강화함과 동시에 중국과의 교역도 정상화하는 등 국익 위주의 정책을 펴고 있다.

미국은 보수와 진보가 미세한 부분에서 여러 차이점이 존재하지만 국가 안보와 첨단 산업 육성 등 국가 이익을 챙기는 일에는 매사에 한 목소리를 내면서 적극적으로 대응하는 모습을 보여주고 있다. 일본은 보수인 자민당이 1.5당(여당 1, 야당 0.5) 체제 즉, 보수가 국회 의석의 과반수를 유지하면서 계속 집권하고 있다. 일본 보수는 국내 정치적 안정을 토대로 군사 강국화를 추구하면서 미국과 혈맹 관계를 유지함과 동시에 중국과의 경제 교류도 소홀히 하지 않는 등 매우 영리한 외교 행보를 보여주고 있다.

21세기는 융합의 시대이다. 전통 제조업과 AI 및 IT 기술 융합을 통해 혁신적인 제품을 만들어 내지 않고서는 글로벌 경쟁에서 살아남을 수 없으며 4차 산업혁명 대열에서도 낙오될 수밖에 없다. 정치도 마찬

가지다. 보수와 진보의 가치가 시대 상황 또는 국가 형세를 감안하여 일정 비율로 융합되지 않고서는 국가 발전을 기대할 수 없다. 더욱이 우리나라에서 보수와 진보의 가치인 안보, 성장, 복지, 경제민주화 등은 국가를 유지, 발전시키고 국민 삶의 질을 향상하는 데 빠져서는 안 될 핵심 가치들이다. 이는 양자택일의 문제가 아니라 취사선택의 문제인 것이다. 다시 말해서 우리나라 진보는 현 경제 위기 극복을 위해 성장을 중시하는 보수의 가치를 과감히 받아들일 수 있어야 한다. 보수 또한 경제민주화는 말할 것도 없고, 그때그때 상황에 따라 온건적, 진취적인 안보관 등 진보의 가치를 슬기롭게 받아들일 수 있어야 한다.

우리나라에서는 지금까지 진보 집권 시에는 중국과 북한에 대하여 한없이 유화적인 태도를 유지해 오다가 보수가 집권하면서부터 정반대적인 태도를 보이는 것이 일상화되어 온 것처럼 보인다. 정치가 진정으로 국가와 국민을 위해 존재하는 것이라면 절대 이래서는 안 된다. 한 나라의 외교, 안보 정책은 주변 강대국들의 역학 구도를 주도면밀하게 헤아려 국익을 극대화할 수 있는 최선의 정책 방안을 탐색한 후 오직 그 길을 따라 매진해야만 한다.

영국의 진화 생물학자인 클린턴 리처드 도킨스는 "한 집단에서 내부의 적을 제거하려는 유전자가 과도하게 발동하면 외부 위협에 대한 감각이 둔해져 집단 자체가 소멸할 수 있다"라고 말했다. 우리나라 정치에서 여·야 정당 간 죽기 살기 식 반목과 대립은 북한과 중국, 러시아, 일본 등 적대, 경쟁 국가들에 대한 경계심을 무디게 만들고, 우리나라 보수 정당 내 계파 간 맹목적인 갈등과 대립은 진보 정당과의 경쟁에서 필패(必敗)의 원인이 된다.

◆ 보수와 진보, 태생적 한계로 위기 심화

2016년 겨울 점화된 촛불집회 이후 우리나라에서 덜 숙련된 보수와 진보는 아예 기형적인 모습으로 일그러져 대한민국의 미래를 더욱 어둡게 만들고 있다. 촛불 민심을 등에 업고 기세등등하게 등장한 문재인 정부는 극단적인 '진보 가치' 일색의 각종 역주행 정책으로, 국민들로 하여금 '두 번 다시 경험하고 싶지 않은 나라'를 만들었다. 이어서 문재인 정부의 경제 정책 실패를 만회해야 하는 책무를 안고 출범한 윤석열 정부는 거대 야당의 힘에 눌려 국정 수행의 발목을 잡힌 데다, 극우 성향의 불통 정치로 대통령 지지율이 30%대를 벗어나지 못하고 있다가, 2024년 12월 3일 비상계엄을 선포함으로써 국가를 극도의 혼란 속으로 밀어 넣고 말았다.

요즘 한국 정치를 보면 '미국과 유사한 방향으로 흘러간다'는 생각이 든다. 정치인들이 국민을 극단적 양극으로 분화시키고, 비이성적 극렬 지지자들이 정치 세력화하며, 법질서를 존중하지 않는 정치가 만연하고, 유력 정치인의 사법 리스크가 이슈로 등장하는 등, 이 모든 것이 미국 정치 현상과 흡사한 것이다. 하지만 요즘 한국과 미국 정치 현상 간에는 아주 큰 차이점이 존재한다.

미국 정치지도자들의 많은 문제점에도 불구하고 그들은 '미국을 위대하게 만들어야 한다'는 대 원칙을 항상 최우선으로 내세운다. 반면에 한국의 정치지도자들은 국가의 안위와 발전은 아랑곳하지 않은 채, 또 집권 이후에 뭘 어떻게 하겠다는 구체적 비전도 없이 오로지 자당과 계파 그리고 지지세력 결집을 위해 총력을 기울이는 모습만을 보이고 있다. 트럼프 1기 이후 미국은 중산층을 위한 정책을 내세우면서도 궁극적으로는 안보와 경제 그리고 첨단 산업 육성에 국력을 총동원하는 모습을 보여주고 있는 반면에, 한국 정치권은 여·야가 앞다퉈 민생만을 내세우고 안보와 경제 그리고 첨단 기술력 강화는 소홀히 하거나 단순 구호에만 그치고 있는 실정이다. 그렇지만 국부(國富) 창출의 근원이 되는 경제를 제대로 챙기지 않고서 민생만을 챙기겠다는 것은 '나무에 올라가서 물고기를 구하는 것(緣木求魚)'과 다름없다.

국민들 또한 '과연 어떤 후보가 안보와 경제를 잘 챙겨 국가를 부강하게 하고 민생을 살찌울 수 있는 경륜과 능력을 두루 갖춘 인물인지' 살피는 것보다 어떤 후보가 지지층 결집을 잘 하는지, 그리고 그렇게 해서 조성되는 여론의 향방에 따라 감성적인 잣대로 후보자를 평가하는 경향이 대세인 것 같다. 그러니 계속해서 실패한 대통령이 속출하는 것 아니겠는가.

원래 여·야 간의 대결은 '어느 정당이 더 창조적이고 생산적인 정책을 제시하느냐, 그리고 그 정책을 얼마나 효율적으로 실천하느냐'에 중점이 두어져야 한다. 그런데 지금 우리나라는 여·야 정당 간에 서로 생각이 다른 '특정 정책을 추진할 것이야 말 것이냐'를 놓고 매사에 결사항전을 벌이는 실정이다. 그러다 보니 국가 발전에 기여할 것이 확실한 창조적, 실용적인 정책이 빛을 보지 못하고 묻혀 버리거나, 국가 발전을 저해할 것이 확실한 포퓰리즘적 정책의 시행으로 경제와 민생을 악화시키는 일들이 끊임없이 반복되는 것이다.

2024년 12월 3일 윤석열 전 대통령의 느닷없는 비상계엄 선포는 가뜩이나 혼란스럽고 비생산적인 우리나라 정치 환경을 더욱 극단적인 상황으로 밀어 넣는 단초가 되었다. 국회에서 범진보 192석을 거머쥔 민주당은 막강한 국회 권력을 이용해 각종 반기업, 친노동 법안들을 통과시키는 등 입법 횡포를 넘어 이재명 전 대표의 사법 리스크 방어를 위한 사법부 겁박과 위인설법(爲人設法) 행위까지 거침없는 행보를 보여 왔다. 그들은 국힘을 탄핵 정국에서 급부상(浮上)한 '극우'로 가두고, 시의적절한 '우클릭' 전략으로 중도층 흡수를 시도해 조기 대선에서 승리를 거머쥐었다. 반면에 한국 보수는 자신의 안방을 '극우'에 내주고, 보수적 가치 일부는 진보에 내주는 등 스스로 기울어진 운동장을 선택해 지는 게임을 할 수밖에 없었다. 이처럼 날이 갈수록 퇴행과 혼돈의 길로 치닫는 우리나라 정치야말로 위기의 진짜 원인이 아닐까?

보수와 진보의 파행

◆ 진보의 역주행

한 가정을 이끌어가는 과정에서 가끔씩 아버지와 어머니의 생각이 다른 것은 아주 자연스러운 현상이지만, 상황에 따라서는 어느 한쪽의 이견이 커다란 문제를 일으킬 수도 있다. 예를 들어 아버지는 약간의 여유 자금으로 가족 여행을 가자 하고 어머니는 가구를 구입하자고 하는 등 의견이 갈릴 수 있다. 하지만 아버지는 자녀가 자신의 재능과 소질에 따라 이과를 선택하고자 하는 데 찬성하는 반면, 어머니는 자녀 의사에 반해 문과 쪽으로 가야 한다고 계속 억지를 부린다면 어머니의 고집이 자녀의 앞길을 망칠 수도 있다. 자녀의 미래 성공 여부를 좌우할 진로 문제를 결정해야 하는 특수 상황에서 어머니의 생각은 자녀의 앞길을 망칠 수도 있는 아집이 되는 것이다.

마찬가지로 우리나라가 남북 대치 상황도 없고 경제 구조에도 별문제가 없다면 안보 문제에 대한 여·야 간 이념 차이가 크게 문제될 것도 없고, 성장 우선이냐 분배 우선이냐를 놓고 얼마든지 다툴 수 있다. 그렇지만 지금 우리는 우리에게 없는 핵무기를 보유하고 나날이 그 성능을 높여가면서 도발을 멈추지 않고 있는 북한과 대치하고 있다. 또 우리 경제가 세계 10위권의 경제력을 보유하게 되었다지만 속으로는 여러 가지 구조적 병폐로 깊은 골병이 든 상태이며, 최근 들어 대내외적 경제 환경 악화로 깊은 침체의 늪에 빠져들어 가고 있다. 이와 같은 위기 상황에서 분배보다는 당연히 성장 위주 정책이 필요하고, 국방, 규제, 노동, 교육 등 개혁 과제를 적극적으로 추진할 필요가 있는 것이다.

더욱이 그동안 역대 정부에서 시행한 정책에 대한 학습 효과 또한 무시할 수 없다. 같은 정책을 수차례 반복 실시한 결과 기대했던 효과가 나타나지 않거나 오히려 정책을 시행하지 않은 것만 못한 역효과를 보일 경우에는 당연히 당해 정책을 폐기하는 게 맞다. 그동안 진보가 추진했던 안보 정책의 대표적인 사례로 '햇볕정책'을 살펴보자. 이는 1998년 출범한 김대중 정부에서 '따스한 햇볕을 보내 북한을 변화시킬 수 있다'는 확고한 신념을 바탕으로 야심 차게 추진하기 시작한 정책이다. 그렇게 2조 원이 넘는 돈을 지원했지만 북한 정권은 조금도 변하지 않고 핵 개발에 전력투구했으며, 우리가 인도적 차원에서 지원한 돈이 핵 개발 자금으로 전용된 것 또한 의심할 여지가 없다. 따라서 이 경우에는 기존의 햇볕정책 대신 보다 합리적이고 실용적인 대북 지원을 하는 것으로 일찌감치 정책 방향을 수정해서 시행하는 것이 좋았을 것이다.

문재인 정부 때 우리나라 진보의 안보관은 심각한 수준이었다. 그래도 문재인 정부 때는 미국 바이든 행정부의 한·미 동맹 의지가 비교적 확고한 상태였으므로, 우리의 안보 문제를 동맹국인 미국에 의존하는 것이 어느 정도까지는 가능했다. 전시 작전 통제권 조기 회수, 종전 선언 등 우리 정부에서 현실성 없는 무분별한 대북 정책을 추진하더라도 이를 적극적으로 막아주는 든든한 방파제가 되어주기까지 했다. 하지만 냉혹하게 미국 우선주의만을 내세우는 트럼프 2기 들어 이제 그 같은 호시절은 끝났다. 이제는 우리 정부에서 국가 안보를 스스로 해치는 자해 행위를 할 경우에 예전처럼 미국이 나서서 이를 막아주기는커녕, 이를 역이용해서 우리를 궁지에 몰아넣을 수도 있음을 명심하지 않으면 안 될 것이다.

경제 정책에 있어서도 진보에서는 줄곧 국내 대기업들을 적으로 돌리면서 대기업 규제 법안 만들기에 주력해 왔지만, 그동안 각종 구조적 병폐와 대내외적 경제 여건 악화로 우리 경제가 깊은 침체의 늪에 빠져 들어 가는 상황에서 우리가 세계 10위권의 경제력을 유지하고 있는 게 삼성 등 글로벌 대기업들이 애쓴 덕분이 아닌가. 더욱이 문재인 정부 5년간 과도한 최저임금 인상, 비정규직 정규직화, 주 52시간 근로제, 졸속 부동산 정책 등으로 국가 경제는 물론 민생까지 곤경에 빠뜨렸다는 사실이 만천하에 드러났다.

문제는 이와 같이 수십 년간 누적되어 온 진보의 국정 실패 사례들이 학습 자료로 활용되지 못함으로써 국가 발전에 역행하는 결과를 초래했다는 것이다.

◆ **구태의연한 보수**

우리나라가 산업 근대화와 함께 민주화의 꿈을 이루고 보수와 진보가 뚜렷하게 구분되기 시작하면서 등장한 첫 정부는 '문민정부'를 표방한 보수 진영의 김영삼 정부였다. 김영삼 정부는 집권 초기 군사 문화 청산 등 과감한 개혁 조치를 통해 지지율이 80%를 상회하는 등 호조를 보였으나, 보수의 가치라고 할 수 있는 성장 위주의 각종 개혁 과제들을 제대로 소화해 내지 못해 임기 말에 치명적인 IMF 환란을 초래하고 말았다. 그로부터 10년 후 노무현 정부의 경제 정책 실패를 만회할 책무를 떠안고 집권한 보수 진영의 이명박 정부 역시 경제 개혁에 대한 비전 및 추진력이 부족한 데다, 집권 초기 광우병 사태로 인해 국정 추진 동력을 상실함으로써 보수의 가치를 제대로 구현하지 못했다. 이명박 정부로부터 바통을 이어받아 보수로서 연속 집권에 성공한 박근혜 정부는 규제 개혁 등 경제 위기 극복을 위한 각종 개혁 과제 수행에 많은 공을 들였으나, 진보의 거센 반대와 정책 추진력 부족 등으로 각종 개혁 추진이 흐지부지되고 말았다. 게다가 집권 말기 '최순실 국정농단 사건'이 불거지면서 6개월에 걸친 국정마비 사태를 가져왔고, 급기야 헌정사상 처음으로 현직 대통령이 파면되는 상황에 이르렀다.

문재인 정부의 정책 실패로 무너져 내린 한·미 동맹 체제와 나라 경제를 되살려야 하는 막중한 책무를 떠안고 2022년 5월 10일 임기를 시작한 윤석열 전 대통령은 언제부턴가 한국 보수의 변종이라고 할 수 있는 '극우'에 편향되어 있었던 것으로 보인다. 일명 태극기부대라고 불리는 국내 '극우' 세력은 우리나라 보수 진영의 변방에 속해 있으면서 그동안 극단적, 돌발적인 언행과 국민 정서에 반하는 아스팔트 시위 등으로 국민들에게 보수의 이미지를 왜곡시키고 비호감을 불러일으킴으로써 정통 보수에서도 그동안 이들 극우 세력과 거리를 두어 왔다.

윤석열 정부는 집권하자마자 한·미 관계는 물론 한·일 관계도 전향적으로 밀어붙여 정상화시킴으로써 그동안 서먹서먹했던 한·미 동맹 관계를 어느 정도 반석 위에 올려놓았다. 경제 분야에서도 문재인 정부의 잘못된 정책을 되돌려 놓기 위해 노력했지만, 그중 대부분이 진보 야당이 압도적 다수를 점하고 있는 국회를 거쳐야 하는 사항들이어서 큰 실효를 거두지는 못했다. 집권 초기 의욕적으로 과감하게 추진했던 노동 개혁은 앞에서 말한 것처럼 용두사미로 끝나버렸고, R&D와 의료 분야 개혁은 철저한 사전 준비 없이 졸속 추진함으로써 연구개발 인력 이탈, 의료 대란 및 붕괴, 의대 쏠림 현상 심화 등 심각한 부작용만 낳았다. 결국 윤석열 대통령은 '극우' 정치인답게 사사건건 국정의 발목을 잡는 거대 야당을 겨냥해 느닷없이 비상계엄을 선포하는 악수를 둠으로써, 3개월간의 극심한 국정 마비와 혼란을 초래함과 동시에 2025년 4월 4일 헌법재판소의 탄핵 결정으로 헌정사상 두 번째로 대통령직에서 물러나는 대통령이 되었다. 문제는 3개월간의 탄핵 정국이 지속되는 동안 그동안 한국 보수의 변방에 머물렀던 '극우' 세력이 힘을 얻어 정통 보수의 핵심으로 자리 잡게 되었다는 것이다.

윤석열 전 대통령 탄핵 사태로 2025년 6월 3일에 치러진 조기 대선에서는 같은 해 5월 1일 대법원으로부터 공직선거법 위반 사건에 대한 유죄 취지의 파기환송 선고를 받은 이재명 후보가 대선 전에 대법원 확정판결을 받아 대통령 후보 자격이 박탈되느냐 하는 문제가 최대 쟁점으로 떠올랐다. 그러나 결국 선고가 대선 이후로 미뤄짐으로써 국힘으로서는 실낱같은 희망마저 무너져 내린 셈이다. 국힘으로서는 애당초 조기 대선의 승패를 국민이 아닌 사법부의 심판에 의존한 것이 결정적 패착이었다. 2002년 대선에서 이회창 후보는 아들 병역 비리 등 확실하지도 않은 문제가 이슈로 작용해 불과 2.3%포인트 차이로 낙선한 데 비해, 2025년 조기 대선에서 이재명 후보는 대선 전에 대법원 확정판결만 이뤄진다면 후보 자격을 상실할 게 뻔한 상황에서 선고 전에 대선을 치러 운 좋게 당선이 되었다. 그러나 이 모든 상황을 국민들은 모두 알고 있었으니, 국힘이 국민으로부터 건전한 정통 보수 정당으로 지지를 받고 있는 상황이었다면, 이재명 후보의 사법 리스크를 심판대에 올려 제대로 된 평가를 받아낼 수도 있었다.

또 설사 그 일이 여의치 않았다 해도 차선책으로, 한 차례 정권을 내줄 각오를 하고 윤석열 전 대통령을 포함한 극우 세력과 단절한 후 건전한 보수 이미지를 살렸어야 했다. 2016년 12월 당시 새누리당 의원 128명 중 절반 가까이가 박근혜 정부의 국정 농단을 비판해 탄핵 소추에 찬성하는 등 '건전한 보수' 이미지를 지킴으로써 비록 이듬해 대선에서는 패배했지만, 6년 뒤 정권을 되찾는 데 소중한 밑거름이 되었다는 사실을 기억했어야 한다. 결국 탄핵 여파로 갑자기 득세한 극우 세력에 휘둘린 나머지 정권은 정권대로 뺏기고 정당 이미지만 크게 실추시켰다. 참으로 못난 보수가 아닐 수 없다.

이렇게 우리나라 보수는 1993년 2월부터 2025년 12월 사이에 17년을 집권하면서 성장 위주의 각종 개혁 과제 추진을 통해 침체된 경제를 살리는 데 실패하였을 뿐 아니라, 건전한 정통 보수 이미지마저 제대로 지키지 못함으로써 국민적 지지 기반을 크게 상실하고 말았다.

국가 대개혁을 감당할 국내 유일 정당으로서 트럼프 2기 이후 미국 우선주의하에서 한층 취약해진 안보 위기를 해소하고, 갈수록 침체의 늪에 빠져들어 가는 경제를 되살려야 하는 막중한 책무를 지닌 이 나라 보수 정당이 이래서는 안 되는데, 정말 큰 일이 아닐 수 없다. 남유럽의 그리스, 남아메리카의 아르헨티나 같은 나라들은 좌파 정부의 지독한 포퓰리즘 정치로 국가 경제가 거덜 난 후 우파 정부로 교체됐다가, 국민들이 긴축을 견디지 못해 다시 좌파 정부로 교체되는 악순환이 되풀이되고 있다. 이 경우 포퓰리즘은 일종의 마약과도 같다. 우리나라도 보수 정당이 힘을 못 쓰고 포퓰리즘 정당인 진보에 계속 정권을 내주다 보면 이와 같이 되지 말란 법이 없다.

제2부에서 '우리나라가 한적한 남아메리카 대륙 어딘가에서 이름 없는 나라들과 어울려 살아가는 방식과 격동하는 동아시아에서 주요 강대국들과 함께 살아가는 방식은 엄연히 다를 수밖에 없다'라고 말했었다. 지금 국힘의 처지가 바로 그런 모습 아닐까. 지금 국힘의 경쟁 상대인 민주당은 범여권 192석이라는 무시무시한 의회 권력을 보유한 채 집권 여당이 된 헌정사상 유례없는 초대형 정당이다. 게다가 현 진보 여당은 국힘과 달리 내부적으로 똘똘 뭉쳐있다. 이와는 정반대로 현 보수 야당은 '불이 나기 직전의 처마 밑 제비집'처럼 불안하기 짝이 없는 모습이다. 모든 구성원이 똘똘 뭉쳐 죽기 살기로 싸워도 모자랄 판에 물과 기름 같은 계파 간 갈등으로 천금 같은 세월만 낭비하고 있는 모습이다.

정치 개혁 방안

우리나라는 그동안 북한 핵 위협과 동아시아 정세 불안 등 안보 위기와 저출산 고령화, 저성장 고물가, 우리 경제의 구조적 문제점 심화 등 경제 위기가 중첩된 상황이었는데, 미국 우선주의를 내세운 트럼프 2기 들어서는 한 치 앞을 내다볼 수 없는 극한 위기 상황으로 내몰리는 지경에 이르렀다. 따라서 안보 분야에서는 유사시 핵을 가진 북한의 침공을 우리의 독자적인 군사력으로 막아낼 수 있는 힘을 길러야 하고, 경제 분야에서는 미국과의 관세 전쟁과 반도체 등 첨단 기술을 놓고 벌어지는 살벌한 글로벌 경쟁에서 승기를 잡아 장기 침체의 늪으로 빠져들어 가는 경제를 살려내야 하는 절박한 사명이 우리에게 주어져 있다.

지금까지처럼 보수와 진보가 '안보 우선이냐 대화 위주냐' 또는 '성장 우선이냐 분배 위주냐'를 놓고 다툴 때는 지났다. 우리나라도 미국처럼 군사와 경제 안보 문제에 있어서만큼은 보수와 진보가 한마음으로 똘똘 뭉쳐 현 위기를 타개하는 일에 총력을 기울여야 한다. 다행히도 지난 조기 대선을 통해 집권한 이재명 대통령이 대선 기간에 과감한 '우클릭' 행보를 보임으로써, 국가 안보와 경제를 열심히 챙기는 방향으로 국정을 슬기롭게 이끌어갈 것이라는 희망을 가져 볼 수 있게 되었다. 또 이재명 대통령의 국정 수행을 뒷받침할 진보 여당은 과반을 훨씬 넘는 국회 의석에다 당내 결속력 또한 강해서 무슨 일이든 마음만 먹으면 일사천리로 진행할 수 있다. 모든 일은 이재명 대통령과 진보 여당이 마음먹기에 달려 있다는 말이다.

그렇지만 지금까지 보아왔던 것처럼 세상일이 당초 기대했던 대로 진행되지 않는 경우도 많았다. 따라서 정부·여당이 국정을 잘못된 방향으로 이끌어갈 경우에는 이 나라 보수 야당이 대안 정당으로서의 기능을 십분 발휘해서 그 잘못된 정책을 비판하고 올바른 대안을 제시하는 역할을 충실하게 수행할 수 있어야 한다. 나아가서 이와 같은 일이 지속적으로 발생할 경우에는 차기 집권을 통해 국가 위기 상황 타개를 위한 각종 개혁 과제들을 직접 추진할 수 있어야 한다. 그런데 앞에서 말한 것처럼 지금 이 나라 보수 야당은 이와 같이 막중한 소명을 수행하기 어려운 상태이다. 만약에 현 진보 정부가 대선 기간 때 국민과의 약속을 제대로 이행하지 않고 문재인 정부 때처럼 또다시 각종 역주행과 포퓰리즘 정책을 일삼기라도 한다면 국가 위기 상황에서 정말 큰일이 아닐 수 없다. 따라서 이럴 경우에 대비하여 지금 만신창이가 되어 있는 보수 야당을 다시 일으켜 세워 환골탈태시킴으로써 대안 정당과 수권 정당으로 거듭나게 해야 한다.

첫째, 지금 한국 보수가 가장 먼저 해야 할 일은 계엄과 탄핵 사태 이후 친윤, 친한, 극우 세력으로 분열된 3분 천하를 하루속히 평정하는 것이다. 세 단어 모두 국민에게 호감을 얻기 어렵거나 당내에서 인정을 받기 어려운 만큼 전혀 새로운 이름으로 새판을 짜지 않고서는 이 나라 보수가 국민들 마음속에 결코 자리를 잡을 수 없다. 그러나 이 문제를 당 조직 내에서 해결하는 것은 불가능에 가까울 것으로 보인다. 따라서 재야 인사들을 중심으로 보수를 지지하는 일반 국민들이 결집해서 이 문제를 해결하는 것이 좋을 것 같다.

둘째, 당내 분열을 어느 정도 수습한 뒤 2028년 총선에 대비하여 처음부터 다시 시작한다는 마음가짐으로 당의 이미지를 쇄신하고, 국민에게 감동과 희망을 줄 수 있는 정책 개발에 온 힘을 기울여야 한다. 거대 여당과의 정면 대결을 피하고 현 국가 위기 상황을 타개할 수 있는 방안 마련과 국가 대개혁 프로그램 작성에 총력을 기울임과 동시에, 오로지 국민만을 바라보며 국민의 안전과 행복과 번영을 보장할 수 있는 정책 개발에 집중하는 것이다. 거대 여당에 비해 하드파워 분야에서 크게 밀리는 대신, 국가 안보와 경제를 챙기고 민생을 살찌게 할 정책 개발을 의미하는 소프트파워 분야에서 탁월한 능력을 보임으로써 2028년 총선 때까지 국민들의 두터운 신뢰와 지지를 얻도록 해야 한다. 단순히 국민들이 낸 세금 일부를 즉시 돌려주는 식의 지난날 진보의 비생산적인 복지 포퓰리즘 대신 보다 창의적이고 생산적인 정책 설계를 통해 당장 시급한 민생을 챙기면서도, 다른 한편으로는 국가 대표기업들과 함께 대한민국을 다시 위대하게 만들기 위한 대개혁 정책을 기획하고 철저히 준비하자는 것이다.

셋째, 국힘과 국민 간 소통의 장으로서 정기 간행물을 만들어 펴내는 것도 좋을 것 같다. 국힘의 소프트파워 부문에서 이루어지는 정책 개발 내용, 정부·여당의 실책에 대한 비판과 대안 제시, 국내외 정세 분석 등 모든 성과물을 일목요연하게 정리하여 대국민 홍보 자료로 제공하는 것이다.

넷째, 2차 대전 당시 독·소 전쟁의 분기점이 된 스탈린그라드 전투에서 1942년 9월 무렵까지 소련군은 독일군에게 완전 포위된 채 독일군의 일방적인 집중 공격을 받아 함락 직전에 있었다. 이때부터 소련군은 여기저기 흩어진 소규모 병력으로 무너진 건물 더미에 숨어 소련군

   한국을 다시 위대하게

을 상대로 백병전을 벌이면서, 한편으로는 볼가강 건너편에서 몰래 병사와 물자를 그러모았다. 이렇게 모은 병력으로 스탈린그라드를 포위한 소련군에게 일제히 역공을 퍼부음으로로써 1943년 1월 31일에 이르러 결국 독일군 사령관으로부터 항복을 받아냈다. 소련군 승리의 비결은 절체절명의 순간에도 평정심을 잃지 않고 기지와 끈기를 발휘해 자신들의 숨은 역량과 자원들을 찾아내고, 이를 꾸준히 그러모아 총동원한 데 있다. 지금 절체절명의 위기 상황에 처해 있는 한국 보수가 벤치마킹해야 할 필승의 전략이다.

다섯째, 지금까지 우리나라 정치권의 모습은 여·야 간에 서로 헐뜯고 비방을 일삼기 때문에 그 어느 쪽도 승자가 될 수 없고 국민의 눈으로 볼 때 둘 다 한심한 존재로 보일 뿐이다. 이럴 때 어느 한쪽이 상대방에 대한 비방을 멈추고 오직 안보와 경제 그리고 민생 관련 정책 개발에 전력투구하는 모습을 보여준다면, 국민 지지율이 그쪽으로 완전히 기울어지리라는 것은 삼척동자라도 짐작할 수 있는 일이다. 1966년 1월 샤스트리 전 인도 총리의 갑작스러운 서거로 국민회의당 내부에서 차기 총리 후보 간에 치열한 각축전이 벌어졌다. 당시 유력한 총리 후보였던 '드사이'와 '난다'는 오만함과 상호 비난으로 둘 다 국민들에게 호감을 얻지 못했는데, 지지 기반이 열세에 있었던 인디라 간디가 두 사람과 차별화된 전략으로 국민의 마음을 얻어 결국 최종 승자가 됐다. 그는 상대방의 어떠한 공격에도 평정심을 잃지 않고 겸손하고 예의 바른 태도를 유지했기 때문에 국민들로부터 호감을 얻을 수 있었던 것이다.

한편, 윤석열 전 대통령 탄핵 사태 이후 우리나라 정치권에서는 제왕적 대통령제 종식을 위한 개헌 논의가 봇물 터지듯 쏟아져 나왔다. 변증법에 따르자면 정(正)에 대한 반(反)의 논리라고 할 수 있다. 하지만 변증법의 완결편은 정(正)과 반(反)을 넘어 합(合)의 경지에 이르는 데 있다. 윤석열 전 대통령이 비상계엄을 선포한 것이 반드시 헌법 탓이라고만 볼 수도 없다. 오히려 윤 전 대통령 개인의 잘못된 판단으로 비상계엄이라는 재앙적 사태를 초래했지만, 헌법 제77조의 규정에 따라 국회에서 비상계엄 선포 2시간 35분 만에 해제 결의안을 통과시킴으로써 사태를 원만하게 수습할 수 있었다. 다만, 이번 일을 계기로 전시 이외의 비상계엄 요건을 강화하는 정도의 헌법이나 법률 개정을 시도하는 것은 필요하다고 볼 수 있다. 또 그동안 대통령의 과도한 권한 행사가 국정이나 국민 권익을 침해하는 사례가 있었다면 그 부분에 한해서 헌법이나 법률 개정을 시도할 수도 있다. 하지만 판을 더 크게 벌려 내각책임제 또는 분권형 대통령제 등으로 비화하는 것은 자제할 필요가 있다. 우리나라에서는 정부와 국회의 관계가 합의점을 찾기 어려워, 특히 여소야대 상황에서는 정부가 할 수 있는 일이 별로 없다. 아울러 '기업은 1류, 관료는 3류, 정치는 4류'라는 말이 회자될 정도로 우리나라 정치 수준은 아직까지 후진국 수준을 면하지 못하고 있는 실정이다. 이러한 정치 풍토에서 내각책임제 또는 대통령과 국회 추천 국무총리가 국정을 나누어 맡는 분권형 대통령제를 시행할 경우 우리나라 정치와 국정 운영이 지금보다 나은 상태를 유지할 수 있을까? 모르긴 해도 탄핵 전후 국정 혼란상에 버금가는 국정 난맥상을 보이게 될 것이 뻔하다. 더욱이 지금 우리나라는 트럼프 2기 이후 미국 우선주의와 자유주의 국제질서의 퇴행으로 안보와 경제 위기가 한층 심화된 상태에 있다. 그 어느 때보다 강력한 정부 리더십이 필요한 마당에 정부가 매사에 국

    한국을 다시 위대하게

회의 눈치를 보면서 끌려다니는 상태를 벗어나지 못하는 한, 국가의 존립 자체를 장담하기 어렵게 될 수도 있다.

명나라 말기 학자인 고염무는 "임금을 잘못 골라 천하를 망치는 건 백성이다(天下興亡 匹夫有責)"라는 말을 남겼다. 2000년대 이후 우리나라에서 계속 실패한 대통령이 나오는 현상과 관련 있는 말이다. 언제부턴가 우리나라에서는 친이, 친박, 대깨문, 개딸, 친윤같이 일부 세력들이 결집하여 특정 지도자를 무조건적으로 지지하고 옹위하는 현상들이 두드러지고 있는 실정이다. 이들에게는 자신들이 지지하는 지도자에게서 드러난 도덕적 흠결이나 정책 빈곤 등 취약점은 아무런 의미가 없다. 그저 맹목적으로 그 지도자를 따르고 이에 반대하는 세력에 대하여는 가차 없는 비판과 몰매를 가할 뿐이다. 한 국가의 운명을 좌우할 국정 지도자를 냉철한 이성이 아닌 감성으로 쉽게 선택해 버리는 국민 정서가 바뀌지 않는 한 국가 대 개혁을 통해 대한민국을 크게 부흥시킬 지도자가 출현하기는 어려울 것이다.

정부 혁신

◆ 정부 수뇌부에 누구를 앉힐 것인가

조선 시대 선조 임금이 임진왜란 발발 1년 전에 류성룡 등의 추천을 받아 이순신을 전라좌수사로 발탁해 앉힌 것은 결과적으로 누란의 위기에 처한 국난을 극복하게 한 구국의 결단이었다. 반면에 중국 전국시대 조(趙)나라의 효성왕은 진(秦)나라와의 장평(長平) 전투에서 병법에 밝지만 실전 수행 능력이 부족한 조괄(趙括)을 대장군으로 임명했다가 진나라에 대패한 것은 물론 조나라 40만 대군이 생매장되는 대재앙을 겪게 되었다. 이처럼 한 나라의 정부 또는 군 수뇌부에 누구를 앉히느냐에 따라 나라의 운명이 크게 갈릴 수 있다.

그런데 지금 우리나라에서는 총리와 장관 및 주요 기관장을 임명하기 위해 거쳐야 하는 인사청문회가 국정을 가장 효율적으로 이끌어 갈 수 있는 인물을 고르는 데 있다기보다 후보자의 지난 행적을 파헤쳐 결정적인 결점을 찾아내는 데 주력하는 것처럼 보인다. 예나 지금이나 아무리 능력이 출중하고 애국심이 강한 사람이라도 한두 가지의 결점은 있게 마련이다. 더욱이 우리나라에서 지도층 인사들의 도덕성이 그다지 높은 수준이 아닌데도 그중에서 무결점 인사를 찾아 발탁하려다 보니, 국정을 가장 효율적으로 이끌어갈 수 있는 걸출한 인재를 발탁해야 한다는 원칙에 충실할 수 없는 딜레마에 빠지는 것 같다.

그렇다고 해서 오늘날 우리나라 공직사회에 티끌만 한 결점도 없는 사람만 참여해야 한다는 원칙이 확립돼 있는 것도 아닌 것 같다. 2025년 조기 대선에서 이재명 후보는 한 때 세상을 떠들썩하게 했던 대장동 사건 등 비리 혐의로 5개의 재판을 받고 있었으며, 대법원에서 선거법 위반에 대한 유죄 취지의 파기환송 선고를 내렸음에도 대선 전 확정판결이 이뤄지지 않았기 때문에 무난히 당선되어 대통령에 취임할 수 있었다. 우리나라에서 국무총리와 장관이라는 자리가 대통령보다 더 중요한 자리라고 생각하지 않는 한, 이번 일을 계기로 총리 또는 장관급 인사청문회에서 더 이상 임용 후보자의 도덕성 문제를 가지고 지나치게 엄격한 잣대를 들이대는 일이 없도록 해야 한다.

2022년 한국으로부터 세계 반도체 1위 자리를 넘겨받은 대만은 국가과학기술위원회, 경제부, 국가발전위원회 장관 모두 반도체 전문가를 임용하고 있다. 반면에 한국은 2013년에 미래부장관과 중소기업청장으로 김종훈 벨연구소 사장과 황철주 주성엔지니어링 대표가 각각 내정되었지만, 그들 모두 본인 및 가족 신상에 대한 과도한 검증과 주식 백지 신탁 문제를 해결하지 못해 무산되고 말았다. 이처럼 국가 주요 정책을 결정하고 집행하는 수뇌부 자리에 능력 있는 인사를 앉히지 못하는 일이 반복되는 한 세계 반도체 1위 국가 유지 같은 당연한 목표조차 달성하기 어렵게 될 것이다.

현 위기를 기회로 바꾸어 한국을 다시 위대하게 만들기 위해서는 나라에 꼭 필요한 인재를 등용하는 데 최대 걸림돌이 되는 현행 인사청문회 제도를 완전히 바꾸어야 한다. 인사청문회의 중점을 자질과 능력에 두고, 1차 청문 결과 자질과 능력이 인정된 경우 2차 청문 절차인 도덕성 검증을 비공개로 진행하며, 도덕성이 사회적 지탄을 받을 만한 수준이거나 우리나라 고위 공직자 평균보다 미달되는 경우가 아니면 청문을 통과할 수 있게 해야 한다.

◆ 정부 수뇌부의 역할 및 권한 강화

정부 수뇌부에 걸출한 인물을 앉히는 것 못지않게 중요한 것은 그들이 장기적인 안목으로 소관 분야의 국정을 쇄신하고 각종 개혁 과제들을 소신껏 역동적으로 추진할 수 있는 권한과 기회를 충분히 부여하는 일이다. 먼저, 총리와 장관 등 정부 수뇌들이 소관 분야의 장·단기 개혁 과제들을 구상하고 주요 정책 과제 추진을 진두지휘하여 성공적으로 마무리 지을 수 있도록 충분한 재임 기간을 보장해 주어야 한다.

우리나라에서는 정부에 대한 국민 지지도 저하 또는 무슨 큰일이 생길 때마다 총리 또는 장관을 교체하는 일이 너무 자주 일어나 역대 장관들의 평균 재임 기간이 1년을 넘기기 어려운 실정이다. 미국의 오바마 행정부 1기(2009년 1월~2013년 1월)에서 장관 15명 중 13명(87%)이 대통령의 임기 4년 동안 자리를 유지한 것과 대조적이다. 바이든 정부(2021~25년)에서도 토니 볼링컨과 제이크 설리번이 각각 국무장관과 국가안보보좌관으로 4년을 재직했으며, 중국에서는 2013년 3월 시진핑 주석 취임 후 11년간 외교 담당 국무위원에 양제츠와 왕이 딱 2명만 임용되었다. 반면에 한국 윤석열 정부에서는 3년 동안 외교부장관 2명, 국가안보실장 4명이 임용되었다. 특히 한 나라의 외교·안보 정책을 주관하면서 미국을 비롯한 세계 주요국의 고위 인사들과 긴밀한 관계를 유지해야 하는 외교·안보 수장이 자주 바뀌는 것은 국가적으로 바람직하지 않다.

다음으로, 총리와 장관들이 소관 부처의 각종 국정 현안과 개혁 과제들을 소신껏 입안해서 추진하고 그 결과에 책임지는 책임 총리 및 책임 장관제를 시행해야 한다. 대통령의 국정 철학이 담긴 큰 그림만 내려주고 나머지는 총리와 장관들이 알아서 집행하도록 맡겨둠으로써, 대통령은 더 큰 국정 철학과 국제정치적 이슈 그리고 새로운 개혁 과제 구상에 집중하면서 국정 전반에 걸친 큰 흐름을 조절할 수 있게 될 것이다.

우리 속담에 '강한 장수에게는 약졸이 없다'고 했다. 강하고 효율적인 공직사회를 만들기 위해서는 최고위 공직자들이 먼저 강하고 효율적이어야 한다. 그다음에는 최고위 공직자의 강하고 효율적인 국정 운영 스타일이 일반 고위 공직자와 중간 관리자들에게 전파되고 나아가서 전 기관으로 파급되도록 지도력을 발휘해야 한다.

공직사회 혁신

◆ 각종 이기주의와 편의주의 풍조 타파

지금까지 역대 정부에서 추진해 온 각종 개혁 과제들이 제대로 추진되지 못한 것은 국정 목표에 부합하는 대승적 차원의 업무 처리가 이뤄지지 못하고, 각 부처 또는 부서의 입장만을 생각하는 업무 처리 관행이 만연해 있기 때문이다. 또 이렇게 된 근본 원인은 각 부처 및 부서 소속 공직자들의 이기주의와 편의주의 때문이다.

우리 공직사회에서 주요 개혁 과제들을 처리하는 데 장애가 되는 각종 이기주의와 편의주의를 극복하려면 어떻게 해야 할까? 모든 공직자들이 자신이 맡은 업무의 최상위 정책에 해당하는 국정 목표를 확실하게 이해하고, 마음에 새기고, 그 목표에 부합하는 방향으로 모든 업무를 수행하는 것이다. 예를 들어 어느 공직자가 벤처기업 지원 업무를 수행하면서 언젠가 대박을 터뜨릴 수 있는 창조적 아이디어와 기술력을 보유한 기업을 단지 대출 기준에 미달된다는 이유로 지원 대상에서 탈락시켰다면 결과적으로 국가 경제에 큰 손실을 줄 수 있다. 벤처기업 지원 업무가 속한 최상위 정책의 의미를 제대로 이해하지 못하고 불합리한 규정에 스스로 얽매어 국가 경제 발전에 이바지할 좋은 기회를 날려버리는 셈이다.

따라서 공직자 업무 수행의 준거가 되는 각종 예규, 훈령, 지침 등을 관련 국정 목표에 부합하는 방향으로 개정, 보완하고, 공직자들이 각종 업무를 수행할 때 상위 정책인 국정 목표를 항상 마음에 새기고 그 취지에 부합하는 일 처리가 이뤄지도록 해야 한다. 이를 위해 공직자 근무 평정 시 '국정 목표에 부합하는 일 처리 수준'에 대한 평가 항목을 신설하는 것도 필요하다.

◆ 공직자들이 무사안일 행태에서 벗어나야

우리나라에서 각종 개혁 과제들이 제대로 추진되지 못하는 보다 근본적인 원인은 우리나라 공직자들의 고질적 병폐인 무사안일에 있다고

한국을 다시 위대하게

할 수 있다. 우리 공직사회에 무사안일 풍조가 만연하게 된 이유는 무엇일까? 아마도 그것은 우리 공직사회 특유의 온정주의 그리고 열심히 일하는 사람과 그렇지 않은 사람에 대한 상·벌이 분명하지 못한 데 있지 않을까 하는 생각이 든다. 우리 공직사회의 경우 포상 기준이 모호하고 어떤 경우에는 남발되는 경향이 있다. 근무 성적과 관계없이 인사권자의 마음에 드는 사람 중에서 부서별로 각종 포상을 적당히 분배하여 시행하는 것이 일반적인 경향이다. 승진 임용의 경우에도 직무수행 능력보다는 연공서열이나 인사권자와의 친소(親疎) 관계가 우선시되는 인사 관행이 일반화되어 있다. 게다가 적당히 윗사람의 비위를 맞추면서 규정에 어긋나는 일은 하지 않지만 주어진 업무를 매우 소극적으로 처리하는 등 무사안일한 사람은 전혀 처벌을 받지 아니한다. 이와 같은 우리나라의 공직사회 풍토가 공직자들로 하여금 국가적으로는 반드시 필요한 일이지만 개인적으로 부담이 되는 업무는 되도록 기피하는 경향이 있고, 일을 하더라고 윗사람의 눈치를 살피면서 매우 소극적으로 처리하게 된 것이다.

그렇다면 이와 같이 우리 공직사회에서 암적 존재라고 할 수 있는 무사안일 풍조를 근절하기 위해서는 어떻게 해야 할까? 우선, 공직자 포상 및 승진 기준과 요건을 확실하게 정해야 한다. 그러고 나서 남다른 창의력과 노력으로 맡은 분야에서 뛰어난 업적을 이뤄낸 공직자를 적극적으로 발굴하여 포상 또는 승진 임용하고, 특히 탁월한 업무처리 능력과 리더십을 갖춘 공직자에 대한 특별승진 제도를 확대 시행하는 것이다. 물론 적극적인 업무처리 과정에서 사업 목표 달성에 실패하거나 약간의 실수가 발생한 경우에도 이를 최대한 용인할 수 있는 풍토가 조성돼야 한다. 한편, 정부와 감사원에서는 각종 규정 위배자 뿐 아니라 주어진 업무를 매우 소극적으로 처리하거나, 정부의 개혁 정책에 반하는 태도를 유지하거나, 업무 실적이 일정 기준에 미달되는 등 무사안일 공직자에 대한 징계 및 퇴출 규정을 마련하여 확실하게 시행해야 한다.

이를 위해 정부는 모든 공직자의 업무 실적 등을 객관적으로 공정하게 평가할 수 있는 'AI·빅데이터 기반 인사 플랫폼(인사 플랫폼)'을 구축해서 운용할 필요가 있다. 우리나라 공직사회에 '인사 플랫폼'을 통한 공정하고 합리적인 인사 평정이 정착됨으로써 인사권자와의 친소 관계에 따라 포상, 전보, 승진 임용 등이 결정되는 폐단이 사라지고 능력과 실적 위주의 평가가 이뤄져야 한다.

◆ 공직사회에 기업형 모델 도입

우리나라에서 '기업은 1류, 관료는 3류, 정치는 4류'라는 말이 회자된다고 하지만, 그렇다고 해서 우리나라 공직자들의 자질이 부족한 것은 아니다. 우리나라 공직자들의 자질은 세계 어디에 내놓아도 손색이 없을 정도로 뛰어나지만, 우리 공직사회 풍토가 민간 기업체와 달리 혁신과 담을 쌓은 관계로, 공직자들의 자질과 능력이 일련의 업무 수행 과정과 연결되어 폭발적인 상승 효과를 내지 못하고 있는 것이다. 이에 우리나라 공직자들의 뛰어난 자질과 능력을 최대한으로 발현하기 위한 방안으로서, 전체 공무원과 공공기관 임직원들을 대상으로 파격적인 포상금 제도를 도입해서 시행하는 것도 좋을 것 같다. 단, 처음에는 일부 핵심 부서를 대상으로 제도를 운영하고 차츰 그 범위를 확대하는 방향으로 추진해야 한다.

포상금은 특정 공직자가 국방, 경제, 과학기술, 교육, 세정 업무 등 각 분야별로 첨단기술 경쟁력 확보, 국부 창출, 세입 증대 및 예산 절감 등에 기여한 금액 또는 환산 금액의 일정 비율을 지급하는 것이다. 예를 들어 어느 공직자가 담당 업무와 관련하여 새로운 업무 처리 방식 또는 기술을 개발함으로써 국가 또는 지방 세입 증대 혹은 예산 절감에 기여했을 경우 기여 금액의 일정 비율을 포상금으로 지급하는 식이다. 또는 숨은 세원 발굴에 특별한 노하우를 가지고 있는 기존 세무 직원 또는 계약직 직원이 새로운 세원 발굴에 성공했을 경우 추가 세수 금액의 일정 비율을 포상금으로 지급할 수도 있다. 이렇게 해서 일반 세무 직원이 할 수 없거나 의지를 보이지 않는 숨은 세원 발굴 업무를 성공적으로 수행함으로써 국가 안보와 경제 발전을 위해 부족한 예산을 충당할 수 있는 길이 열리게 될 것이다.

공직 비리 척결

그동안 역대 정부의 지속적인 공직 기강 확립 노력으로 우리나라 공직사회가 많이 투명해졌다고 하지만, 일부 취약 분야 공무원들의 금품 수수, 부당 인사 및 이권 개입 등 구조적, 고질적인 공직 비리는 여전히 현재 진행형이다. 오히려 공직자 금품수수 등 비리 규모는 예전보다 훨씬 더 커졌다. 다시 말해서 대부분의 공직 분야와 일반 하위직들의 경미한 공직 비리는 거의 사라졌으나, 일부 고위직과 취약 분야의 구조적, 고질적 공직 비리는 그대로 남아 있는 공직 비리의 양극화 현상을 보이는 것이다.

그동안 감사원 등 사정기관에서 방위사업 관련 비리 척결을 위해 특단의 노력을 기울인 결과 이제 우리나라에서 방위사업 비리는 사라져 없어진 것으로 생각해 왔는데, 최근에 전직 방위사업청장이 2020년 퇴직 후 세무법인에 재직하면서 국내 IT 업체 대표로부터 방위사업청 납품 관련 청탁 대가로 1억 1,800만 원을 받은 사실이 밝혀졌다. 또 전직 해양경찰청장이 재직 중인 2020~21년 3,000t급 대형 함정을 고의로 성능을 낮춰 발주하는 등 업체에 특혜를 제공한 대가로 3,700만 원을 받은 사실도 드러났다. 광주지검에서는 2024년 2월 14일 인사 브로커로부터 골프 접대와 향응 및 금품을 받고 경찰 인사 때마다 승진 인사를 좌지우지한 경찰 고위 간부 15명을 기소했다. 이들은 경감 승진 시 1,000~2,000만 원, 경정 승진 시 2,000~3,000만 원 등 미리 값을 정해놓고 금품을 수수해 왔다고 한다.

최근 한국토지주택공사(LH)발 '아파트 철근 누락' 사태에서 볼 수 있는 것처럼 공직자와 기업체 간 이권 카르텔의 일종인 전관예우 즉 '관피아' 비리도 문제다. 현직 공직자들은 퇴직 공직자가 있는 업체에 각종 이권을 제공하고 본인 퇴직 후에는 다시 그 업체에 들어가 이권을 제공받는 악순환이 되풀이되는 것이다. 이렇게 공직사회와 민간업체 간 '악어와 악어새' 관계에서 서로 도움을 주고받는 가운데 자연히 관리·감독 관계가 느슨해질 수밖에 없는 것이다. 이는 LH에 국한되는 문제도 아니고 대증 요법적인 일회성 대책으로 끝나서도 안 되는 문제다. 9년 전 세월호 참사 때도 해양수산부 등 관련기관의 전관예우 즉 '관피아' 논란이 거세게 일어 적어도 행정부 차원에서는 더 이상 이 땅에서 전관예우 관행이 발붙일 수 없을 것으로 보였다. 그렇지만 그동안에도 이 땅에서 전관예우 즉 '관피아' 폐해가 조금도 줄어들지 않았다는 것이 명백하게 입증된 셈이다. 각종 대형 사고가 터질 때마다 정부의 강경 대책에 대응하는 민간업체들의 수법도 날이 갈수록 발전하고 있다. 한마디로 말해서 '대마불사(大馬不死)형' 구조적 비리라고 할 수 있다.

국가 사정 활동은 이와 같이 국가 안보와 경제를 해치고 사회 정의를 훼손하면서 은밀하게 이뤄지는 뇌물수수와 이권 카르텔 등 공직자 비리 행위를 척결하는 데 최우선으로 중점이 두어져야 한다. 다시 말해서 아마추어 수준의 사소한 비리를 저지른 공직자를 적발하는 것보다 상습적인 거물급 비리 공직자를 적발하는 데 훨씬 더 비중을 두고 사정 활동을 전개해야 한다. 상대적으로 무거운 비리를 저지른 공직자는 살아남고 가벼운 비리를 저지른 공직자들만 줄줄이 처벌을 받게 된다면 이 땅에 정의가 살아 있다고 할 수 없다.

그렇다면 국가 안보와 경제 발전에 커다란 해악을 끼치면서 교묘하게 요리조리 빠져나가는 거물급 비리 공직자들을 남김없이 잡아들일 수 있는 방법은 무엇일까? 결론부터 간단히 말하자면 그것은 ① 비리 공직자들의 현금 수수를 차단할 수 있는 방안을 강구하고, ② 사정기관들의 공직비리 관련 정보 수집 기능을 강화하고, ③ 사정기관 간 협조 체제를 강화하는 방안 등을 생각해 볼 수 있겠다.

◆ 4차 산업혁명, 공직 비리 척결에도 획기적인 전환점 될까

지금 중국인들은 일상생활에서 현금이 필요 없는 시대를 살아가고 있는 것 같다. 크고 작은 모든 결제를 손에 들고 있는 휴대폰으로 간단하게 처리한다. 이렇게 되면 우리 일상생활에서 현금은 자연스럽게 불필요한 존재로 인식될 수밖에 없을 것이다. 그렇다면 우리 안보와 경제를 해치고 국가 개혁 추진에도 걸림돌이 되는 공직 비리를 척결하기 위해 이제는 '금융실명제'에 이어 '현금실명제'를 도입하는 방안을 생각해 볼 수도 있지 않을까? 우리의 일상생활에서 현금이 전혀 필요 없게 되면 현금은 단지 법인 또는 개인이 보유하는 동산으로서의 기능만을 갖게 될 것이므로, 일정한 조건과 범위 내에서 특정 법인 또는 개인의 현금 보유 및 입출금 내역을 실사하는 것이 가능할 수도 있다. 즉, 공직자윤리법에서 지정하는 공직자 등의 현금 보유 및 입출금 현황을 실사함으로써 현금으로 은밀하게 거래되는 뇌물수수 행위 등을 적발할 수 있는 길이 열리게 되는 것이다.

물론 처음부터 쉽게 이뤄질 수 있는 일은 아니지만 어느 정도의 시행착오를 거치면서 차츰 공직 비리 방지 시스템으로 정착할 수 있게 될 것이다. 이를 위해 조폐공사에서 사실상 사용이 크게 제한된 일정 수량의 신권을 발행할 때 칩을 부착하여 필요할 때 현금 유통 경로를 추적할 수 있게 하는 등의 조치가 필요할 수도 있다.

◆ 공직 비리 관련 정보수집 기능 강화

상습적이면서 은밀하게 현금 거래로 이뤄지는 뇌물수수 등 비리 행위를 일반적인 사정 활동을 통해 적발하는 것은 불가능에 가까운 일이다. 그렇지만 당사자의 투서 또는 제보가 있거나 비리 내용에 대한 구체적인 정보가 입수된 경우에는, 무엇보다 누구를 조사할지 대상자가 확정되고 조사 내용과 방법도 어느 정도 파악할 수 있으므로, 당해 사

　　　　　　　　　　　　　　　　　　한국을 다시 위대하게

건 조사가 반은 성공한 것이나 다름없다. 그런데 우리나라에서는 각 사정기관 간 공직 비리 정보의 수요와 공급이 심한 불균형을 이루고 있어 상습적이고 은밀하게 진행되는 구조적, 고질적인 공직 비리 척결이 어려운 실정이다. 다시 말해서 어떤 사정기관에서는 수많은 공직 비리 관련 정보를 캐비닛에 꼭꼭 숨겨두고 있으면서 실제 활용도는 미미한 실정이며, 어떤 사정기관에서는 공직 비리 조사 인력과 노하우를 충분히 보유하고 있음에도 관련 정보가 턱없이 부족하여 '장님 코끼리 만지기' 식의 비능률적인 조사 활동을 벌이고 있는 것이다.

따라서 사정기관 간 정보 공유 및 상호 지원은 물론 각종 공직 비리를 각 사정기관들이 분담 또는 합동조사 등의 방법으로 처리할 수 있게 사정기관 간 협조 체제를 구축하는 것이 필요할 것으로 보인다.

◆ 사정기관 간 협조 체제 강화

우리나라에서 국가 사정기관이라고 하면 감사원, 국무총리실, 국민권익위원회, 검찰청, 경찰청 등이 있다. 이들 사정기관에서는 저마다 고유 업무의 한 분야로서 공직 비리 조사 업무를 수행하고 있지만, 정부 차원의 큰 흐름 없이 제각각 뿔뿔이 흩어져서 조사 업무를 수행하다 보니, 보다 큰 사정기관으로서의 위력을 보여주지 못하고 있는 것 같다. 만약에 이들 사정기관들이 국가 사정 총사령부를 중심으로 결집하여 이 땅의 비리 공직자들에게 집중포화를 퍼붓는다면 저들이 과연 얼마나 버텨낼 수 있을까?

그동안 정부의 지속적인 공직부패 척결 의지에도 불구하고 여전히 극성을 부리면서 국가 안보와 경제 발전을 저해하는 공직 비리를 뿌리 뽑기 위해서는 사정기관 간 벽부터 당장 허물어야 한다. 즉, 국내 사정기관들의 공직 비리 조사 업무를 총괄하고 사정기관 간 협조를 이끌어 낼 수 있게 상설기구로서 사정기관 협의체(협의체)[36]를 두는 것이 좋을 것 같다. 각 사정기관에서는 협의체의 총괄·기획 하에 체계적이고 유기적인 정보수집 활동을 벌임과 동시에, 사정기관 간 정보 공유 및 상호 지원을 통해 각 사정기관들이 관련 정보를 충분히 활용함으로써 은밀하게 진행되는 각종 구조적, 고질적인 비리들을 남김없이 척결하도록 해야 한다. 아울러 협의체를 통해 공직사회 내부에 늘 존재하는 각종 공직 비리의 유형과 행태 등 정확한 실태를 남김없이 파악한 후, 각종 비리의 유형, 규모 등에 따라 즉시 처리 또는 중·장기 과제로 구분하고, 사정기관별 분담 또는 합동조사 등의 방법으로 강력한 사정 활동을 해야 한다.

◆ 국가 사정활동 강화로 인한 부작용 최소화

공직 비리 척결을 위해 사정 활동을 강화하다 보면 자칫 공직자의 사기 저하 및 복지부동, 기업 활동 위축 등 부작용이 나타날 수 있다. 국가 위기 극복을 위해 공직자들이 분발하고 기업 활동을 활성화해야 할 시점에서 정반대의 현상이 일어나는 것은 절대로 안 될 일이다. 따라서 중증 암 환자에게 치료 효과가 뛰어나면서도 부작용이 거의 없는 '신개념 항암제'가 필요한 것처럼, 비리 공직자만 꼭 집어서 철저한 조사를 진행하고 선량한 일반 공직자와 기업인에게는 전혀 피해가 없는

---

36) 각 사정기관의 실무 대표자들로 구성된 사무국에서 일상 업무를 담당한다.

한국을 다시 위대하게

'신개념 조사기법'을 개발할 필요가 있다. 앞에서 말한 것처럼 수집된 정보를 통해 숨은 비리 공직자의 정체가 드러나면 사정 활동의 대상이 분명해지면서 사정의 물줄기도 고요하게 흘러가 공직사회와 기업 활동을 위축시키는 일도 일어나지 않을 것이다.

특히, 방산 비리 조사의 경우 업무상 비리를 근절해야 한다는 목표와 군 전력 강화 및 방위 산업을 육성해야 한다는 목표가 서로 상충할 수도 있으므로 기획 단계에서 세심한 주의를 기울여야 할 것으로 보인다. 그동안 검찰과 감사원의 강도 높은 방산 비리 조사의 영향으로 첨단무기 구입과 개발 업무 등 담당자들 간에 보신주의에 입각해서 창의적, 적극적인 사업 추진을 회피하는 풍조가 퍼져 있다고 한다. 이에 적극적인 업무처리 과정에서 발생한 실패와 실수에 대하여는 최대한 책임을 면제해 줌으로써, 오로지 국방력 강화 차원에서 첨단무기 구입과 개발 업무에 매진하도록 해야 한다. 오히려 보신주의에 입각해서 창의적, 적극적인 사업 추진을 회피하는 등 무사안일 행위에 대한 조사와 처벌을 강화하는 것이 필요할 것으로 보인다.

◆ 공직자 사기 진작 위해 국가 감사체제 개선

우리나라 공직자들이 가장 싫어하는 행사 중 하나를 꼽으라면 '감사'를 지목할 것 같다. 행정의 신뢰성과 효율성을 확보하기 위해 감사는 꼭 필요하지만 이로 인한 부작용 또한 만만치 않다. 즉, 감사원, 소관 중앙부처, 상급기관, 자체 감사기구 등 여러 감사기관이 제각각 다른 잣대를 들이대면서 같은 업무에 대하여 중복되는 감사를 함으로써 수감기관의 업무 수행에 지장을 초래하는 경우가 많고, 공직자 사기 저하, 소극적인 업무처리 등 많은 부작용이 뒤따르기도 한다. 문제는 정부 안에 각급 감사기관들이 같은 감사 중점과 잣대를 적용하여 일관성 있는 감사를 실시하게 하고, 감사 결과 똑같은 처리 기준을 적용하며, 수감기관별 감사 빈도와 중복 여부를 상호 조정하는 등의 총괄, 기획 시스템이 갖춰져 있지 아니한 데 있는 것 같다.

이에 감사원이 국가 최고 감사기관으로서 중앙부처를 포함한 국가기관, 지자체, 공기업 등의 모든 감사활동을 국가 전체적인 관점에서 기획, 조정하고, 감사 실시 및 처리에 관한 표준을 정해 각급 감사기관이 준수하도록 할 필요가 있다. 아울러 위 모든 기관 및 단체를 대상으로 수감기관별 감사 빈도와 중복감사 실태를 실시간으로 점검, 조정함으로써 전국 피감사 기관들의 수감 부담을 크게 덜어주도록 해야 한다. 이와 같은 감사체제 개선을 통해 모든 공직자들이 감사로 인한 스트레스를 덜 받고 보다 진취적, 적극적, 창조적인 업무처리 스타일을 유지함으로써 국가 위기 극복을 위한 국정 수행에 큰 보탬이 되도록 해야 한다.

감사원의 역할과 기능 변화

조선 시대 암행어사에게는 수의(繡衣), 마패와 함께 유척(鍮尺)이 주어졌다. 유척은 '놋쇠로 만든 자'를 말하는데 관아에서 쓰는 '되'나 '말' 같은 기구들이 규격에 맞는지 여부 등을 재는 용도로 쓰였다. 각종 역사서들을 보면 그 시대에는 지방 관리들의 부정부패가 극심해서 되나 말의 규격을 속여 양곡을 횡령하는 일이 많았기 때문에, 암행어사가 어느 지방 관아에 들이닥치기만 하면 양곡 횡령 및 수탈 등 각종 부정,

한국을 다시 위대하게

비리 행위를 손쉽게 적발해 낼 수 있었던 것으로 보인다.

내가 감사원에 임용된 1980년대 초 서울시에 첫 감사를 나갔는데, 그 당시 서울시에는 오래된 무허가 건축물이 너무 많아서 건물 진입로에 소방차가 드나들 수 있을 정도면 건축법 적용을 최대한 완화해서 양성화해 주는 특례법을 시행 중이었다. 그런데 관련 공무원들이 제도를 악용해서 신축 건물을 기존 무허가 건물로 조작해 완화된 건축법 적용을 받게 하는 등의 비리 행위가 무더기로 적발되었다.

그렇지만 그동안에 공직사회는 조선 시대는 물론 1980년대와는 비교가 안 될 정도로 투명해져서 이제는 어느 기관을 가도 그렇게 노골적으로 법령을 위반하는 유형의 비리는 거의 존재하지 않는다. 따라서 이제는 감사원의 편제도 대폭 개편할 필요가 있다. 지금처럼 정부 부처, 국가기관, 공공기관 및 지자체 중심으로 감사 부서를 획일적으로 나누다 보면, 없는 비리를 찾아내기 위해 인력과 시간을 낭비하는 일이 빈번하게 발생할 수도 있다. 따라서 감사원 편제를 예·결산 정책 감사국, 일반 정책 감사국, 공직비리 감사국, 자체감사 기획조정국 등 기능별로 나누는 방안을 생각해 볼 수 있다. 예·결산 정책 감사국은 정부 예산의 효율성 감사를, 일반 정책 감사국은 주요 정부 정책에 대한 성과 감사를 각각 담당한다. 그리고 공직비리 감사국은 구조적, 고질적 비리 또는 은밀하고 교묘하게 진행되는 각종 범죄형 비리에 대한 직접 감사 또는 감사 기법 개발 및 전수(傳授)를, 자체감사 기획조정국은 자체감사 기획·조정 및 자체감사 적정성 여부 감사를 각각 담당하도록 하는 것이다. 즉, 옛날에 비해 공직 비리가 수적으로는 현저하게 줄어든 반면, 일부 고위직이나 취약 분야 공직자들을 중심으로 은밀하고 교묘하게 진행되는 범죄형 비리가 성행하는 만큼, 감사원은 소수 정예화된 공직 비리 전담팀을 운영하고 나머지 기관운영 감사는 자체감사기구에 위임 하자는 것이다.

그 대신 각급 자체감사기구의 자체감사 수행 적정 여부를 사후 확인, 점검하는 시스템을 유지해야 한다. 자체감사기구 운영 실태에 대한 감사를 실시한 결과 실적이 미흡한 것으로 판명된 기관에 대하여는 일정 기간 감사원 감사관을 파견해 소정의 자체감사 기획 프로그램을 수행함과 동시에 고급 감사 기법을 전수하도록 해야 한다. 이와 같은 역할 분담을 통해 감사 빈도와 사각지대를 동시에 줄일 수 있고, 자체감사의 질도 감사원 감사 못지않은 수준[37]으로 끌어올림으로써 공직사회 전반에 걸친 업무 능률의 향상을 기할 수 있다. 수십 명의 감사원 자체감사 담당 감사관들을 효율적으로 활용함으로써, 그 수십 배에 달하는 자체감사 요원들로 하여금 감사원 못지않은 수준의 자체감사가 이뤄지도록 하는 것이다.

한편, 최근 들어 정치권을 중심으로 감사원을 국회로 이관하는 방안이 검토되고 있는데, 이는 바람직하지 못한 것으로 생각된다. 감사원법 제20조에 '감사원은 국가의 세입, 세출의 결산검사를 하고, 이 법 및 다른 법률에서 정하는 회계를 상시 검사, 감독하여 그 적정을 기하며, 행정기관 및 공무원의 직무를 감찰하여 행정 운영의 개선과 향상을 기

---

37) 자체 감사기구 소속 감사 요원들은 당해 또는 산하기관 업무에 정통하고 취약 업무에 대한 정보 수집도 쉬우므로 감사원의 전문 감사 기법을 전수받아 적극적인 감사를 수행하기만 하면 감사원 감사 못지않은 수준의 감사 실시가 가능하다.

 한국을 다시 위대하게

한다'라고 되어 있다. 그런데 갈수록 행정 업무가 전문화, 복잡화, 다양화됨에 따라 감사원의 역할도 회계검사와 직무감찰을 따로 구분해서 수행하는 것이 어려운 실정이다. 감사원을 국회로 이관할 경우 감사원의 양대 기능 가운데 회계검사 분야만 국회로 이관되고 직무감찰 기능은 그대로 남게 됨으로써, 감사원이 헌법상 주어진 책무를 효율적으로 수행하기 어렵게 된다.

더욱이 가장 큰 문제는 여·야 정당 간 극한 대립으로 바람 잘 날 없는 국회가 항상 대국적인 관점에서 감사원이 헌법상 주어진 책무를 효율적이고 생산적으로 수행할 수 있도록 이끌어 갈 수 있을지 걱정하지 않을 수 없다. 모르긴 해도 감사원이 여·야 간에 상반된 각종 요구사항을 처리하느라 좌고우면하는 날이 많을 것이다. '예·결산 정책감사' 등 정부 예산의 효율적·생산적 편성 및 집행에 기여할 수 있는 감사원의 역할도 크게 제한될 것이다.

예산의 효율적 운용

◆ 정부 예산의 효율적 운용

2025년도 예산(673.3조 원)의 주요 편성 내역을 보면 보건·복지·고용 분야 248.7조 원, 일반행정 110.7조 원, 교육 98.5조 원, 국방 61.2조 원, R&D 29.6조 원, 산업·중소기업·에너지 28.2조 원, SOC 25.4조 원, 농림·수산·식품 25.9조 원 등이다.

미국이나 중국 같은 나라는 국가 안보와 경제 분야에 막대한 예산을 사용하고 있다. 우리나라가 동아시아에서 중국, 일본 같은 강대국들과 계속해서 대등한 관계를 유지할 수 있으려면 무엇보다 저들과의 국력 격차가 벌어지지 않도록, 가능하면 국력 격차를 조금씩이라도 줄여 나갈 수 있도록 최대한의 노력을 기울이지 않으면 안 된다. 따라서 국력 강화를 위해 안보와 경제(산업·중소기업·에너지, SOC, 농림·수산·식품) 분야 예산을 최대한 늘려 나가는 방안을 강구해야만 한다.

첫째, 감사원은 정부의 대규모 예산 사업에 대한 표본조사 결과 투입된 예산 대비 사업 성과가 저조한 것으로 나타난 사업에 대하여 정책 감사를 실시한다. 그리하여 투입된 예산 대비 사업 성과가 미흡한 것으로 나타난 예산 항목에 대하여는 그 사유를 규명한 후 사업추진 방법을 개선하도록 하고, 처음부터 예산 편성이 잘못됐거나 사업 성과가 매우 저조한 것으로 나타난 예산 항목에 대하여는 당해 예산 항목의 전부 또는 일부를 구조조정 하도록 제도화해야 한다. 이렇게 구조조정한 예산을 안보와 경제 분야 예산으로 돌려쓰게 하는 것이다.

둘째, 국가 안보와 경제 분야 재원을 마련하기 위해 지하경제 같은 숨은 세원을 발굴하는 방안 또한 폭넓게 강구할 필요가 있다. 우리나라 지하경제 수준은 GDP 대비 20% 정도(약 400조 원)로 추정되며 OECD 회원국 평균 추정치(15%)보다 높은 것으로 알려져 있다. 마약과 성매매, 도박 등 불법 행위 또는 고소득 직업군이나 자영업자들의 탈세 행위를 추적해서 추징하는 것은 무척 어려운 일이지만, 적어도 OECD 회원국 수준(15%)으로 지하경제 규모를 줄이겠다는 목표를 세우고 최선의 노력을 경주할 필요는 있다고 본다. 그렇게 해서 연간 100조 원 규모의 추가 재원을 확보할 수 있다면 국가 안보와 경제 발전을 위해 부족한 예산을 상당 부분 충당할 수 있게 될 것이다.

셋째, 기존 예산 절감 및 추가 세수 확보를 위해 대규모 SOC 예산을 국가 간척사업과 연계해서 조달하는 방안을 강구할 필요가 있다. 네덜란드는 국토의 25%가 간척지이며, 싱가포르는 2030년까지 간척지 비중을 38%까지 확대할 계획이라고 한다. 주명건 세종대 명예이사장에 따르면, 국내 5대강을 10~20m 규모로 준설해 얻을 수 있는 560~1,200억㎥ 상당의 골재를 이용해 경기만, 가덕도 일대를 매립, 분양함으로써 값싼 산업 용지를 그만큼 확보할 수 있고, 4천조 원가량의 추가 재원을 확보할 수 있을 것이라고 한다. 단순 계산상의 수치임을 감안해 최소한 수백조 원의 재원은 확보할 수 있을 것으로 보인다.

넷째, 우리나라는 지난 수십 년 동안 체계적 조세 개혁 없이 그때그때 부분적 개편으로 제도를 운영해 온 탓에 현행 조세 체계가 누더기처럼 너덜너덜해진 상태라고 한다. 이 때문에 조세의 사회적 비용이 늘어나고, 탈세 등 비리 발생 가능성도 높아진 셈이다. 미국에서도 세금 1달러 징수하는 데 30~50센트의 효율 손실이 발생한다고 하는데, 우리가 조세 개혁을 통해 복잡한 조세 제도를 단순화함으로써 징세에 따른 효율 손실을 절반으로 줄일 수 있다면 최대 20%의 세수 증대 효과를 거둘 수 있다.

다섯째, 우리나라에서는 2015년 이후 10년간 담뱃세를 인상하지 않음으로써 담배 한 갑에 4,500원을 그대로 유지하고 있다. 이는 다른 물가와 비교해 형평에도 맞지 않고, 건강에 해로운 담배 소비를 줄인다는 차원에서 담뱃세를 대폭 올리는 방안도 생각해 볼 수 있다. 향후 담뱃값을 8,000원으로 78% 인상할 경우 9조 원의 세수 증대 효과를 거둘 수 있게 된다.

여섯째, 국회 예산 심의 과정에서 지역구 국회의원들의 지역 SOC 예산 등 나눠 먹기식 예산 편성이나, 여·야 예결위 간사와 기획재정부 관료 등 극히 일부만 참여하는 비공식 협의체인 소소위(小小委)에서 제대로 된 심사 없이 편성되는 '쪽지 예산' 등 불공정 관행은 반드시 사라져야 할 폐단이다. 여·야 의원들이 지역구 주민들의 표를 얻기 위해 '달빛철도특별법' 같은 '예비타당성조사' 면제 사업 법안을 한목소리로 통과시켜 사업 타당성이 현저히 떨어지는 지역 사업을 속속 추진하는 것도 마찬가지다. 정부는 삼권 분립 원칙에 따라 국회의원들이 예산 심의 과정에서 옳지 못한 방법으로 정부 예산을 좌지우지하는 행위에 대하여 떳떳하게 그 부당함을 지적하고 시정을 요구해야 한다. 만약에 국회에서 행정부의 정당한 주장에 대하여 묵살하는 태도를 보일 경우에는 '국가 담론의 장'을 통해 국민의 힘을 빌려 입법부의 횡포를 견제하도록 해야 한다.

일곱째, 우리나라 진보 정당에서는 틈만 나면 국민 1인당 몇십만 원씩의 민생 지원금을 지급하자고 주장하며, 보수 정당에서도 각종 선거를 의식해 이를 견제하기는커녕 오히려 포퓰리즘적 지출 경쟁에 나서고 있는 실정이다. 이만한 돈을 지급한다고 일반 국민들의 민생 수준이 나아질 리도 없고, 저들이 주장하는 대로 이 돈이 경제 활성화에 기여하는 효과도 지극히 미미한 실정이다. 지금 우리나라 경제는 V자형 불황이 아니라 L자형 불황이므로, 돈 풀기보다는 구조개혁이 필요한 상태라는 것을 모르는 사람은 없다. 따라서 정부에서는 재정 준칙과 예산 편성 지침을 확실하게 정해서 이와 같은 포퓰리즘적 예산 편성이 성립될 수 없도록 원천적으로 차단하는 방안을 마련해야 한다. 또 이렇게 해서 포퓰리즘적 예산 대신 안보와 경제 관련 예산이 더 많이 편성되도록 항상 최대한의 노력을 기울여야 한다.

◆ 복지 예산의 효율적 운용

복지 예산은 국가 전체 예산에서 차지하는 비중(37%)과 국민 삶의 질 향상에 미치는 영향이 너무나도 크기 때문에, 현행 복지 예산 집행의 효율성 및 지원 효과를 정밀하게 측정, 분석한 후 복지 예산 편성 및 집행 방법을 개선해 나가는 일을 소홀히 해서는 안 된다.

먼저 복지 예산 집행 효율성 및 지원 효과를 정밀하게 측정·분석할 수 있는 'AI·빅데이터 기반 복지 플랫폼(복지 플랫폼)'을 구축, 운용해야 한다. 이를 통해 현행 복지 예산 중 민생 안정에 전혀 도움이 안 되는 것으로 판명된 예산 항목은 안보, 경제 관련 예산에 전용하도록 하고, 민생 안정 효과가 미흡한 것으로 나타난 예산 항목은 예산 편성 및 집행 방법을 변경함으로써 예산 지출 효과가 향상되도록 해야 한다. 민생 안정에 도움이 안 되는 예산을 R&D 예산 등으로 전용함으로써 경제 성장에 기여할 수 있다면, 이후 복지 예산 증가로 이어져 민생 안정에 실질적으로 기여할 수 있게 될 것이다.

나아가서 같은 복지 예산이라도 생계 보조비 같은 소비성 예산보다는 귀농 및 일자리 교육 지원 등 소득 창출 효과가 있는 곳에 예산을 지원하고자 하는 노력을 기울여야 한다. 즉, 빈곤층에 일률적으로 기초생활보장금을 지원하는 것보다는 지원 대상 유형을 ① 당장에 현금 또는 현물 지원이 절박한 경우, ② 자활 의지와 능력을 갖추고 있지만 자금 또는 기회가 없거나 무엇을 어떻게 해야 할지 방법을 찾지 못하는 경우, ③ 특정 분야에 재능을 갖추고 있으나 교육 또는 훈련 기회를 얻지 못한 경우, ④ 자활 능력을 갖추고 있음에도 게으르고 의타심이 많아 빈곤, 저소득층을 벗어나지 못하는 경우 등으로 확실하게 구분한다.

그러고 나서 ①의 경우에는 현금성 지원을 계속하고 ②~③의 경우에는 자신의 재능과 특기를 살려 기술 교육을 받도록 하거나, 귀농을 알선, 지원하는 등으로 지원 방법을 바꿀 필요가 있다. 그러나 ④의 경우에는 자립정신을 키워줄 수 있는 프로그램을 진행하면서 본인이 각성할 때까지 지원 대상에서 제외한다.

기존 복지 예산을 무조건 답습하는 것보다 '보다 적은 비용으로 복지 효과를 같은 수준으로 유지하거나 더 높일 수 있는 방법이 없을까'라고 끊임없이 새로운 방법을 강구하는 것도 필요하다. 예를 들어 정치권에서는 2024년 총선 공약으로 간병비 급여화를 내세웠다. 하지만 그보다는 한국은행이 대안으로 제시한 것처럼 간병 돌봄 서비스에 외국인 노동자를 투입하고, 최저임금 차등 적용을 통해 간병비 부담을 낮추는 방안을 시행하는 것이 복지 예산을 크게 줄이면서 실질적으로 복지 효과를 더 높일 수 있는 방법이 될 수도 있을 것이다.

무엇보다 주어진 복지 예산을 가장 효율적, 생산적으로 집행하는 첩경은 지금과 같은 천편일률적 지원 대신 각각의 유형별로 맞춤형 지원을 제공함으로써 그들 모두가 하루속히 빈곤, 저소득층에서 벗어나도록 하는 것이다. 한편, 위 '복지 플랫폼' 내에 민·관 복지 예산[38]의 누수 현상을 물 샐 틈 없이 감시할 수 있는 프로그램을 따로 설치함으로써 아까운 복지 예산이 새어 나가는 것을 최대한 방지할 필요가 있다.

◆ 보편적 복지제도는 선별적 복지로 바뀌어야

우리나라 복지 체제는 1970년대 이전까지만 해도 '선별적 복지' 위주로 운영되었으나, 1989년 이후 '전 국민 의료(건강)보험' 제도가 시행되면서부터 우리나라 복지 체제가 이미 서구 선진국 못지않게 보편적 복지 국가로 정착이 되었다고 볼 수 있다. 앞으로 보편적 복지 지원의 혜택이 사회적 약자 모두에게 공평하게 돌아가도록 계속 제도를 개선해 나가면 된다. 예를 들어 기존 건강보험을 자영업자, 특수 형태 근로 종사자, 플랫폼 종사자를 포함하는 '전 국민 고용보험'으로 확대해서 실시하는 것 등이다. 그렇다고 해서 우리나라 복지제도가 무조건 보편적 복지 체제로 다 바뀌어야 하는 것은 아니다. 현행 보편적 복지제도 중에서도 막대한 예산이 소요되면서 사회적 약자인 빈곤, 저소득층을 배려한다는 취지에 맞지 않는 보편적 복지제도는 국민적 합의를 거쳐 선별적 복지제도로 바뀌어야 한다.

사실 우리나라 진보는 부자보다는 저소득 계층을 더 많이 챙기는 정책을 선호하는 편이다. 그런데도 복지 예산을 저소득층에 더 많이 주는 대신 전 국민에게 똑같이 나누어 주자고 하는 게 왠지 이해가 안

---

[38] 민간 복지단체 가운데 정부 보조금 또는 국민 성금으로 복지사업을 운영하는 단체의 예산 집행 실태에 대해서는 정부 차원의 확인·조사가 필요하다.

될 수도 있지만, 그 이유를 알 것 같기도 하다. 사실 유권자 가운데 저소득 계층보다는 중산층 이상이 수적으로 훨씬 많기 때문에 표를 얻는데 유리하다는 계산이리라. 전형적인 포퓰리즘 사고이다. 더욱이 어처구니없는 것은 박근혜 정부 이후 원래 선별적 복지를 정책 기조로 삼는 보수마저 진보와 보편적 복지 경쟁을 벌이는 현상을 자주 볼 수 있다는 점이다.

아무튼 한정된 예산의 효율적 집행을 위해 보편적 복지제도를 선별적 복지제도로 환원하는 일이 급선무인데 이 또한 거대 진보 여당의 생각이 바뀌지 않는 한 불가능한 일이다. 그럼 어떻게 해야 할까? 우리나라에서 중산층 이상에 속하는 국민 가운데 연간 10~100만 원 정도 지급되는 보편적 복지 지원금에 매달리는 사람은 없다. 문제는 우리나라에서 보수나 진보나 거의 다를 바 없다고 생각하기 때문에 어느 한쪽이 조금만 선심을 써도 마음이 그쪽으로 기우는 것이다. 만약에 국민들 마음속에 보수가 진보에 비해 국정 수행능력이 탁월하다는 인식이 자리 잡게 된다면 푼돈 수준의 선심성 예산에 마음이 흔들리지 않고 보수가 하는 말에 귀를 기울이게 될 것이다. 국내 여론조사기관인 한국갤럽이 2021년 1월 22일 발표한 4차 재난지원금 지급 관련 여론조사 결과에서도 재난지원금을 소득 수준을 고려해 선별적으로 지급하는 것이 좋다는 의견이 47%, 소득에 상관없이 전 국민에게 지급하는 것이 좋다는 의견이 32%로 나타났다.

◆ 국내 복지사업 총괄, 주어진 예산으로 최대의 효과를

복지 예산 지출 효과를 더욱더 높이기 위해 보건복지부, 지자체, 복

 한국을 다시 위대하게

지재단, 민간 복지단체, 개인 등 민·관 복지사업 주체들이 각각 추진하는 복지사업을 총괄하는 기구를 두는 것도 좋을 것 같다. 여기서 복지사업 주체들이 긴밀하게 연계하여 빈곤, 저소득층에 대한 복지 지원 사업을 합리적으로 분담하도록 하는 것이다. 이렇게 정부 예산과 민간 기부금 및 성금을 망라하여 빈곤, 저소득층에게 합리적인 배분이 이뤄지도록 함으로써 복지 예산(정부예산·기부금·성금)의 중복, 비효율, 낭비 요인을 없애고 모든 지원 대상자에게 골고루 실속 있게 돌아가도록 하자는 것이다.

여기서 민·관 복지사업 총괄 시스템 운영과 함께 필요한 것은 사회복지 사업에 대한 민간 기부 확대를 통해 복지 예산 구조조정으로 줄어드는 재원을 최대한으로 채워 나가는 것이다. 그런데 우리나라에서는 부자들의 기부를 저해하는 각종 규제가 많아서 다른 선진국들처럼 기부 문화가 활성화되지 못하고 있다. 대한상공회의소 발표에 따르면 각국의 기부 문화 수준을 나타내는 2022년 '세계 기부 지수'에서 한국은 119개국 중 88위를 기록했다. 부자들이 취약 계층을 위해 평생 모은 돈을 내놓겠다는데 각종 세금이나 규제로 이를 막는 어처구니없는 일이 더는 발생하지 않도록 관련 규제를 남김없이 풀고, 우리 사회에도 복지 선진국들처럼 노블레스 오블리주 문화가 활성화되도록 대대적인 캠페인을 벌여야 한다.

지방자치단체 개혁

민선 자치제가 시행된 지 30년이 지난 지금 우리나라 지방자치제도는 지방 토착 비리, 포퓰리즘적 예산 낭비, 비능률적인 지방의회 운영 등 많은 문제점이 산적해 있다.

◆ 지방선거제도 개선 등을 통해 토착 비리 근절

지방 토착 비리는 어제오늘의 일이 아니지만 지금과 같은 단체장 및 지방의원 선거제도가 존재하는 한 근절되기 어려운 일이다. 선거를 치르기 위해, 더구나 당선이 되기 위해서는 공식적인 선거 비용 이외에 훨씬 더 많은 돈이 들어가야 하는데, 이 많은 선거 비용은 어디서 조달해야 할까? 또한, 단체장 비리의 대부분은 심복들을 통해 이뤄지기 때문에 이들 심복들을 중심으로 지자체 간부 공무원들의 비리 또한 끊이지 않고 발생하는 것 같다. 2025년 4월 14일 전 김포시장과 간부 직원 3명이 2019년에서 2021년 사이에 관내 도시개발 사업과 관련해 155억 원의 뇌물을 받기로 약속하고, 그중 62억 원을 수수한 혐의로 기소되었다.

최근 들어 각종 선거 사범에 대한 벌칙 규정과 단속이 대폭 강화되어 향응 또는 금품 제공 등 불법 선거운동이 발붙일 수 없게 되었다지만, 선거운동 현장을 깊숙이 들여다보면 후보자와 전혀 무관한 것으로 위장한 제3자에 의한 불법 선거운동이 여전히 기승을 부린다고 한다. 전 영주시장은 2022년 6월 당내 경선 과정에서 청년들을 동원해 유권자들에게 수천만 원 상당의 금품을 제공한 혐의로 2025년 3월 13일 대법원에서 징역 1년 6개월, 집행유예 3년형이 확정되었다.

따라서 불법 선거운동에 대한 신고와 조사에만 의존할 것이 아니라 제3자에 의한 위장 선거운동에 대한 정보수집 등을 통해 그 실상을 정확하게 파악한 후, 이를 발본색원하는 방안을 마련함과 동시에 공정선거 풍토 조성을 위한 대국민 홍보에도 전력을 기울여야 한다.

다음으로 돈 안 드는 선거 그리고 후보자 똑바로 알기 선거운동의 일환으로 'IT 선거 공영제'를 시행하는 것도 좋을 것 같다. 법률로 정한 공영 선거운동을 제외한 대부분의 선거운동은 선거기획사에서 기획하고, 후보자는 AI, IT 등 첨단 기술 덕분에 시·공간을 초월한 입체적인 선거운동이 가능해진다. 선거기획사가 공식적인 IT 선거운동 프로그램에 따라 후보자가 걸어온 길, 인터뷰, 각종 공약과 정책 발표, 후보자 간 또는 후보자와 유권자 간 토론, 만남, 대화 내용 등을 녹화, 편집하여 TV, SNS 등을 통해 유권자들에게 전달하는 것이다. 이렇게 해서 지역 주민들이 선거운동 기간 중 입후보자들이 출연하는 다큐멘터리 영화를 보는 것처럼 그들이 지니고 있는 가치관, 태도, 그동안 살아온 행적 그리고 지역 발전을 위한 정책 구상 내용 등을 보고, 듣고, 느끼고, 비교·검토하는 것이 가능하다.

이렇게 해서 모든 후보자들이 공식 선거 비용만으로 선거를 치를 수 있게 되고, 유권자들도 지금보다 마음에 드는 후보자를 고르는 일이 더 쉬워질 것이다. 이처럼 돈 안 드는 선거제도가 정착되면 자금 동원 능력과 관계없이 지역 발전을 위해 헌신할 수 있는 유능한 후보자를 당선시킬 수 있으며, 이들이 선거 비용 조달을 위해 각종 이권에 개입하는 등 토착 비리도 대부분 사라지게 될 것이다.

한편 우리나라 지방의회의 경우 의원들의 행정 전문성 결여, 고압적 태도, 부당한 행정 간섭 등으로 지자체 직원들의 업무 수행에 지장을 초래하거나 사기를 떨어뜨리는 등 폐해가 극심한 실정이다. 2024년 1월 4일 국민권익위원회의 92개 광역, 기초의회 대상 2023년 종합 청렴도 조사 결과 발표에 따르면 이들의 평균 청렴도(68.5점)가 낙제점인 것으로 나타났다. 구체적으로 이들 지방의원들이 2023년 한 해 동안 행사한 부당 업무 처리 요구 4,337회(전체 의원의 16.33%), 계약업체 선정 시 부당 관여 4,430회(9.96%), 특혜 제공을 위한 압력 행사 1,967회(8.36%), 사적 이익을 위한 정보 요청 1,007회(5.05%), 인사 관련 금품 요구는 336회(1.11%)로 나타났다. 최근에는 경북도의회 의장이 영주시 일대 아파트 건설 사업 등 관련 청탁을 들어주는 대가로 지역 사업가로부터 현금 1억 원을 받은 혐의로 2025년 5월 26일 구속 기소된 사건이 발생하기도 했다.

따라서 하루속히 선거제도 개혁을 통해 돈 안 드는 선거가 이뤄짐과 동시에, 참신하고 유능한 단체장 및 지방의원을 선출함으로써, 지방 토착 비리와 행정 비효율이 사라지도록 해야 한다.

민선 자치제하에서 발생할 수 있는 토착 비리를 근절하기 위해 단체장의 측근 직원들이 가신 역할을 하면서 각종 이권 개입을 주도하고 차기 선거 준비에 전념하는 등 비리 행위에 대한 특별 감찰을 강화하는 방안도 고려해 볼 수 있다. 이를 위해 각급 자체감사기구 및 감사원에서는 단체장 주변 측근 직원들의 각종 이권 개입이나 정치적 중립 의무 위반 등 비리 행위에 대한 정보수집 기능을 크게 강화해야 한다.

◆ 지자체 예산 낭비 방지 시스템

민선 자치제하에서 단체장의 타당성 없는 공약사업 등에 대한 중앙정부의 통제에는 한계가 있으므로 단체장의 예산 낭비에 대한 주민 통제 시스템을 확실하게 구축, 운영하는 것이 좋을 것 같다. 경기도 용인시 주민과 시민단체들은 2013년 10월 타당성 없는 경전철 사업 추진으로 막대한 재정 손실을 초래한 전·현직 용인시장 3명과 담당 공무원 6명 그리고 용역기관인 한국교통연구원 등을 상대로 사업비 1조 32억 원을 물어내라는 주민소송을 냈다. 용인시는 경전철 개통 시 하루 이용객이 16만 명에 달할 것이라는 용역 결과만 믿고 경전철 사업을 추진, 2013년 4월 개통하였으나 이용객이 하루 평균 2만 명도 안 돼 민간사업자에게 이후 30년간 매년 295억 원씩의 손실보전금을 지급해야 한다.

이 건은 2017년 9월 항소심에서 사실상 주민들이 패소[39]함으로써 낭비된 사업비는 한 푼도 건지지 못하게 됐다. 따라서 가장 좋은 방법은 지자체에서 타당성 없는 사업을 추진하고자 할 때 주민과 시민단체들이 나서서 그 부당성을 지적하고, 감사 청구 또는 권위 있는 전문기관에 사업 타당성 조사를 의뢰하는 등 사전 통제 수단을 발휘하는 것이다.

---

39) 법원에서는 용인시가 관련자에게 10억여 원의 배상 책임을 물으라고 일부 승소 판결을 했지만 이는 사업 추진 과정에서 일부 업무를 부당 처리한 데 대한 책임을 물은 것이며, 소송의 본질인 예산 낭비 혐의에 대하여는 고의성이 입증되지 않았다는 등의 이유로 기각했다.

경기도 용인시 경전철 이외에도 2011~22년 사이에 개통된 서울 우이-신설선과 신림선, 경기도 의정부 경전철, 부산-김해 경전철 또한 잘못된 수요 예측 등으로 당초 예상했던 이용객을 절반도 채우지 못해 연간 160억 원에서 548억 원에 이르는 적자를 내고 있는 실정이다.

다음으로 복지 예산의 경우 정부는 정부대로 지자체는 지자체대로 각각 많은 예산을 투입하여 각종 지원을 해주고 있으나, 지자체마다 지원 기준 및 금액이 천차만별이어서 중복 지원, 편중 지원, 예산 낭비 등을 초래할 개연성이 크다. 지자체의 예산 낭비 사례 중 대표적인 것으로 저출산 대책 예산을 들 수 있다. 전국 지자체 중 현금성 저출산 정책을 펴는 곳이 2013년 99곳에서 2023년에 202곳으로 늘어났는데, 그동안 가구당 지급 금액 평균이 66만 9,000원에서 482만 9,000원으로 7배 넘게 증가했다. 그런데 이와 같이 파격적인 현금 지원 정책을 폈는데도 그 사이 전국 합계출산율은 1.19명에서 0.72명으로 크게 감소했다.

그런데 2022~23년부터 시행되는 몇몇 지자체의 저출산 대책 예산 집행 실태를 보면 그야말로 천태만상이다. 신생아 출산 시 수년간 매월 30만 원씩 지급하는가 하면 첫째 아이는 50만 원에서 200만 원, 둘째 아이는 100만 원에서 300만 원, 셋째 아이부터는 300만 원 이상으로 출산 장려금을 차등 지급하기도 한다. 출산 장려금을 한꺼번에 10~20배 올려서 1,000만 원까지 지급한 곳도 있다. 육아 수당으로 신생아 1명당 만 7세가 될 때까지 매달 60만 원씩 지급하기도 한다. 그밖에 관내 어린이와 청소년들에게 버스요금을 무료로 지원하는가 하면 임산부

     한국을 다시 위대하게

콜택시 이용 요금의 70%를 지원하는 등 이루 다 헤아리기 어려울 지경이다. 이렇게 일부 지자체의 경우만 예를 들었을 뿐인데도 머리가 아픈데 전국 지자체를 통틀어서 나열해 놓으면 정신이 하나도 없을 것 같다. 아무리 좋게 생각해도 이건 아닌 것 같다. 국토 면적이 크지도 않은 나라에서 아이가 어느 지방에 태어났느냐에 따라 이렇게 차별을 받는 나라가 또 어디 있을까? 감사원 조사 결과에 따르면 전남 해남군의 경우 2012~14년간 출산장려금 300만 원씩을 지원받은 가구 중 26%가 다른 지방으로 이사를 했다고 한다.

물론 출산율 저하로 고민이 많은 우리 입장에서 출산 지원 예산을 늘려서라도 출산율을 높일 수 있다면 그보다 좋은 일이 없다. 하지만 이렇게 합리적인 정책적 고려 없이 들쑥날쑥 지원금을 지급한다고 해서 전국적으로 출산율이 올라가지는 않는다. 이 또한 출산율을 높이겠다는 충정이라기보다는 각 지자체끼리 인구 감소로 인한 지방 소멸 위기를 해소하기 위해 경쟁적으로 지원금을 지급[40]하거나, 차기 지방선거를 겨냥한 선심성 지원이라는 것을 모르는 사람은 없다. 그리고 지금 전국 지자체에는 위에서 예를 든 것 외에 수많은 선심성 예산 낭비 또는 비합리적 지출 사례들이 차고 넘친다.

정치권에서는 이와 같은 지자체의 무분별한 예산 낭비 실태를 제대로 파악해서 통제하기는커녕 오히려 부추기는 모습을 보였다. 민주당의 전형적인 포퓰리즘 정책인 '전 국민 25만 원 지원법'이 2024년 8월 16일 대통령의 재의 요구로 가로막히자 소속 단체장 40여 명에게 '지

---

40) 이 경우에는 각 지자체 간 제로섬 게임이 되어 전국 출산율 증가에는 거의 영향을 미치지 못한다.

방 정부가 민생을 챙겨 달라' 부탁했고, 이에 호응한 15곳 지자체에서 주민 1인당 10~50만 원 상당의 민생 지원금을 지급하기로 결정했다는 것이다. 이렇게 타당성 없는 사업 시행이나 선심성 지출 등 예산 낭비로 인해 전국 지자체 평균 재정자립도는 2017년 53.7%에서 2018년 53.4%, 2019년 51.4%, 2020년 50.4%, 2021년 48.7%로 계속 낮아지면서 갈수록 빚만 늘어나게 된다.

지역 주민들에게 100만 원짜리 상품권을 90만 원에 제공하는 지역화폐 또한 대표적인 예산 낭비 사례다. 2020년부터 2024년 9월까지 서울에서 사용된 지역화폐 중 19.6%(7,285억 원)가 사교육비로 쓰였다고 한다. 정부와 지자체 예산 일부가 정부에서 억제하고자 하는 사교육비에 지원된 셈이다. 지역화폐는 추가 소비 효과도 미미하고, 영세 소상공인이나 자영업자에게 실질적으로 도움이 되지도 않는다.

정부는 차제에 전국 지자체의 항목별 예산을 한눈에 비교, 분석할 수 있는 시스템을 만들 필요가 있다. 그러고 나서 중앙정부와 지자체 간 예산을 중복 지급하거나, 지자체 간 지급 기준이 현저하게 차이가 나는 등 비합리적인 예산 지출 사례들을 정밀 분석한 결과에 따라 '지자체 복지예산 지출 지침'을 작성, 시달할 필요가 있다. 우리나라 전국 지자체의 재정자립도가 50%도 안 되는 마당에 아무리 민선제라고 해도 지자체 마음대로 예산을 펑펑 쓸 수는 없는 일이다.

아울러 지자체의 예산 낭비를 방지하기 위한 최후의 보루로서 지자체 파산제를 도입할 필요가 있다. 미국은 1930년부터 지자체 파산제를 운영하고 있는데, 지금까지 500곳이 파산 선고를 받았다고 한다. 일본

홋카이도 유바라시는 2007년 3월 파산 선고를 받아 지방공무원과 지방의원을 절반 이상 줄이고 복지 정책도 대폭 수정하게 되었다.

한편, 지자체 파산제가 제 기능을 발휘할 수 있으려면 중앙정부의 지자체에 대한 재정 보조 시스템도 합리적으로 바뀌어야 한다. 다시 말해 그대로 두면 얼마 후에 파산제 적용 대상이 될 지자체에 계속 재정 보조를 해줌으로써 파산제를 회피할 수 있는 길을 열어주어서는 안 된다.

◆ 지자체 통합으로 행정 효율을 높여야

우리나라는 주요 경쟁국들에 비해 유난히 땅덩이가 작고 교통수단과 정보통신 기술의 발달로 세상은 갈수록 좁아지고 있다. 이런 환경 그리고 이런 세상에서 광역 및 기초 지자체를 지나치게 세분화하는 것은 과도한 선거 비용, 지역 간 갈등, 행정력과 예산 낭비, 각종 개발 사업의 효율성 저하, 글로벌 도시 경쟁력 저하 등 여러 가지 비효율과 낭비를 가져올 수밖에 없다. 이에 광역 지자체의 경우 현재의 '도' 개념을 없애고 전국을 10개 정도의 특별시, 광역시, 자치시 등으로 통합하는 방안이 있다. 기초 지자체의 경우에도 226개 시, 군, 구를 100개 이내로 통합해야 한다. 도시 생활권이 갈수록 광역화되어 가는 추세에서 도심지에서까지 자치구를 세분화할 필요가 없기 때문이다.

그리고 나서 각 광역 대도시 중심으로 특성화된 지역개발사업을 추진하여 글로벌 대도시로 키워나가야 할 것이다. 예를 들어 싱가포르 면적의 2.6배이고 자연경관이 뛰어나 국제적 인지도가 높은 제주특별자치시를 싱가포르 수준의 글로벌 대도시로 키워내는 것 등이다. 제주-남해안 해저터널 개설 후 서울에서 제주까지 2시간 30분에 갈 수 있는 고속 열차를 개통하고, 제주지역 개발 사업에 대한 정부, 지자체, 민간, 외국인 투자를 획기적으로 늘려 이곳을 세계적인 국제 자유무역 도시로 키워내야 한다.

우리나라에서 지자체 통합은 반드시 이뤄져야 할 개혁 과제임에 틀림없지만, 정치권의 이해관계가 크게 걸려 있는 문제로서 성공하기 쉽지 않은 일이다. 국가 담론의 장에서 심도 있게 검토한 결과를 공론에 붙여 국민들의 확고한 지지를 얻은 후에 추진해야 할 것이다. 최근 대구광역시와 경상북도 그리고 부산·울산광역시와 경상남도를 각각 하나의 특별시로 통합하고자 하는 논의가 진행되고 있다. 이런 분위기를 계속 확산시켜 17곳의 전국 광역 지자체를 10곳 이내로 통합하는 정책을 조속히 추진하도록 해야 한다.

공공기관 개혁

김대중 정부는 외환위기 극복을 위한 개혁을 추진하면서 정부 부문은 건드리지 못하고 공기업 민영화, 지배구조 개선, 인원 감축 등 공공기관 위주로 진행하였다. 그러나 그 이후 노무현, 이명박, 박근혜 정부는 공공기관 개혁에도 소극적이었으며, 문재인 정부에 이르러서는 아예 역주행을 해 버렸다. 갑작스럽게 공공 부문 '비정규직 제로화' 정책을 무리하게 밀어붙임으로써 수많은 공공기관 취업 지망생들을 절망에 빠뜨렸으며, 구조조정이 필요한 공공기관의 정원과 보수를 오히려 대폭 늘리고 노조 친화적인 정책을 유지하였다.

전국적으로 700개가 넘는 국가 및 지방 공기업 가운데 다수 공기업들이 만성 적자와 과도한 부채에 허덕이고 있다. 우리나라 36개 주요 공기업의 영업이익은 2016년 27조 6,255억 원에서 2020년 8조 3,231억 원으로 69.9%나 줄어든 반면, 이들 공기업의 인건비는 같은 기간 9조 7,730억 원에서 11조 7,888억 원으로 2조 158억 원이 늘었다. 문재인 정부 들어 이들 공기업의 임직원 수가 12만 6,972명에서 15만 79명으로 18.2% 늘어난 데다 비정규직을 대거 정규직으로 전환했기 때문이다. 이만하면 우리나라 공기업의 부실 수준을 충분히 짐작하고도 남음이 있지 않을까?

그런데 이들 부실 공기업들을 하나하나 깊이 들여다본다면 부실의 원인과 규모 그리고 이를 치유하는 데 필요한 개혁 유형도 제각각 다를 수밖에 없다. 정부는 개혁 대상 부실 공기업에 대한 정확한 실태 파악을 통해 이들 각각의 정상화에 필요한 개혁 수위(민영화, 경쟁체제 도입, 구조조정, 경영 쇄신 등)를 결정한 후 맞춤형 개혁 프로그램을 작성하여 그대로 실행해야 한다. 각각 다른 증상으로 중병을 앓고 있는 환자들에게 똑같은 처방으로 똑같은 약만 투여해서는 아무런 효과를 거둘 수 없고 오히려 병을 키울 수 있다.

◆ 부실 공기업 정상화 위해 민영화 또는 경영 혁신 필요

지금 국내에는 민간기업 같으면 주가 폭락 등으로 기업 경영이 한계 상황에 이르렀어야 할 공기업들이 많지만, 국가라는 보증수표 때문에 마지막 쓰러지는 순간까지 망하지 않고 명맥을 유지할 수 있다. 바로 이점이 그동안 우리나라 공기업들로 하여금 느슨하고 방만한 경영 스타일을 유지하도록 만들었는지도 모르겠다. 국내외 모든 기업이 일일신

(日日新) 우일신(又日新)의 자세로 나날이 새로운 변화를 추구하면서 질주하는데, 우리나라 공기업들은 그동안 정부의 과보호 하에 너무 안일하게 대처해 왔다.

이처럼 그동안 국내 공기업들이 느슨하고 방만한 경영 스타일을 유지해 온 데다가 사장, 감사 등 공기업 수뇌부에 전문 경영인 대신 낙하산 인사를 앉힘으로써 정치권과 정부의 입김만 늘어나고 민간기업 수준의 경영 효율성을 기대하는 것은 갈수록 어려운 상황이 되었다. 이렇게 해서 부실화된 국내 공기업들을 정상화하는 첩경은 특별한 경우를 제외하고는 이들 모두를 민영화하는 것이다. 그리하여 공기업 부실을 조기에 근본적으로 해소함과 동시에, 유능한 민간 대기업들에게 새로운 사업 기회도 제공하고, 공기업 매각을 통해 들어오는 막대한 재원을 경기부양 자금으로 사용함으로써 위기에 처한 이 나라 경제를 살릴 수도 있다.

지금과 같이 경제가 침체되고 대기업들이 마땅한 투자처를 찾기 어려운 상황에서 공기업 민영화는 경제 활성화 대책의 하나로서 유용한 카드가 될 것 같은 생각이 든다. 마거릿 대처 전 영국 총리는 영국 정부가 국가 주요 산업을 국유화함으로써 민간기업 경영자들이 기업가 정신을 발휘하여 국가 경제를 활성화할 기회를 박탈한 것으로 생각하였다. 그리하여 집권 기간 중 주요 대형 국유기업의 대부분을 포함한 48개의 국영기업을 민영화하였다.

그런데 그동안 우리나라 역대 정부의 공기업 민영화 추진 실태를 보면 1998년 이후 김대중 정부 5년 동안 포스코 등 대형 공기업 8곳을 민영화한 것을 제외하고는 그 후 민영화 실적이 지나치게 미미하였으며, 2013년 박근혜 정부 이후에는 아예 공기업 민영화 추진이 중단된 상태다.

우리나라에서는 석유공사, 가스공사, 광물자원공사 등 자원개발 공기업들이 공기업 특유의 전문성 부족, 단기 실적 쌓기, 외형적 성과에 대한 집착, 비전문가인 정치권과 정부의 지나친 간섭 등으로 10여 년간 해외 자원개발 사업의 부실을 초래함으로써 막대한 손실을 입었다. 그 후 우리나라에서는 해외 자원개발 위축 현상이 벌어져, 해외 자원개발 투자 규모가 2014년 19억 2,800만 달러에서 2020년 2억 7,200만 달러로 대폭 줄어들었다. 이 기간에 우리나라 에너지 자급률은 16%에서 12%로 떨어졌다. 일본이 27%에서 41%로 늘어난 것과 정반대 현상이 벌어진 것이다. 진즉에 자원개발 공기업들을 민영화했어야 했다.

한편, 민영화가 필요하지만 공익과 국민 편익 등을 고려해 공기업의 지위를 유지하기로 한 경우에는 당해 공기업에 대한 구조조정 또는 인사·경영 쇄신 등 강도 높은 경영 혁신을 단행해야 한다. 그리하여 실질적으로는 민영화가 이뤄진 것과 비슷한 경영 상태를 유지할 수 있어야 한다. 그런데 지금까지 역대 정부에서 간헐적으로 추진해 온 공기업 개혁 프로그램을 보면, 속으로 깊은 골병이 들어있는 국내 부실 공기업들의 심각한 증상에 비해 개혁 처방이 지나치게 단순하고 강도가 너무 약하다는 생각이 든다.

정부에서는 만성 적자와 과도한 부채에 허덕이는 부실 공기업들에 대하여 부채 감축 및 방만 경영 개선 등에 관한 획일적 기준을 제시하는 등 대증요법적 처방에 계속 머무르고 있는 것 같다. 부채 감축 건만 하더라도 부채가 터무니없이 늘어나게 된 근본 원인을 심층 분석하여 구조조정, 사업 재편, 인사 및 경영 쇄신 등 경영 수지를 획기적으로 개선할 수 있는 개혁 프로그램을 추진하는 것이 필요하다. 무조건 자산을 매각해서 부채를 줄이는 것만이 능사는 아닐 것이다.

그 무엇보다 공기업 개혁의 첫 단추는 사장과 임원에 대한 낙하산 인사를 철폐하는 일이다. 대선과 총선 후 논공행상 차원에서, 또는 낙천, 낙선 인사들을 구제하는 차원에서 공기업 사장 또는 임원 자리에 낙하산 인사를 앉히는 관행이 사라지지 않고 있다. 정치적인 목적에서 이러한 관행을 단번에 없애기가 어렵다면, 공기업 중에서 국가 경제와 기술 발전에 미치는 영향이 큰 공기업을 엄선한 후, 이들 공기업에 한해서는 낙하산 인사를 철저하게 금지하는 정책을 시행하도록 해야 한다.

공기업 직원에 대하여도 유능한 직원을 조기 승진시키는 대신 저성과자를 퇴출하는 등 능력과 성과 중심의 인력 운용이 이뤄지도록 하고, 보수 체계 또한 연공급 대신 성과급 중심으로 개편해 나가야 한다.

우리는 그동안 각종 비리와 무사안일, 방만 경영, 만성적인 적자 구조, 고비용·저효율을 초래하는 강성노조 등 갖가지 원인으로 심각한 중병을 앓고 있는 국내 공기업을 개혁하는 일을 너무 쉽게 생각해 왔다. 지금부터 살을 도려내고 뼈를 깎는 아픔을 견뎌내겠다는 각오로 새롭게 시작하지 않으면 안 된다.

◆ 자체 감사, 노조 대책 등 내부통제 시스템 강화

공기업이 정부를 대신해 각종 사업을 위탁받아 경영하는 과정에서 관련 기업체와 카르텔을 형성하여 이권을 챙기는 폐단이 사라지지 않고 있다. 2023년 인천 검단 신도시 내 아파트 지하주차장 붕괴 사고가 발생한 후 정부와 LH 합동으로 LH와 관련 시공사 간 '전관 카르텔' 혁파 의지를 표명했지만 그 후에도 비리는 사라지지 않았다. 2024년 10월 10일 LH에 대한 국정감사에서 LH가 지정, 관리하는 전국 54개 권역의 매입 임대주택 전문 위탁기업 중 2개 업체가 3년마다 진행하는 용역 계약 54건 중 42건을 수주함으로써 총 1,256억 원 상당 계약 물량의 80%(1,009억 원)를 따낸 것으로 밝혀졌다. 그런데 이 두 곳 업체에 LH 출신 임직원 12명이 재직하고 있었다는 것이다.

이와 같이 공기업에 만연한 각종 비리와 업무 비효율을 시정·개선하기 위해서는 감사원과의 공조 체제를 유지하면서 경영과 업무 전반에 대한 심층 감사 활동을 통해 임직원의 비리, 업무 부당 처리, 예산 낭비 사례 등을 빠짐없이 색출할 수 있는 독립적인 자체 감사 시스템을 구축해야 한다.

특히 지금처럼 공기업 감사를 직무 수행 역량과 무관하게 정치권이나 중앙부처에서 낙하산으로 내려보내는 관행은 반드시 사라져야 한다. 그들은 공기업 감사 자리를 그동안 정치권이나 중앙부처에서 애쓴 노고에 대한 논공행상 정도로 생각하여 주어진 임기 동안 자체 감사 활동에 별로 신경을 쓰지 않는 경우가 대부분이다. 공기업 내부에서도 경영 혁신 차원의 자체 감사가 활성화되는 것을 원하지 않기 때문에 서로 이해관계가 맞아떨어지는 셈이다.

다른 임원과 달리 감사의 경우에는 당해 공기업 사장 등의 눈치를 보지 않고 자체 감사 업무를 수행할 수 있는 조건이 당해 공기업 관련 업무를 잘 아는 것 못지않게 중요하다. 따라서 사장 등의 눈치를 보지 않고 소신껏 자체 감사 업무를 수행할 수 있는 요건을 충족하면서 당해 기관 업무를 이해하고 분석할 능력을 갖춘 사람을 발탁 임용하도록 해야 한다. 또한, 공기업 감사를 능력 위주의 고위 공직자 출신으로 선임할 필요가 있는 경우에도 지금처럼 정년퇴직이 임박한 사람을 임용할 것이 아니라 감사 임기를 마친 후 다시 원래의 소속 기관 등에 복귀할 사람을 임용하되, 감사 재직 시의 업적에 따라 재임용 조건이 결정되도록 해야 할 것이다.

한편, 이상과 같은 각종 개혁 과제의 성공적 추진을 위해서는 당해 공기업 노조의 반발을 효과적으로 억제할 수 있어야 한다. 정부의 각종 개혁 과제 추진 과정에서 강성노조 등 이해관계 집단이 커다란 걸림돌로 작용한다는 것은 앞에서도 이야기한 바 있지만, 공기업 노조의 경우는 더욱 특별한 의미를 부여할 필요가 있다. 즉, 공기업 노조는 사기업 노조와 달리 국가와 국민을 위해 봉사해야 하는 공직자들로 구성된 집단이라는 점이다. 따라서 공기업 노조는 공공성과 효율성을 최우선으로 고려하여 정부 정책에 반하거나 국가 발전을 저해하는 결과를 가져올 수 있는 노동운동을 자제해야 할 특별한 의무가 있다. 경제 위기 극복을 위해 정부에서 추진하는 노동 개혁에도 공기업 노조가 솔선수범하여 민간기업 노조들이 뒤따르도록 해야 한다.

그런데 우리나라에서 민간기업 노조의 본보기가 돼야 할 공기업 노조는 정부 정책에 반하거나 공정과 상식에 어긋나는 내용의 불합리한 단체협약을 체결하는 등 도덕적 해이가 도를 넘고 있다. 따라서 우리의

   한국을 다시 위대하게

숙원 과제인 노동 개혁의 성공적 추진을 위해서라도 공기업 노조의 도덕적 해이 현상을 바로잡는 일이 급선무다.

우선 '모든 공기업 노조는 공공성과 효율성을 최우선시하여 정부의 공기업 정책에 반하는 노동운동을 자제해야 한다'는 의무 규정과 이를 위반할 경우 벌칙 규정을 신설하는 등 공기업 노조 관련 법령의 제·개정을 서둘러야 한다. 노조의 인사 및 경영권 개입과 과도한 복리후생제도를 불러오는 불합리한 단체협약도 체결하지 못하도록 법제화해야 한다. 아울러 정부 정책에 반대하기 위한 불법 파업 등 강성노조 활동에 대하여는 모든 공권력을 동원하여 강력하게 대처하는 등 정부의 확고한 개혁 의지를 보여주어야 한다.

••• 교육 개혁 •••

　우리에게 교육의 역할은 참으로 무궁무진하다. 교육은 미래 세대가 이 나라를 물려받아 더욱 강성하고 복된 나라로 만들어 갈 수 있는 능력을 키워주는 역할을 한다. 교육은 기술 혁신과 인재 양성을 통해 국가 경제 및 사회 발전이 이뤄지도록 하는 역할을 한다. 교육은 계층 이동을 통해 부의 양극화 현상을 완화해 주기도 한다.

　그런데 언제부턴가 우리나라 교육이 문제가 많다고 한다. 우리나라 공교육이 부실해서 사교육에 많이 의존하는데 금수저와 흙수저 간 사교육비 격차가 심하고, 소위 '아빠 찬스' '엄마 찬스'로 인해 계층 이동이 어려워져 청년들에게 좌절감을 심어주기도 한다. 2024년 우리나라 사교육비 총액은 39조 원에 달한다. 2022년 26조 원, 2023년 27조 원에서 큰 폭으로 늘어난 것이다.

　감사원이 2024년 3월 11일 발표한 감사 결과에 따르면 이제 우리나라 사교육 시장은 일종의 카르텔 집단 또는 범죄 집단으로까지 변질되기에 이르렀다. 교사들이 사교육업체-중간관리교사-문항공급교사로 이루어진 피라미드식 조직의 일원으로 학원 강사들에게 문제를 팔아, 많게는 교사 1인당 5억여 원에서 18억여 원까지 부당 수입을 올렸다. 문항 1개당 10만 원에서 50만 원까지 단가를 정해 놓고 거래가 이루어졌다고 한다.

　사교육의 목적은 오로지 수강생들이 원하는 대학에 들어가도록 하는 것이다. 그렇지만 학생들이 대학에 들어가는 것은 교육의 한 방편이지 그 자체가 목적이 될 수는 없다. 그런데도 우리 학생들은 학창 시절의 상당 부분을 무시무시한 경쟁을 뚫고 오직 본인이 원하는 대학 또는 차선(次善), 삼선(三善)의 대학에 들어가기 위한 억지 공부에 매달려야 한다. 문제는 이렇게 많은 돈이 들어가는 사교육을 통해 올린 수능과 내신 성적이 실제로는 이 나라를 물려받아 더욱 강성하고 복된 나라로 만들어 가야 할 학생들의 창의력과 문제 해결 능력을 제대로 키워주지 못하는 데 있다.

사교육을 근절하기 위한 방안은 크게 네 가지로 나눌 수 있다. 첫째, 무모할 정도로 치열한 경쟁을 통해 점수 순서로 대학 입학생을 뽑는 현행 대학 입시 제도를 바꾸는 것이다. 사교육을 없애고 학생과 학부모들의 부담을 덜어주기 위해 시행한 '수능 과목 축소'가 변별력 감소 현상을 초래하게 되고, 다시 변별력을 높이기 위해 '킬러 문항'을 출제한 것이 사교육을 부추기게 되는 등 '입시를 위한 입시제도'는 반드시 사라져야 할 적폐가 되었다.

둘째, 공교육의 질을 높여 학생들의 사교육 의존 심리가 사라지도록 하는 것이다. 서울대학교에서 2023학년도 이공계 신입생을 대상으로 수학 특별시험을 실시한 결과 1,624명 중 679명(41.8%)이 고등학교 수학을 다시 공부해야 할 정도로 기초수학 실력이 부족하다는 결과가 나왔다. 부실한 우리나라 공교육의 민낯을 그대로 드러내는 사례다.

셋째, 저소득 가정의 학생들이 공교육만으로 일류 대학에 들어가거나 젊은이들이 선망하는 좋은 직장에 취업할 수 있는 교육 환경을 만들어 주는 것이야말로 금수저와 흙수저 간 교육 격차를 해소할 수 있는 길이다. 런던에서 두 번째 가난한 지역으로 꼽히는 동부 자치구 '뉴엄'에 있는 소위 흙수저 공립고등학교인 '브램턴 매너 아카데미'가 2021년 영국의 양대 명문대학인 옥스퍼드와 케임브리지 대학교에 55명을 입학시켰다. 연간 학비만 7,000만 원이 들어가는 영국 최대 사립학교인 '이튼 스쿨'(48명)을 제친 것이다. 이렇게 부모의 사회적 지위나 돈이 많고 적음에 상관없이 자신의 재능과 노력 여하에 따라 공교육만으로 국내 일류 대학에 들어갈 수 있는 기회가 공평하게 주어진다면, 다시 옛날처럼 '개천에서 용 났다'라는 성공 신화를 자주 들어볼 수 있게 될 것이다.

넷째, 사교육이 극성을 부리는 근본적인 원인은 좋은 대학의 입학 경쟁률이 높기 때문이라고 볼 수 있다. 따라서 각 전문 분야별로 특화된, 그리고 글로벌 경쟁력까지 갖춘 우수 대학을 많이 만들어 냄으로써 입학 경쟁률이 낮아져 자연스럽게 사교육 수요가 줄어들도록 하는 방법도 생각해 볼 수 있다. 이를 위해 수도권 대학의 정원 규제를 완화하고, 비수도권에 있는 우수 대학에 대한 재정 지원을 강화해 명문대학으로 만드는 등 획기적인 고등교육 정책의 개혁이 필요하다.

◆ 공교육에 혁신적 교육 모델 도입

저명한 미래학자인 앨빈 토플러(Alvin Toffler)는 2008년 9월 서울에서 열린 아시아태평양 포럼에서 "한국 학생들이 학교와 학원에서 미래에 필요하지 않을 지식과 존재하지 않을 직업을 위해 하루 15시간의 시간을 낭비하고 있다"라고 말했다. 17년 전에 한 말이지만 오히려 지금 우리에게 더 설득력 있는 말로 들리는 것 같다.

4차 산업혁명 시대가 본격화되면서 새로운 디지털 첨단 기술들이 우후죽순처럼 생겨나고 우리 산업계에 지각 변동이 일어나고 있다. 이에 따라 산업 및 기술 혁신을 뒤쫓아 가야 하는 교육 분야에도 혁신의 물결이 일고 있으며 앞으로 더욱 거세질 전망이다. 지금 교육 선진국들을 중심으로 AI 기반 디지털 첨단기술을 적용한 학습 기자재 활용, 학생들 스스로 조사, 발표, 토론하는 등 교사 중심에서 학생 중심으로의 수업 전환, 사고력과 창의력 증진을 위한 논술형 평가 등 교육 방식의 대전환이 이뤄지고 있다. 우리는 이참에 미국, 영국 등 교육 선진국들의 교육 모델을 참조하여 4차 산업혁명 시대에 부응하는 혁신 모델로 본격적인 교육 개혁을 단행해야 한다.

예를 들어 1968년 스위스에서 개발되어 전 세계 160개국 5,900여 학교에서 시행하고 있는 '국제 바칼로레아(IB) 교육 프로그램'을 우리나라 교육 실정에 맞게 재구성하여 공교육에 적용하는 방안을 심도 있게 논의해 보는 것도 좋을 것 같다. IB는 교육 방식을 토론과 프로젝트 위주의 수업과 논·서술형 절대 평가 체제로 전환함으로써 기존 주입식 교육의 한계에서 벗어나 4차 산업혁명 시대가 요구하는 창조적 인재를 양성하는 데 적합한 교육 모델로 인식되어 미국, 영국 등 교육 선진국에서 큰 호응을 얻고 있다. 람 임마뉴엘(Rahm Emanuel) 전 미국 시카고 시장은 'IB 교육 시행 이후 일반 학생과 저소득층 학생 간 대입 격차가 20%에서 3%로 감소'한 사례 연구 결과를 보고 시카고 저소득층 공립학교에 IB 교육 체제를 도입했다. 토니 블레어 전 영국 총리도 4차 산업혁명 시대에 맞춰 영국 실정에 맞는 IB 교육 체제를 개발해서 적용할 것을 제언했다고 한다.

우리나라에서도 일부 시·도 교육청에서 IB 교육 체제를 일선 학교에

도입한 사례가 있으나, 우리나라 교육계는 보수와 진보 성향에 따라 교육 정책에 대한 의견이 극명하게 갈리는 경우가 많아 아무리 좋은 제도라도 받아들이기 쉽지 않다. 이 또한 '국가 담론의 장'에서 객관적인 시각으로 충분한 검토를 거친 후에 학부모들의 의견 수렴을 거쳐 도입 여부를 결정하는 것이 좋을 것이다. 우리나라에도 1세대 벤처 기업가들이 한국 교육의 문제점을 그냥 두고 볼 수 없다는 뜻에서 만든, 그리고 프랑스 같은 선진국 교육 모델을 본뜬 대안(代案) 학교들이 여러 곳 있다는데, 이 같은 대안 학교들의 교육 방식과 그동안의 성과 등을 면밀히 검토, 분석한 후 정책에 반영하는 것도 좋을 것 같다.

미래 대한민국의 첨단 과학기술 분야를 이끌어 나갈 인재를 양성해야 하는 과학고와 영재학교의 경우, 대학 입시를 고려해 학점을 잘 주는 과목에 수강생이 몰리고, 학생들의 과학기술 역량을 키워주는 데 필요하지만 성적 평가에 반영이 안 되는 과목에 대한 참여는 저조한 실정이라고 한다. 또 국제올림피아드 수상 경력 등 각종 대외 활동 결과도 생활기록부에 반영이 안 되므로 참여를 꺼리게 된다는 것이다. 하루속히 대학 입시라는 굴레에서 벗어나 미래 과학기술 분야 인재 양성이라는 본연의 교육 목적에 적합하도록 과학고와 영재학교의 교육 시스템을 개혁해야 한다.

◆ 장래 직업과 연계한 실용적 교육

4차 산업혁명은 교육 분야에서도 위기와 기회의 갈림길이 될 수밖에 없다. IoT, AI, 빅데이터를 기반으로 하는 디지털 생태계 하에서 미래 이 나라 경제와 사회를 이끌어가야 하는 학생들이 지금처럼 구태의연한 주입식 교육과 입시 위주의 학습에만 매달려서는 대한민국의 밝은 미래를 보장할 수 없다. 우리나라가 4차 산업혁명의 물결에 순항하지 못해 또다시 별 볼 일 없는 나라로 전락할 수도 있다는 얘기다. 당연히 공교육의 방향은 지금처럼 오로지 원하는 대학에 가기 위한 입시 위주 교육에서 벗어나 졸업 후 직장 또는 사회에서 개인의 능력을 최고도로 발휘하기 위한 것으로 대전환이 이뤄져야 한다. 지금 우리나라의 산업 분포, 각 산업별 인재 수요를 정확하게 파악하고, 앞으로 이와 같은 추세가 어떻게 바뀌어 나갈지 추계한 후, 이에 맞춰서 초등, 중등, 고등, 평생 교육 단계별로 각종 교육 정책을 합리적으로 수립해야 한다.

그런데 공교육을 교육 본래의 목적에 부합하도록 개선하기 위해서는 현행 대학입시 제도를 완전히 바꾸어야 한다. 우선 학생들이 중학교 1 ·2학년 때 본인의 소질과 적성 등을 고려해 장래 진로를 결정하도록 해야 한다. 이때부터 학생들은 장래 진로에 부합하는 맞춤형 교육을 받게 되는 것이다. 예를 들어 장래 직업으로 외교관을 선택한 학생은 중·고등학교에서 필수 교양과목 및 공통 이수과목과 함께 국제관계 학개론 및 외국어 등 기초전공과목을 공부한 후 외교관을 전문적으로 양성하는 대학에 들어간다. 대학 졸업 후 고급 엔지니어나 유망 벤처 기업인이 되고자 하는 학생은 필수 교양과목 및 공통 이수과목과 함께 기계, 전기, 전자 또는 컴퓨터 관련 기초 전공과목을 공부한 후 공학 계열 대학에 들어간다. 특별한 사유로 인해 중학교 때 장래 진로를 결정하지 못했거나 장래 진로를 변경할 필요가 있는 일부 학생들에게는 고등학교 1 ·2학년 때 진로를 결정 또는 변경할 수 있도록 기회를 부여하는 것도 필요할 것이다.

그런데 현행 자유학기제를 통한 진로 체험은 학생들의 흥미와 취미 위주로 구성되는 경우가 많아 평생 직업을 선택하기에는 미흡할 수도 있다. 사전에 충분한 자료 수집과 분석을 통해 학생 진로를 정확하게 탐색할 수 있는 'AI·빅데이터 기반 진로 탐색 플랫폼'을 구축한 후, 학생 본인의 적성, 소질, 관련 과목 성적 등을 종합적으로 반영한 효율적인 진로 탐색 및 결정이 이뤄지도록 해야 한다. 이렇게 해서 학생 개개인에게 딱 맞는 진로를 제시해 주면서도 학생 본인이 진로 탐색을 위해 소비하는 시간은 최소화함으로써 그만큼 학업에 더욱더 충실할 수 있게 해줘야 한다.

학생 진로가 결정된 이후 학생 개개인의 학업 성적에 대한 평가는 'AI·빅데이터 기반 평가 플랫폼(평가 플랫폼)[41]에 의해 자동으로 평가 및 집계가 이뤄지도록 해야 한다. 위 '평가 플랫폼'은 국내외 최고의 교육 및 컴퓨터 전문가에게 의뢰하여 우리나라에서 교육 본래의 목적에 완전히 부합하는 공교육 실행 및 평가가 이뤄지도록 만들어져야 한다.

우리나라 교육 시스템이 장래 직업과 연계한 실용적 교육으로 바뀌게 되면, 지금처럼 우리 자녀들이 좋은 대학에 들어가게 할 목적으로 아이들을 어릴 때부터 '영유아 사교육' 시장에 내맡기는 기현상도 사라지게 될 것이다. 아이가 어릴 때부터 특정 분야에 천재적 재능을 보이는 등 특별한 경우에 한해 조기 교육의 방편으로 '영유아 사교육'을 시키는 정도로 사교육의 범위가 지극히 제한될 것이다.

---

41) 학교 단위의 공교육 프로그램을 전국적으로 연결하여 전공별로 학생 개개인의 지식과 기술, 소양, 정서, 과외활동 및 행동발달 사항 등이 종합 평가되도록 프로그램 되어야 한다.

◆ '평가 플랫폼'을 통해 대학 입학생 선발

대학입시 제도 개선의 핵심은 중학교 때 본인의 진로를 결정하고 공교육 프로그램에 따라 맞춤형 교육을 받은 학생들이 어느 대학에 소속된 학과에 들어가느냐 하는 것이다. 그런데 여기서 한 가지 선행되어야 할 과제는 학과별로 국내 대학들을 몇 개의 유형으로 특성화하는 것이다. 같은 공과대학이라도 '갑' 대학은 컴퓨터 분야, '을' 대학은 기계 분야에 강점이 있다는 식으로 분류하는 것이다. 또 지방대학을 당해 지역에 있는 국가기관, 지자체, 공기업 및 기업체와 연계하여 취업을 쉽게 해주는 시스템을 구축하는 것도 필요하다. 이렇게 해서 서울과 지방, 일류와 이·삼류 등의 구별을 최대한 완화해 주는 것이 필요하다.

지금 우리나라는 고등학교 졸업자 수의 급격한 감소로 대규모 대학 구조조정이 필요한 시점이다. 앞으로 본격적인 대학 구조조정을 추진하는 과정에서 대학 간 다양화 및 특성화를 통해 서울과 지방, 일류와 이·삼류 등의 구별을 최대한 완화하는 방안이 실현될 수 있도록 해야 한다. 그러고 나서 대학 입학생 선발은 학생 개개인의 선호와 적성 그리고 '평가 플랫폼'에 집계된 학생별 평가 내역을 종합해서 본인이 들어갈 대학이 자동 결정되는 방식으로 시행하는 것이다. 이렇게 단순 석차 또는 점수가 아니라 학습 과정 전반에 대한 입체적 평가를 통해 수능보다 신뢰할 수 있고 미래 직업과 연계된 합목적적인 평가가 이뤄질 것으로 보인다.

결국, 대학 입시를 잘 치르기 위해 공교육과 사교육을 병행하는 교육 모델에서 학생 본인의 소질과 적성 그리고 공교육을 잘 이수했는지 여부에 따라 자신이 들어갈 대학이 자동 결정되는 모델로 완전히 뒤바뀌는 것이다. 당연히 모든 학생들은 지금처럼 중·고등학교에서 대학 입시 준비에 몰두하는 대신 앞으로 자신이 종사하게 될 직업 분야에서 최고의 능력을 발휘할 수 있도록, 대학 교육의 전 단계로서, 기초적인 지식과 기술 및 소양을 연마하는 것으로 공교육 방향의 대전환이 이뤄져야 한다.

◆ 마이스터고 등 특성화고 활성화

고졸 학력만으로 주요 공기업과 대기업 또는 유망 중소기업에 취업하여 고급 기술자로 성공할 수 있는 등용문으로써 2010년에 개교한 21곳의 '마이스터고'가 2013년 2월에 첫 졸업생 3,375명을 배출하였다. 이때 이들 졸업생의 취업률은 93.4%나 되고, 마이스터고 출신 10명 중 4명이 대기업과 공기업에 취업하는 등 서울 명문대 못지않은 실적을 올렸다. 한국전력공사와 협력 관계인 수도전기공고는 공기업 취업률이 55.1%나 되었으며, 현대와 LG를 협력업체로 둔 울산마이스터고와 구미전자공고는 대기업 취업률이 각각 75.5%, 50.9%였다.

우리나라 고등학교 졸업자의 대학 진학률은 2024년 기준 74.9%이다. 미국은 2022년 기준 62%, 독일은 2021년 기준 55%인데 비해 지나치게 높은 편이다. 반면에 2023년 기준 우리나라 대졸 평균 취업률은 70.3%로 2021년 기준 독일(88.4%), 일본(87.3%) 등 주요 경쟁국에 비해 매우 낮은 편이다. 앞으로 우리나라에서 마이스터고 등 특성화고를 늘리고 활성화하는 것은 대학 진학률을 선진국 수준으로 낮추는 대신 대졸 취업률을 90% 이상으로 높이고, 공교육이 장래 진로에 부합하는 맞춤형 교육으로 뿌리내리는 데 커다란 도움이 될 것으로 보인다. 마이스터고 등 특성화고를 졸업한 사람이 취업 후 본인의 능력에 따라 대졸

자와 똑같은 대우를 받을 수 있는 기업 문화를 만들어 가면서, 본인이 원할 경우 산학협력 시스템을 통해 대학 과정을 이수할 수도 있게 충분한 기회가 주어져야 한다.

◆ 교원 평가제도 등을 통해 공교육의 질을 높여야

대학입시 제도 개선을 통해 중·고등학교 학생들이 맹목적인 입시 위주 공부에서 벗어날 수 있게 되면, 공교육이 국가와 산업 그리고 사회가 필요로 하는 창의적 인재 양성과 미래 지식기반 확충 위주로 실속 있게 운영될 수 있다. 단, 여기서 반드시 갖춰져야 할 또 한 가지 조건은 학교 현장에서 공교육을 담당하는 교사들의 연구 역량과 강의 기법 그리고 학생 교화 능력이 뛰어나야 한다는 것이다.

2007년 6월 미국 워싱턴 D.C. 교육감이 된 미셸 리는 2009년 10월에 시의회가 교육 예산 2,100만 달러를 삭감하자 학교 운영 예산을 줄이는 대신 부실 학교와 무능 교사에 대한 구조조정을 단행했다. 그는 교원평가제를 통해 우수 교사에게 성과급을 올려주는 대신 무능 교사 500여 명을 해고하였으며, 일정한 성과 기준에 미달되는 학교 23곳을 폐교 조치하였다. 워싱턴 교원노조에서는 리 교육감의 교사 해고처분에 대하여 소송을 제기하였으나 법원에서도 무능 교사에 대한 해고 처분이 정당하다는 판결이 나왔다.

그런데 우리나라에서는 공교육을 담당하는 상당수의 교사들이 더는 연구와 강의 기법 개발에 힘쓰지 않은 채 틀에 박힌 교육 방식에 안주하거나 무기력에 빠져드는 현상이 만연되고 있는 것 같다. 따라서 교원 평가 제도 및 경쟁 체제 도입, 파격적인 성과급제, 무능 교사 퇴출 등의 제도를 구축하고 이를 확실하게 시행함으로써, 모든 교사들이 연구 역량과 강의 기법 그리고 학생 교화 능력 등을 함양하는 데 전력을 기울이도록 해야 한다. 우리나라 교육 혁신 방향과 공교육 교사 역량을 일치시킴으로써 오로지 암기식 대학 입시 교육에 치중하는 학원 강사들이 발붙일 수 없는 교육 환경을 조성하도록 해야 한다.

◆ AI, VR, AR 등 기술을 이용한 첨단 학습 시스템 구축

4차 산업혁명 시대에 필요한 인재 양성을 위해서는 공교육 정상화에서 한 걸음 더 나아가 공교육을 첨단화하는 것이 필요하다. 다시 말해서 4차 산업혁명의 산물인 AI, 빅데이터, VR[42], AR[43] 기술을 이용한 첨단 학습 시스템을 구축, 운용하는 등 일종의 학습 혁명을 일으키는 것이다. 학습 혁명을 통해 획일적인 주입식 학습 대신 학생 개개인의 특성을 고려한 맞춤형 학습이 이뤄질 수 있다.

학생들의 창의력, 추리력과 탐구력을 키워주는 필수 과목이지만 학생들이 따분해하는 수학, 과학에 흥미를 느낄 수 있게 해주고 학생들의 암기력과 이해력을 높일 수 있는 학습 방법을 개발하는 것도 가능하다. AI 기반 디지털 기기를 활용하면 복잡한 수학 문제를 3차원적으로 알기 쉽게 풀어 보여줄 수 있다고 한다.

공교육에 '지능형개인교습체제(ITS)'를 도입함으로써 학생들이 AI 조교

---

42) 가상현실 즉, 컴퓨터를 통해 만들어진 가상의 환경 속에서 실제처럼 체험할 수 있는 기술을 말한다.
43) 증강현실 즉, 실제로 존재하는 사물이나 환경에 가상의 사물이나 환경을 덧씌워서 실제로 존재하는 것처럼 보이게 해주는 기술을 말한다.

　　　　　한국을 다시 위대하게

의 도움을 받아 스스로 학습을 주도해 나가고, 교사는 첨단 기술을 이용한 학습이 원활하게 이뤄지도록 도와주면서, 학생들이 팀을 구성해 문제 해결 능력을 향상시키도록 지도할 수도 있다. 학생들은 교과서, 칠판, 교사 역할을 수행하는 다양한 AI 챗봇과 끊임없이 대화하면서 스스로 문제를 내고 해결하는 능력을 키워나갈 수 있고, 교사는 이 모든 과정을 인식하고 컨트롤하면서 학생들 각자의 수준에 맞는 자율 학습이 원활하게 이뤄지도록 돕는 것이다. 이렇게 해서 해당 과목에 소질이 있으면서 기초가 있는 학생과 그렇지 못한 학생들이 각각 난이도가 다른 수업을 받을 수 있도록 맞춤형 교육을 실시하는 것도 가능해진다. 미국은 10여 년 전에 이미 ITS를 교육 현장에 도입했다고 한다.

예나 지금이나 초·중·고등학교에서 학생들이 수업 시간에 잠을 자는 행태가 사라지지 않고 있다. 학생들이 학교 수업 시간에는 잠을 자고 실제 수업은 방과 후에 학원에서 이뤄지는 폐단이 사라지지 않는 한 우리나라 교육 현장에서 사교육 근절이라는 목표 또한 이뤄질 수 없다. ITS와 교사의 강의 역량 제고를 통해 학생들이 수업을 따분해하지 않고 점점 진지한 태도로 수업에 임할 수 있는 분위기를 조성해 나가는 것이 급선무다.

◆ 학교폭력

2023년 2월 자녀 학교폭력(학폭) 문제로 고위 공직자 임명이 하루 만에 취소된 사건이 발생한 이후 학폭 문제가 크게 사회 이슈화되었다. 지금 우리나라 교육 현장은 학생들이 교사에게 폭언, 욕설을 퍼붓고 폭력을 행사하는 등 교권 침해 행위에다 여러 가지 다양한 형태로 자행되는 학폭 등으로 인해 커다란 위기를 맞고 있다. 요즘 학폭은 여럿이 무리를 지어서 다른 학생들에게 폭력을 행사하거나 돈을 뺏는 것은 기본이고, 강제로 오물을 먹이거나 몰래 가방에 집어넣는 등 점점 수법이 다양해지고 있다. 더욱이 디지털 시대를 맞이하여 이제는 학폭도 네트워크화되어 피해 범위가 갈수록 커지고 있는 실정이다. 피해 학생의 옷을 벗기거나 폭행 또는 희롱당하는 장면을 동영상으로 촬영해 유포하기도 하고, SNS를 통한 모욕적인 언사, 욕설, 협박 등으로 다른 학생들이 극심한 불안감 또는 수치심을 느끼고 스트레스를 받게 하는 등 걷잡을 수 없는 지경이 되어가고 있다. 국내 고등학교에서 발생한 학폭(학폭심의위원회 심의 건수)은 2023년 5,834건, 2024년 7,446건에 달한다. 정식으로 신고가 되지 않은 학폭 건수는 이보다 훨씬 더 많을 것으로 보인다. 요즘 온라인 도박 사이트 회원으로 가입된 학생들이 도박 자금을 마련하기 위해 학폭은 물론 성인들을 상대로 한 협박, 공갈, 폭력 등으로 발전해 점점 범죄의 수렁으로 빠져들게 되는 일도 흔히 발생한다고 한다.

◆ 교권 침해 행위

초·중·고등학생들이 교사에게 욕설을 퍼붓고 폭력을 휘두르는 등 교권 침해 행위가 수그러들지 않고 있다. 2025년 4월 10일 서울 양천구의 한 고등학교에서 3학년 학생이 수업 시간에 휴대전화로 게임을 하다 지적을 받자 교사 얼굴을 휴대전화를 쥔 손으로 가격하는 사건이 발생했다. 이어서 4월 28일에는 충북 청주시의 한 고등학교에서 학생이 흉기를 휘둘러 교장 등 6명의 교사에게 상해를 입힌 사건이 발생했다. 하루가 멀다 하고 학생이 수업 중에 교사를 폭행하는 사건이 잇따라 발생하고 있으며 특히 여교사를 폭행하는 사건이 더 많이 발생하는 추세라고 한다.

교권 침해 행위도 2022년 3,035건, 2023년 5,050건, 2024년 4,234건으로 여전히 높은 수준을 유지하고 있다. 더욱이 교권 침해 행위는 학폭에 비해 피해 교사가 수치심 등으로 신고를 하지 않는 경우가 더 많을 것으로 보인다. 대야에 가득 찬 물에다가 잉크를 한 방울만 떨어뜨려도 물 전체가 파랗게 변하고 만다. 학폭과 교권 침해 행위가 일부 학생들에게 국한된 문제라 해도 이는 교실 전체의 면학 분위기에 심각한 영향을 끼친다. 교사들도 더욱 적극적인 방식으로 학생 지도에 나설 경우 자칫 망신당하기 십상이므로 통상적인 지식 전달 이외의 폭넓은 학생 지도를 꺼릴 수밖에 없고, 심한 경우 극심한 스트레스와 자괴감으로 교직에 대한 긍지와 사명감마저 잃게 된다. 교권 침해로 정신과 치료를 받는 교사가 갈수록 늘어나고 있다고 한다.

2025년 4월 30일 교사노동조합이 초·중·고등학교 교사 2,605명을 대상으로 설문조사를 실시한 결과, 학생을 지도하는 과정에서 '폭력의 위협을 느낀 경험이 있다'고 응답한 비율이 76.8%였다. 실제로 학생으로부터 물리적 폭력을 당한 적이 있느냐는 질문에는 22.9%가 '그렇다'고 응답했으며, 욕설을 들은 경험이 있다고 응답한 교사는 67.7%. 욕설 혹은 물리적 폭력을 당한 경우 교권 보호를 위한 적절한 조치가 이루어지지 않았다고 응답한 교사는 89.3%로 나타났다.

교사노동조합연맹이 2025년 '스승의 날'을 맞아 진행한 설문조사 결과, '최근 1년간 이직 또는 사직에 대해 고민한 적 있는지 묻는 질문에 '그렇다'고 응답한 교사가 58%였으며, 교사들이 이직과 사직을 고민한 이유로는 교권 침해와 과도한 민원(77.5%)이 가장 컸다. 또 최근 1년간 학생으로부터 교권 침해를 당한 적이 있다는 교사는 56.7%, 보호자로부터 교권 침해를 경험했다고 답한 교사는 44.0%였다.

초·중·고등학생이 수업 중 교사에게 욕설을 퍼붓고, 희롱하고, 얼굴에 폭행을 가하는 등 교사의 권위가 완전히 땅에 떨어진 상황에서 공교육의 정상화를 기대하는 것은 나무에 올라가서 물고기를 구하는 것이나 다름없다. 더욱이 교사가 학생의 일탈 행위를 나무라고 훈계해도 자기들끼리 킥킥대며 대수롭지 않게 여기는 분위기가 만연된 상황에서 학생들의 일탈 행위를 바로잡는 일 또한 무척 어려울 것 같다.

한편, 학생들의 교권 침해 행위를 조장하는 일부 학부모들의 막무가내식 자녀 감싸기도 문제이다. 교사에게 욕설을 퍼붓고 폭행하는 등 학생 본분을 심하게 일탈한 학생을 학칙에 따라 징계 조치한 것을 두고 학교 측에 항의하거나 경찰이나 검찰에 고소하는 사례가 끊이지 않고 있다. 학생이 잠을 자는데 깨웠다거나 싸움을 말리는 과정에 신체 접촉이 있었다고 해서 '아동학대범죄의 처벌 등에 관한 특례법(아동학대처벌법)[44] 위반 혐의로 고소 또는 신고된 사례도 많다.

◆ 학폭과 교권 침해에 대한 정부 대책

2023년 7월 19일 서이초등학교에 근무하던 새내기 교사가 학폭 관련 학부모 민원에 시달린 끝에 스스로 목숨을 끊은 사건이 발생한 이후

---

44) 아동복지법 제3조 제1호의 규정에 따라 '아동'이란 18세 미만인 사람을 말한다. 즉, 우리나라 초·중·고등학생에 해당한다.

학교는 물론 정부와 국회까지 나서서 학폭과 교권 침해 방지 대책 수립에 총력을 기울였다. 특히 정부와 국회에서는 학폭과 교권 침해를 뿌리 뽑겠다면서 교원지위법 개정 등 '교권 보호 5법'까지 내놓았다. 그때까지만 해도 '이제는 학폭과 교권 침해가 뿌리째 뽑혀 우리 모두의 소중한 자녀들이 차분한 분위기에서 학업에 열중할 수 있겠다'는 생각이 들었다. 하지만 그로부터 2년이 지난 지금까지 학폭과 교권 침해는 조금도 수그러들지 않았으며 오히려 갈수록 더 심해지는 것 같다. 견디다 못해 교직을 떠나는 교사들도 해마다 증가하는 추세이다. 2025년 5월 22일에는 제주에서 중학교 교사가 학부모 민원에 시달린 끝에 스스로 목숨을 끊은 사건이 또다시 발생했다.

　서이초등학교 사건 이후 교육 당국이 학폭과 교권 침해 방지 대책으로 내놓은 교사 개인 전화번호 미공개, 가해 학생과 피해 교사 분리 제도 등은 실현 불가능할 뿐 아니라 실효성도 미흡한 대책이었음이 드러났다. 학부모의 과도한 민원으로부터 교사를 보호하기 위해 민원 전담팀을 운영하도록 하고 상담 예약제 등을 도입했지만, 이 또한 제대로 운영되지 않아 피해 교사들이 줄지 않고 계속 발생해 오고 있다. 2023년 12월 8일 국회에서 아동학대처벌법 개정안이 통과되어 교사의 아동학대 신고 건에 대해 교육감이 의견을 제출하도록 하는 제도가 도입되었지만 이 또한 악성 민원에 시달리는 교사들에게 별 도움이 되지는 못했다. 어차피 아동학대 신고 건수의 95% 이상이 불기소 또는 불입건 처리 되는 상황이며, 문제는 아무 잘못도 없이 신고를 당한 교사가 무혐의 처분을 받을 때까지 6개월간 경찰서를 왕래하며 조사를 받아야 한다는 사실이다. 학생에게 폭행을 당한 교사는 치료비도 자비로 부담

해야만 한다. 2025년 6월 14일 교사노조, 전교조, 교총 등 교원단체들은 "서이초 교사가 숨진 뒤 '교권보호 5법'이 마련됐지만 그 이후로 전혀 달라진 게 없다"고 발표했다. 서이초등학교 사건 이후 정부와 교육 당국이 내놓은 학폭과 교권 침해 방지 대책 역시 대부분 대중 요법적 처방에 불과했던 것으로 보인다.

학교에서 일탈 학생 제재의 최후 수단으로서 다른 학교로 전학을 보내면 그것으로 끝이라고 생각하는 것도 문제다. 디지털 기술의 영향으로 학생 일탈 행위도 네트워크화되어 가는데, 가해 학생을 동급생인 피해자들에게서 좀 멀리 떼어 놓는다고 학폭 등 일탈 행위가 근절될 수 있을까? 또 학폭과 교권 침해를 일삼는 일탈 학생을 받아들인 학교는 어떻게 되는가? 만약에 이런 학생을 받아주는 학교가 없을 경우 이 학생은 어떻게 되는가?

일탈 행위를 생활기록부에 올리고 보존 기간을 늘리는 것도 어쩌다 우발적으로 일탈 행위에 가담한 일부 학생들에게는 억제 효과가 있을지 모르지만, 재학 중 좋은 성적을 유지해서 원하는 대학에 들어가기를 포기한 학생들에게는 별로 영향을 줄 것 같지 않다.

학폭과 교권 침해를 뿌리 뽑기 위한 보다 근원적, 종합적인 대책을 마련하고, 계속 그 내용을 보완해 가면서 간단없이 추진해 나가야 한다. 지금까지 그래왔던 것처럼 무슨 큰 사건이 발생할 때마다 다시는 그런 일이 재발하지 않을 것처럼 온갖 개혁 방안들이 한꺼번에 쏟아져 나오다가, 일정 기간이 지나고 나면 언제 그런 일이 있었느냐는 듯이 다시 원점으로 돌아가곤 하는 일이 되풀이되어서는 안 될 것이다.

이렇게 해서 교사들이 학생들의 도를 넘는 일탈 행위 및 학부모들의 무분별한 민원과 소송으로부터 받는 정신적 고통에서 완전히 벗어나게 해줘야 한다. 그리하여 우리나라 초·중·고등학교 교사들이 교직에 대한 긍지와 자부심을 가지고 연구 역량과 강의 기법 및 학생 교화능력 향상에 힘써 공교육 정상화, 첨단화 및 실용화가 이뤄지도록 해야 한다.

◆ 학폭과 교권 침해 등 일탈 행위 근절 방안

첫째, 시간이 걸리고 힘이 들더라도 일탈 학생들을 몇 가지 유형으로 분류해서 이들이 자신의 밝은 미래를 위해 학업에 정진하는 대신 일탈 행위에 빠져들게 된 원인을 심도 있게 조사, 분석하는 것이 필요할 것 같다. 그리고 나서 각각의 원인별로 맞춤형 특별 교육을 실시함으로써 일탈 학생들에게 꿈과 희망을 불어넣어 주고 자신들이 가야 할 길을 분명하게 제시해 주는 것이다.

예를 들어 일부 학생들이 자신은 공부를 열심히 해서 좋은 대학에 들어가고 싶은데 책만 보면 잠이 쏟아지거나 자꾸만 잡념이 생겨서 도저히 공부를 할 수가 없다고 하면, 그런 유형의 학생들을 따로 모아놓고 교육 전문가의 도움을 받아 공부에 흥미를 느낄 수 있는 방법으로 수업을 받게 해줄 수도 있다. 나아가서 해당 학생에게 잠재해 있는 특별한 소질 또는 재능을 찾아내어 그쪽 방면으로 자신의 미래를 설계해 나갈 수 있도록 맞춤형 교육을 제공할 수도 있다. 예를 들어 그 학생이 공부에는 소질이 없지만 스포츠나 예능 분야에 남다른 소질이 있는 경우 그쪽 분야에 매진할 수 있도록 교육의 방향을 틀어주는 것도 좋을 것 같다.

또 가정불화 등으로 스트레스를 받아 학생 본분을 일탈한 학생들에게도 그 분야 전문가의 도움을 받아 적절한 해법을 마련할 수 있을 것이다. 일탈 학생의 강압 또는 꼬임에 빠져 저들과 한 팀이 된 후에 팀에서 자유롭게 헤어 나올 수 없게 된 학생에게는 원조 일탈 학생들이 더 이상 영향력을 행사할 수 없도록 차단하는 방안을 강구해야 한다.

제2부에서 말한 것처럼 커다란 가마솥에서 펄펄 끓는 물을 식히고자 할 때 위에서 찬물을 계속 들이부어서는 물을 식힐 수 없고, 물이 끓는 원인이 되는 아궁이의 불씨를 제거해야만 한다. 모든 일탈 학생들에게 일률적인 학칙을 적용해서 교화를 시도하다가 안 되면 최후 수단으로 전학 조치하고 생활기록부에 올리는 것보다는, 일탈 학생 개개인의 일탈 사유에 따른 맞춤형 교육을 시행하는 것이 훨씬 교육 목적에 부합하고 성공 가능성도 높아질 것으로 생각된다.

둘째, 교권 침해를 근절하기 위한 보다 근원적 대책은 앞에서 말한 대로 현행 입시제도 개혁을 통해 공교육이 모든 학생들의 대학입시에 완전 부합하는 시스템으로 자리매김함으로써, 학생과 학부모들이 사교육 대신 학교와 교사에 100% 의존하고 존중하는 분위기를 만들어 나가야 한다. 이와 같이 일부 일탈 학생들에게 근원적 치료 방식을 적용한 정상화 교육을 실시함과 동시에, 토론형 자율 학습, 수준별 맞춤 학습, 장래 직업과 연계한 실용적 교육 등 공교육 정상화가 이뤄짐으로써 교실 내에서 면학 분위기가 조성될 때 일부 학생들의 일탈 행위는 차츰 자취를 감추게 될 것이다.

셋째, 우리 사회의 병폐 가운데 하나인 지나친 온정주의에서 탈피해야 한다. 우리나라는 교사의 학생 체벌을 금지하고 있다. 그렇지만 학

  한국을 다시 위대하게

생이 교실에서 교사를 폭행하고 폭언과 욕설을 퍼붓고 희롱하고 수업을 방해하는 행위가 공식적으로 통계에 잡힌 것만 연간 5,000건 내외로 발생하는 현실에서 교사의 학생 체벌을 금지하는 것은 제대로 된 교육 방식이라고 보기 어렵다. 학부모들이 자녀를 학교에 보내는 목적은 필요한 지식 습득과 함께 국가, 사회의 일원으로서 올바른 인격과 품성을 갖추도록 하기 위함이다. 더욱이 현대 우리 사회에서 부모와 자녀 간 대화와 소통이 비교적 원활하지 못한 점을 생각할 때 학생들의 올바른 정서 및 행동 발달을 위한 학교 교육의 중요성은 크다고 아니할 수 없다.

그런데 교사가 학생을 올바른 길로 인도하기 위해 항상 좋은 말만 할 수는 없다. 때로는 심하게 꾸짖거나 사랑의 매를 들어야 하는 경우도 종종 발생할 수 있다. 학생들도 선생님이 항상 인자하기만 한 것이 아니라 때로는 아주 무서운 호랑이가 될 수도 있다는 생각에서, 간혹 공부가 싫증이 나고 엉뚱한 행동을 하고 싶은 충동이 일어나도 이를 자제할 수 있게 될 것이다. 이런 과정을 수없이 거치면서 자신을 바람직한 방향으로 통제할 수 있는 성숙한 인재로 자라나는 것이다.

다시 말해서 교사가 학생들의 품행을 올바르게 지도하기 위한 체벌이나 소지품 검사 등 훈육 수단을 일정한 범위 내에서 인정하는 제도를 확실하게 유지할 필요가 있다. 학교 내에 2~3명의 훈육 전담 교사를 두고 교내에서 폭력을 일삼는 문제 학생에 대하여는 강도 높은 훈육 처분을 내리는 것도 필요하다. 사실, 문제 학생에 대한 징계 조치의 일종인 정학 처분의 경우 문제 학생을 교화하는 수단으로서 부적합할 수도 있다. 계속 학교에 나오게 해서 학생으로서의 본분을 회복할 때까지 특별 교육을 받도록 해야 한다. 퇴학 처분을 내려야 할 만큼 문제가 심각한 학생의 경우에는 기숙사가 딸린 특수학교에 전학시켜 맞춤형 교육을 따로 하는 방안도 생각해 볼 수 있다.

교사의 훈계에 맞서 욕설을 퍼붓거나 교사를 폭행하는 등의 패륜 학생에 대하여는 가일층 엄혹한 훈육 처분(체벌 포함)을 내림으로써 교사 훈육 행위의 실효성을 확보하도록 해야 한다. 그 대신 체벌 등 교사 훈육 행위는 교육상 꼭 필요한 경우에만 행해져야 하고, 일탈 행위의 정도에 비례해서 공정하게 집행돼야 하며, 교사 개인의 감정이 개입되어서는 안 된다. 교사가 학생을 자식처럼 생각하는 어진 품성, 오로지 학생의 밝은 미래만을 추구하는 훈육 방법, 그리고 뛰어난 교화 능력을 갖추는 것이 필요하다.

넷째, 교사에게 욕설을 퍼붓고 폭행하는 등 학생 본분을 심하게 일탈한 학생에 대하여 훈육 차원의 제재 또는 징계 조치한 것을 가지고 악성 민원을 제기하거나 고소 또는 신고한 결과 무혐의 처리된 경우, 관련 학부모에 대하여 형사상 처벌과 함께 손해배상을 청구할 수 있도록 법제화가 이뤄져야 한다. 이는 국가 백년대계인 공교육의 정상화를 위해 반드시 필요한 조치이므로 국가 담론의 장을 통해 국민 지지를 얻은 후 관련법이 국회를 통과하도록 해야 한다.

◆ 교육 현장이 이념화되어서는 안 된다

2014년과 2018년 지방선거에서는 전국 17곳 시·도 가운데 각각 13곳과 14곳 시·도에서 진보 성향 교육감이 당선됐지만, 2022년의 경우에는 9곳은 진보 성향, 8곳은 보수 성향으로 반반이다. 그런데 2022년

교육감 선거 결과 분포도를 보면 진보와 보수 성향으로 나뉜 선이 북서와 남동을 축으로 극명하게 그어져 있는 것을 볼 수 있다. 마치 국토가 남북으로 갈린 것 같은 모습이다.

정부 교육 정책은 보수와 진보 등 정치적 이념을 초월하여 국가 백년대계를 지향하는 장기적 비전에 따라 지속 가능한 정책으로 입안돼야 하며, 이렇게 해서 정해진 교육 정책은 전국적으로 통일되고 일관성 있게 집행돼야 한다. 그런데도 우리나라에서는 시·도 교육감이 보수 성향이냐 진보 성향이냐에 따라 일선 학교 운영과 교육 방식이 달라질 수 있으며, 교육부와 시·도 교육청 간에 교육 정책을 놓고 의견이 대립되거나 갈등을 빚는 일이 발생하기도 한다.

진보 성향의 교육감들은 학생들에게 왜곡된 역사관과 국가관을 주입하면서 한편으로는 반정부 시위단체로 뿌리내려져 있는 전교조에 대하여도 상당히 우호적인 태도를 보이는 경향이 있다. 최근 진보 성향의 전·현직 교육감 2명이 전교조 출신 해직 교사를 부당하게 채용하도록 한 혐의로 1심 재판에서 징역형을 선고받거나 감사원 감사 결과 고발 조치된 것만 봐도 충분히 알 수 있는 일이다. 이들은 인사위원회에 압력을 행사하거나 해직 교사를 채용할 수밖에 없게 맞춤형 채용 조건을 붙이도록 지시함으로써 전교조 출신 해직 교사 9명이 채용되도록 했다. 이들 해직 교사 중 4명은 국가보안법 위반으로 징역형을 받고 해임된 자들이다.

따라서 진보적 이념에 치우친 교육 정책으로 교육 현장의 이념화를 확산시키는 교육감 직선제를 하루속히 폐지해야 한다. 우리보다 민주주의 전통이 오래된 선진국에서도 교육감 직선제를 시행하는 나라는

거의 없는 실정이다. 영국, 독일, 일본의 경우에는 단체장 또는 지방의
회에서 교육감을 임명하며, 프랑스는 대통령이 직접 임명한다. 미국의
경우 37개 주(워싱턴 D.C. 포함)는 주지사(시장) 또는 교육위원회에서 교육
감을 임명하고 나머지 14개 주에서만 직선제로 뽑는다.

더욱이 우리나라처럼 교육 방식을 놓고 보수와 진보 간 이념 대립이
극심한 가운데 철저하게 이념 중립적인 교육 개혁이 필요한 입장에서
는 당분간 프랑스처럼 교육감을 대통령이 직접 임명하는 제도를 시행
하는 것이 합리적일 것으로 생각된다.

◆ 고등교육 개선

영국의 대학 평가기관인 QS의 2025년 세계 대학 순위에서 1~20위
내에 미국 대학 7곳, 영국 4곳, 호주 3곳, 중국 3곳, 싱가포르 2곳, 스
위스는 1곳이 포함돼 있다. 우리나라는 20위 내에 든 대학이 한 곳도
없고, 서울대 31위, KAIST 53위, 연세대 56위, 고려대 67위, 포항공대
가 98위를 차지했을 뿐 나머지는 모두 100위권 밖에 머물러 있다.

국내 대학들은 갈수록 각종 취업 시험 준비에 너무 치우치는 경향이
있어 학문 지상주의를 의미하는 상아탑으로서의 존재 가치가 많이 퇴
색해진 것 같다. 학생들이 대학에 가는 목적이 대부분 좋은 직장을 갖
기 위한 것임을 부인할 수는 없다. 하지만 학문 연구와 과학기술·문화
창달이라는 대학 본연의 임무를 소홀히 해서는 안 될 것이다. 그리고
국내 대학들이 세계 일류 대학들과 비견할 만큼 경쟁력을 확보하기 위
해서는 세계적으로 우수한 교수진과 유학생들을 최대한으로 유치해야
하는데, 여기에는 많은 예산이 들어간다. 그런데 우리나라 대학들은

미국, 영국 같은 교육 선진국들에 비해 보유하고 있는 적립금이 턱없이 부족할 뿐 아니라, 수십 년째 이어온 정부의 대학 등록금 동결 조치로 인해 날이 갈수록 대학의 재정 형편이 궁핍해지고 있는 실정이다.

게다가 우리나라는 교육 선진국들에 비해 정부의 대학에 대한 각종 규제와 간섭이 심해서 대학의 자율적 혁신을 크게 저해하고 있다. 대학들이 시대 흐름과 교육 환경 변화에 맞춰 새로운 학과를 신설하거나 정원을 조정하려 해도 일일이 교육부 허가를 받아야 하고, 해외 우수 교수 초빙 시에도 깨알 같은 규제로 통제와 간섭을 받는 실정이라고 한다. 국내 대학들이 세계 일류 대학들과 비견할 경쟁력을 갖추기 위해서는 정부에서 대학 등록금 전면 자율화 등 부족한 대학 적립금을 확충할 수 있게 해주고, 대학에 대한 규제를 대폭 완화하는 등 특단의 조치가 필요할 것으로 보인다. 국내 대학들이 세계 일류 대학들과 비견할 경쟁력을 갖춤으로써 세계 대학 순위 10위 안에 1~3곳의 대학이 진입할 수 있게 하는 등, 최소한 우리나라 경제력에 걸맞은 수준의 위상을 확립할 수 있도록 정부와 대학이 함께 노력을 아끼지 말아야 한다.

한편, 우리나라에서 반도체 등 첨단 산업이 세계적으로 각광을 받고 있는 가운데 나날이 수요가 급증하는 첨단 기술 인력 부족으로 큰 애로를 겪고 있으며, 앞으로 더욱 심화할 것으로 보인다. 문제는 국내 대학들이 반도체 등 첨단 산업 분야를 이끌어 나갈 인재들을 양적 질적으로 충분히 길러내지 못하는 데 있다. 미국이나 대만, 중국처럼 정부의 강력한 첨단 산업 분야 인재 육성 정책과 대학 정원 확대를 통해 첨단 산업 분야 인재를 꾸준히 양성해 내는 것은 물론, 온라인 공개강좌를 통해 당장 필요한 첨단 산업 분야 인력을 큰 규모로 신속하게 길러내는 방안을 강구해야 한다.

최근 들어 미국 등 교육 선진국에서 기존 학제를 크게 벗어난 파격적인 대학 교육 모델이 속속 등장하고 있다. 예를 들어 구글은 구글이 제공하는 일정 교육 과정을 이수한 학생에게 작은 학위에 해당하는 증명서를 발급하는데, 이것으로 여러 기업에 채용될 수 있는 기회를 얻게 된다는 것이다. 무크(MOOC)는 세계적인 명문대학 교수 혹은 기업의 CEO, 실무자들이 대규모 온라인 공개강좌를 통해 전문가 수준의 고품질 강의를 제공하기 때문에 일반 온라인 교육과 차별화가 되어 있으며, 강의를 제공하는 대학과 연계하여 온라인 강의만으로 학위를 취득할 수도 있다. 이와 같이 저비용의 온라인 강의를 통해 필요한 기술을 습득하고 관련 자격증 또는 학위까지 취득해서 바로 취업 현장으로 직행하도록 함으로써, 신산업 분야 인력 부족 해소와 청년 취업난 해결이라는 두 마리의 토끼를 한꺼번에 잡을 수 있게 된 것이다.

4차 산업혁명 시대가 도래하면서 AI 기반의 각종 첨단기술 수준 및 기술 인력 보유 현황이 그 나라의 국력을 판가름하는 기준이 되고 있다. 또한 첨단기술 수준의 높고 낮음과 기술 인력의 많고 적음은 그 나라의 교육 수준과 역량에 달려 있다. 급속도로 진화해 가는 첨단기술 수준에 부응하여 폭발적으로 그 수요가 늘어나는 고급 인재들을 미리미리 키워내야 하는 목표를 달성하기 위해 고등교육의 중요성은 아무리 강조해도 지나치지 않다.

무엇보다 세계 주요 강대국으로 도약할 대한민국의 첨단 과학기술

한국을 다시 위대하게

분야를 책임지고 이끌어 나갈 핵심 인재들을 길러내기 위해 앞으로의 고등교육은 지식 자체를 전달하는 것보다 학습하는 방법을 가르치는 교육으로 대전환이 이뤄져야 한다. 필요한 것을 어디서 찾을 수 있는지 알고 있고, 스스로 배우는 방법을 알고 있는 사람만이 앞선 이의 발자국이 보이지 않는 설원(雪原)에 첫 발자국을 찍는 창조적 선도자(first mover)가 될 수 있기 때문이다.

제4부

대한민국 미래비전

드디어 우리나라가 세계 주요
강대국의 일원이 된다

우리나라는 한때 동아시아의 강국으로 군림하던 때가 있었다. 5세기의 고구려 광개토왕과 장수왕 시대에는 우리나라 영토가 중국 만주지방의 대부분을 차지하면서 동아시아의 주역으로 자리매김하였으며, 7세기 전반기의 고구려는 초강대국인 수나라와 당나라에 맞서 조금도 흔들리지 않는 강대국의 면모를 유지할 수 있었다. 그러나 668년 나·당 연합군에 의해 고구려가 멸망한 뒤 우리나라는 중국이 지배하는 아시아의 주변국으로 밀려나 약소국의 지위를 유지해 오다가 결국 20세기 초 신흥 강대국인 일본에 나라를 빼앗겼다. 그렇지만 우리는 여기서 좌절하지 않고 1945년 나라를 되찾은 후 온갖 고초와 노력 끝에 세계 10위권의 경제 대국으로 우뚝 서게 되었다.

◆ 돌고 도는 역사, 대한민국 다시 동아시아 강국으로

여기서 우리나라 국가 위상의 변화 추이를 장기적인 역사적 흐름으로 바라볼 때 5~7세기경 동아시아 강국으로서 전성기를 누리다가, 7세기 중반 이후에는 중국의 그늘 아래서 수백 년 동안 이류 국가로 그럭저럭 명맥을 유지할 수 있었다. 그러나 17세기 중반 이후 국력이 점점 쇠약해져 나라를 빼앗기는 수모를 겪는 등 국가 위상이 밑바닥까지 추락했다가 1960년대 이후 급속도로 상승 국면에 접어들었다.

지금 우리는 국가 위상이 바닥을 친 후 다시금 그 옛날 동아시아 강국으로 군림하던 시대로 되돌아가기 위한 반환점을 갓 통과한 상태이다. 물론 여기서 우리가 '토끼와 거북이' 우화처럼 게으름을 피운다면 모든 희망과 비전이 물거품이 되고 말겠지만, 역사의 커다란 물줄기는 틀림없이 그런 방향으로 움직이는 것 같다.

우리나라가 통일을 이루고 그 옛날 고구려 때처럼 아니 그보다 더한 강대국으로 자리매김할 때, 지금까지 우리에게 불리한 것으로 작용하던 지정학적 여건이 대한민국을 글로벌 중추 국가가 되게 하는 것으로 대전환이 이뤄질 것이다. 대한민국은 세계 1~4위의 경제·군사대국인 미국, 중국, 일본, 러시아가 각축을 벌이는 동아시아에서 주변 강대국인 중국, 일본, 러시아에 뼁 둘러싸여 있다. 이와 같은 지리적 여건은 우리의 국력이 주변 강대국에 훨씬 못 미칠 때 화근이 될 수 있지만, 우리의 국력이 거의 대등한 수준일 때는 대륙 세력과 해양 세력이 만나는 지정학적 요충지에 있는 중심국으로서 막강한 영향력을 행사할 수 있다. 우리 대한민국이 동아시아에서 그 옛날 고구려 때보다 더 강력한 위세를 떨칠 수 있게 된다는 말이다.

◆ 강성해진 국력을 바탕으로 해양 진출에도 힘써야

예로부터 '바다를 지배하는 자가 세계를 지배한다'고 했다. 15세기 이후 돌아가면서 세계 패권국의 지위를 누렸던 스페인, 포르투갈, 네덜란드, 영국, 미국 등 강대국 모두 바다를 통해서 국력을 키우고 세계를 제패했다. 우리 대한민국은 삼면이 바다로 둘러싸여 있는 데다 유라시아 대륙과 태평양을 잇는 교량국가의 위치에 있다. 하지만 안타깝게도 우리나라 해군력은 주변 강대국들에 비해 질적, 양적으로 한참 열세다.

주변국들의 세계 해군력 순위가 중국 2위, 러시아 3위, 일본 6위인데, 우리의 해군력은 10위로서 일본의 3분의 1 수준에 불과한 실정이다.

400여 년 전 임진왜란 당시 조선 수군이 일본 수군과의 수적 열세를 극복해 바다를 장악할 수 있었던 배경은 질적 우세와 탁월한 전략이었다. 그리고 그 당시 이순신 장군은 임진왜란 발발 1년 전부터 군선을 건조 또는 보수하고, 조수와 물길을 살피고, 각종 전략을 개발하는 등 왜군의 침략에 철저히 대비하였다. 그런데 400여 년이 지난 지금 미·중 갈등과 북핵 위기 고조로 동아시아 지역이 '세계의 화약고'로 부상한 가운데 중국, 일본 등 주변 강대국들이 해군력 증강에 총력을 기울이고 있음에도, 우리 정치권과 정부는 해군력 증강 의지가 미흡한 것 같다. 앞으로 동아시아 지역에서 각종 분쟁이 발생할 경우 우리의 상대는 일본보다 해군력이 훨씬 강한 중국이 될 수도 있는데 말이다. 지금부터라도 우리의 해군력을 단기적으로는 최소한 일본을 능가하는 수준으로 올려놓아야 하고, 중·장기적으로는 중국과의 해군력 격차를 최소화하기 위해 총력을 기울여야 한다. 그리하여 우리나라가 통일 이후 중국, 러시아, 일본과 함께 동아시아 해역의 강자로 자리매김해야 할 것이다.

한편, 우리는 한반도 영해를 벗어나 공해, 북극해, 심해저(深海底) 등 해양 세계로의 진출을 통해 국토가 협소하고 부존자원이 빈약한 취약점을 최대한 만회해야 한다. 지구 바다 면적의 60%를 차지하는 공해와 북극해 등은 앞으로 세계 각국 간에 아직은 인간의 손길이 닿지 않은 심해저 등 해양 생태계에 부존된 각종 자원에 대한 개발과 이용권을 놓고 치열한 경쟁이 벌어질 것이 틀림없다. 그러므로 경제성이 높은 공해와 북극해의 일정 구간에 대한 개발과 이용권을 확보하기 위해서는 우리나라가 주요 강대국들과 대등한 경쟁을 펼칠 수 있는 국력을 갖추는 것이 급선무다. 우리가 해양 세계로 마음껏 진출하는 것은 우리나라의 국력을 키우는 데 필요조건이면서, 우리나라의 국력이 강해졌을 때 이뤄질 수 있는 충분조건이 될 것이다.

우리는 앞으로 언젠가 세계 각국 간에 공해, 북극해, 심해저 등에 대한 개발과 이용 경쟁이 치열해질 때를 대비하여 IoT, AI, 빅데이터, 나노 기술 등을 이용한 탐사, 자원개발, 심해 등 극한 상황에서의 작업 기술 개발 등 사전 준비에 총력을 기울여야 한다.

우리 주도의 통일 대업 이루기

오랜 역사 동안 세계 여러 나라에서 같은 민족끼리 두 개 이상의 나라로 분열되었다가 다시 한 나라로 통합되는 역사를 되풀이해 왔다. 그렇지만 오늘날 세계에서 아직까지 분단국 상황을 유지하고 있는 나라는 한반도가 유일하다. 우리는 이와 같이 부끄러운 역사를 청산하고 7,700만 동포가 평화를 구가하면서 자손만대에 걸쳐 번영을 누릴 수 있도록 하루속히 통일 대업을 이뤄야 한다.

◆ 통일에 대한 준비를 서둘러야

2014년 1월 박근혜 전 대통령의 '통일 대박' 발언 이후 얼마 동안 우리 국민 사이에 통일에 대한 기대감이 높았었다. 그런데 주변 강대국들의 이해관계가 복잡하게 얽혀 있는 한반도에서 우리보다 월등한 비대칭 전력으로 무장한 북한을 상대로 우리 주도의 통일을 이루는 것은 말처럼 그렇게 쉬운 일이 아니다.

통일 대박도 어디까지나 우리가 주도하는 방식으로 통일이 이뤄졌을 경우에 얻을 수 있는 과실이다. 만약에 주변 강대국 간 타협이나 국제사회 중재에 의해 우리 의사에 반하는 방식으로 통일이 이뤄질 경우 자칫 우리에게 되돌릴 수 없는 재앙이 될 수도 있다. 2017년 초에 전 미국 국무장관 헨리 키신저가 당시 틸러슨 국무장관에게 제시한 미·중 빅딜 방안은 우리를 섬뜩하게 한다. 미국이 중국과 힘을 합쳐 김정은 정권을 붕괴시키고 한국 주도의 통일을 이루게 한 후, 주한미군을 철수해 한반도를 중립화하자는 것이다. 이렇게 되면 한국이 중국의 속국으로 전락할 것은 불 보듯 뻔한 일이다. 또 김대중 정부 이후 진보 진영에서 내세웠던 '낮은 단계의 연방제 통일론'도 위험하기 짝이 없는 발상이다. 시간과 노력이 더 필요하더라도 우리가 주도하는 자유민주주의 체제하의 통일이 이뤄져야만 한다.

북한 정권 내부의 동요에 의한 급변사태가 발생할 경우 우리에게 통일의 기회가 앞당겨질 수 있다는 낙관론도 있지만, 경우에 따라서는 북한 급변사태에 대한 통제 실패로 우리에게 재앙이 닥칠 수도 있다. 또 경우에 따라서는 미·중·일 등 주변 강대국들이 개입하여 북한 지역을 독점 또는 분할 점거하는 등의 어처구니없는 사태가 발생할 수도 있다.

따라서 우리는 "어서 빨리 통일이 되었으면" 하고 조바심을 낼 것이 아니라 "한반도에 통일의 기회가 도래하기 전에 통일 준비를 서둘러야 할 텐데"라면서 부지런히 움직여야 한다. 여기서 가장 바람직한 통일 준비는 제3부에서 논의한 각종 개혁 과제들을 성공적으로 수행함으로써 우리의 국력과 군사력을 세계 주요 강대국 수준으로 올려놓는 일이다.

무엇보다 북한의 핵무기 실전 배치에 따른 대비 태세를 완벽하게 갖추는 것은 물론, 핵무기 이외의 군사력 면에서 북한보다 압도적 우위를 유지해야 한다. 그렇지 않고서는 우리가 주도하는 방식의 완전한 통일을 이루지 못할 것이기 때문이다. 우리 사회에 만연한 분열과 갈등을 해소하고 전 국민이 올바른 가치관과 국가관을 공유함으로써 국민 통합과 국론 결집을 이루는 것도 매우 중요한 일이다.

지금까지 국내외 한반도 및 통일문제 전문가 대부분이 한반도에서 독일식 흡수 통일은 불가능한 것으로 보는 견해가 지배적이다. 우리나라가 계속 지금과 같은 상태를 유지한다면 분명 그럴 것이다. 하지만 우리가 기적 같은 경제 성장을 이루어 세계 최빈국에서 10위권 경제 대국으로 올라선 것처럼, 다시 한번 제2의 경제개발을 통해 불가능을 가능으로 만드는 기적을 이뤄내야 한다.

현란한 외교 전략으로 1871년 독일 통일을 이룩한 프로이센의 재상 오토 폰 비스마르크는 "역사의 급류에서 신의 발자국 소리를 귀 기울여 듣고 있다가 그 소리가 들리는 찰나의 순간에 신의 옷자락을 잡아채야 한다"라고 말했다. 제2의 경제개발을 통해 주변 강대국들에게 휘둘리지 않을 정도의 국력을 갖추고 북한 핵 공격에 대비하여 빈틈없는 방어 및 반격 태세를 갖추고 있다가 한반도에 통일의 기회가 찾아올 때 미국과 우방국들의 도움을 받아 우리가 주도하는 방식의 통일 과업을 이룰 수 있게 돼야 한다.

그렇게 되기 위해 경우에 따라서는 중국과 일전을 겨룰 수 있을 정도의 강한 군사력을 보유해야만 한다. 중국으로서는 우리가 주도하는 통일을 어떻게 해서라도 막아야 하는 입장이므로 중국과 일전을 불사하는 것은 불가피하다. 그 옛날 수나라와 당나라의 수십만 대군을 물리쳤던 고구려의 국력과 기상을 그대로 물려받아야 한다.

한편, 세상은 반드시 우리가 원했던 그리고 예상했던 방향으로만 전개되지 않는다. 지금 같으면 세계에서 가장 폐쇄적인 북한이 문호를 개방해 세계 주요국들의 투자와 개발이 진행될 것을 상상도 할 수 없지만, 어느 날 갑자기 그런 일이 벌어지게 될지도 알 수 없는 일이다. 만약에 그런 일이 발생할 경우 언젠가 우리의 터전으로 통합되어야 할 북한이 경제적으로 미국이나 중국 등 다른 나라에 종속될 수도 있음을 유념해야 한다. 따라서 어느 날 갑자기 북한이 세계 주요국들을 향해 문호를 개방하게 될 경우까지도 대비하여, 이때에도 우리가 대(對)북한 투자와 개발에 대한 주도권을 계속해서 유지할 수 있도록 미리미리 준비해 두어야 한다.

◆ 통일된 대한민국의 모습

언젠가 통일이 이뤄질 경우 얼마 동안은 '경제·사회적 1국 양제(兩制)' 체제를 유지하면서 종합적인 국토·경제개발 계획을 추진하는 것이 필요할 것으로 보인다. 그렇게 함으로써 통일 비용을 적게 들이면서도 통일 한국의 경제력을 급속하게 키우는 일이 가능하게 될 것이다. 또한 이 과정에서 사상과 문화적 차이 등 극도로 이질화된 구 남북한 국민

간의 갈등 관계도 서서히 완화시킬 수 있다.

만약에 처음부터 남북한의 경제·사회 체제를 무조건 통합시킬 경우 갑자기 감당하기 어려운 경제·사회적 혼란에 직면하고, 남북한의 극심한 경제 수준 격차로 인해 천문학적으로 들어가게 될 북한 재건 비용 등으로 통일 한국이 위기에 처할 수도 있다. 독일의 경우 통일 직후 동·서독 화폐를 1대 1로 교환토록 하는 등 단일 경제 체제로 즉시 전환함으로써, 구동독 지역 재건 비용이 1조 3,000억 유로(약 2,200조 원)가 들어가는 등 필요 이상의 막대한 통일 비용을 지불하였다. 이로 인해 독일은 통일 후 10여 년이 지난 2000년대 초에 이르러 유럽의 병자라는 말을 들을 정도로 극심한 경제 위기를 겪었다. 우리는 그 당시 독일보다 오늘날 남북 간 경제력 격차와 갈등 관계가 훨씬 더 심각한 상태라는 사실을 너무나 잘 알고 있다. 그런데 현행 헌법 체제는 한국이 북한 지역의 행정권을 접수할 때부터 수복 지역에 대하여도 한국의 법과 제도를 그대로 시행하게 되어 있으므로, 통일 전에 북한 수복지역에 적용할 경제·사회 제도에 대한 특별법을 미리 제정해 두어야 한다.

이렇게 우리가 주도하는 통일을 이룩한 후 남북한 통합을 단계적으로 지혜롭게 추진할 경우 엄청난 경제적 시너지 효과로 통일 한국이 세계적인 강국으로 부상할 수 있게 될 것이다. 한반도광물자원연구소에 따르면 북한에 매장된 지하자원의 가치가 7,000조 원으로 추정되어 남한의 22배에 달한다고 한다. 특히, 뉴욕타임스 보도에 따르면 북한 지역의 가채(可採) 우라늄 매장량이 400만t에 달하여 북한을 제외한 전 세계 우라늄 매장량(474만t)에 육박하는 수준이라고 한다. 앞으로 전 세계적으로 원자력발전소, 우주 개발 등 우라늄 수요가 급증할 경우 통일 한국에 엄청난 경제적 이점으로 작용할 것이다. 한국광물자원공사는 북한에 2,000만~4,800만t가량의 희토류가 매장돼 있다고 발표했다. 최대치가 맞는다면 중국(4,400만t)을 제치고 세계 1위 희토류 보유국이며 최소치가 맞는다면 세계 4위다.

또한, 북한 지역의 경제 체제가 개방될 경우 값싼 땅값과 인건비, 노조 없는 기업 환경, 남쪽에 든든한 경제적 배경 등 기업을 경영하기 좋은 여건으로 인해 외국인 투자가 봇물 터지듯 밀려올 것이다. 게다가 통일 한국을 중심으로 한국, 중국, 일본, 러시아를 연결하는 고속도로, 고속철도, 송유관 등 건설을 통해 주변 3국과의 경제적 의존, 협력 관계가 돈독해지고 함께 번영을 누릴 수 있게 된다. 아울러 통일 한국은 유라시아 대륙과 태평양을 연결하는 철도망의 기·종점으로서 유라시아 대륙과 일본 등 해양 국가들을 이어주는 연결자 임무를 수행할 수도 있다. 통일이 되면 그동안 남북 분단으로 막혀 있던 대동맥 혈관이 뻥 뚫리게 되는 것이다.

통일이 되면 우리 소유가 되는 금강산은 세계적인 명산으로 국제 관광의 명소가 될 것이 틀림없다. 그 옛날 중국 송나라 때 시인이 "고려국에 태어나 직접 금강산을 보기 원한다(願生高麗國 一見金剛山)"라고 예찬했던 금강산이 아닌가! 통일이 되면 금강산과 그 주변을 관광특구로 개발하여 세계에서 가장 신비롭고 우아한 관광 명소로 명성을 떨치게 된다. 통일 한국은 금강산으로 인해 그 존재 가치가 더욱 빛나게 될 것이다.

통일된 대한민국은 남북 대치 상황이라는 커다란 혹을 떼어내고 주변 강대국들과 부담 없이 교류하면서 마음껏 국력을 키우고 국가 위상을 드높일 수 있게 된다. 그리하여 중국, 일본과 어깨를 나란히 하여 동아시아 질서를 유지하고 세계 정치를 이끌어가는 글로벌 중추국으로 부상하게 될 것이다.

문화 강국의 길

"나는 우리나라가 세계에서 가장 아름다운 나라가 되기를 원한다. 가장 부강한 나라가 되기를 원하는 것은 아니다. … 오직 한없이 가지고 싶은 것은 높은 문화의 힘이다. 문화의 힘은 우리 자신을 행복하게 하고 나아가서 남에게 행복을 주기 때문이다." 백범 김구 선생의 말이다. 그분의 생각은 반세기를 훌쩍 넘어 우리에게 현실로 다가왔다. 언제부턴가 우리 대한민국은 글로벌 문화시장에서 초강국으로 자리매김하게 된 것이다.

한 나라가 강대국으로서 그 지위를 오래도록 유지하기 위해서는 전 세계 모든 나라에 모범이 되고 표준이 되는 문화를 가져야 한다. 그 옛날 로마제국이나 역대 중국 왕조들이 그랬고 오늘날 미국이 그렇다. 다행히도 우리나라는 세계적인 문화 대국이 될 수 있는 전통과 자질을 충분히 보유하고 있다. 우리의 자랑스러운 문화유산인 한글은 세계 350여 종의 문자 가운데 가장 뛰어난 문자로서 영어처럼 국제어로 사용하는 데 조금도 손색이 없다. 우리 한글은 UN에서도 과학적 문자 조합과 표현의 우수성을 인정할 만큼 독창적이고 과학적, 체계적이면서 이 세상의 모든 현상을 거의 완벽하게 표현해 낼 수 있는 독보적인 문자이다. 게다가 한국 현대 문화의 산물인 '한류' 열기는 아시아와 중동을 거쳐 전 세계로 뻗어 나가고 있다.

우리의 자랑스러운 한글, 국제어로 손색이 없다

일반적으로 한 나라의 언어가 국제어로 자리매김하는 데는 그 나라의 국력이 크게 좌우한다. 오늘날 영어가 국제어로 자리 잡게 된 것은 영국과 미국이 차례로 세계 패권국의 지위를 보유했기 때문이다. 세계에서 한국어 사용자는 8,200만 명인 데 비해 영어 사용자는 15억 명이나 된다. 언젠가 통일 한국이 세계적인 강국으로 부상하게 되면 우리 한글의 우수성이 크게 드러나면서 세계인이 즐겨 사용하는 국제어로 자리매김할 가능성도 그만큼 커지게 될 것이다.

그런데 우리 한글의 우수성에 비하여 우리는 그동안 우리의 자랑스러운 한글을 너무 홀대하고 한글 가꾸기에 너무 등한시한 것은 아닌지 반성해 보아야 한다. 영국의 셰익스피어 같은 작가들이 영어를 갈고 다듬어 세계적인 언어로 키우는 동안, 우리의 한글은 창제 후 500년간 지식층으로부터 사용이 배제되다가 일제 36년 동안 사용이 중단되기까지 했다. 해방 이후 한글 사용이 재개된 후에도 우리는 한글 어휘를 가꾸고 늘리는 등 세계적인 언어로 발전시키는 일을 소홀히 하였으며, 최근 들어 한글을 왜곡하고 한글의 품위를 떨어뜨리는 언어를 마구 만들어 퍼뜨리는 풍조까지 생겨났다.

언어를 가꾸고 발전시키는 일은 하루아침에 이루어질 수 있는 일이 아니다. 우리는 지금부터라도 한글 문법 체계를 재정비하고 새로운 어휘 개발 및 어휘를 가꿔 나가는 노력을 아끼지 말아야 한다. 아울러 문자를 가지지 못한 소수 민족[45] 또는 한류 영향권에 드는 나라들을 대상으로 한글 보급사업을 적극적으로 추진함으로써 한글의 우수성이 입증되고 세계에 널리 알려지도록 해야 한다. 언젠가 우리 한글이 국제어로 자리매김하게 된다면 한류와 함께 대한민국의 문화 대국화에 큰 힘이 되어줄 것이다.

한류 만세

한류는 1990년대 중반에서 2017년까지 이어지는 1~3기 동안 중화권, 일본, 동남아로부터 시작해 아시아 전역으로 전파, 확산되었으며, 제4기가 시작되는 2018년부터 온라인 동영상 서비스(OTT)의 물결을 타고 전 세계로 퍼져나가 세계 문화시장을 석권하기에 이르렀다. 이제 글로벌 OTT에서 한류 콘텐츠가 톱 순위에 오르는 것은 당연한 일처럼 여겨진다. 한국국제교류재단(KF)의 '2023 지구촌 한류 현황 보고서'에 따르면 전 세계 한류 팬 수는 2억 2,500만 명으로 2012년(926만 명)에 비해 24배나 증가했다.

한류는 2023년 수출액이 141억 6,500만 달러(약 19조 5,400억 원)에 달할 정도로 문화 산업 진흥에 큰 기여를 하고 있지만, 그보다는 한국을 소프트파워 강국으로 키워나가는 성장 동력으로서의 역할이 더 중요

---

45) 전 세계에는 6,000여 종의 언어가 있는데 이를 표기할 수 있는 문자는 350여 종에 불과할 정도로 세계에는 자신들의 말을 표기할 문자를 가지지 못한 소수 민족이 아주 많다. 우리 한글은 2009년에 인도네시아의 소수 민족인 찌아찌아족이 사용할 문자로 보급되었다가 2012년에 중단된 적이 있다.

하다. 한 나라가 강대국이 되기 위해서는 경제력, 군사력 등 하드파워
와 함께 문화력으로서 세계에 영향을 미칠 수 있는 능력인 소프트파워
를 갖춰야 한다. 따라서 우리는 이미 세계 문화시장에서 확고하게 자리
잡고 있는 한류를 지속적으로 키워나감으로써 우리나라가 소프트파워
에서 세계 최강이 되도록 해야 한다.

이렇게 세계인들의 마음을 움직일 수 있는 감동적인 드라마, 음악,
영화, 스토리, 무용, 음식, 패션 등을 끊임없이 만들어 전 세계에 유통
함으로써 우리나라가 세계 문화 허브로 확실하게 자리매김해야 한다.
한류가 지구촌 방방곡곡에 전파되어 세계인들이 다 함께 공유하게 되
면, 지구촌 곳곳에서 갈등과 분쟁을 겪고 있는 국가와 민족 그리고 종
파 간의 공감대 형성을 통해 이들 상호 간의 갈등과 분쟁을 해소하는
세계 평화의 전도사 역할도 수행할 수 있게 될 것이다. 한때 적대적 관
계에 있는 이스라엘과 팔레스타인 젊은이들이 함께 K팝을 듣고 한국
드라마를 보면서 서로 자연스럽게 대화를 나누는 모습을 드물지 않게
볼 수 있었다고 한다.

한류는 단순히 우리나라를 세계 문화대국으로 만드는 데 기여하기만
하는 것이 아니라 경제, 외교적으로 이익을 가져다주는 점 또한 적지 않
으며, 우리의 노력 여하에 따라 앞으로 더 큰 이익을 가져다줄 보물 같은
존재가 될 수 있다. 외국에서 한국 드라마를 보거나, K팝을 듣거나, 한
국 웹툰을 읽으며 자라난 사람들이 정치가, 기업인, 자본가, 언론인, 그
리고 일반 소비자로서 한국에 호감을 갖고, 한국에 투자하고, 한국 물건
을 사면서 우리에게 커다란 이익을 가져다줄 수 있기 때문이다.

　　　　　　　　　　　　　　　　　　　한국을 다시 위대하게

살기 좋은 금수강산을 만들자

미국이 오늘날과 같은 세계 최대의 강대국이 될 수 있었던 이유 가운데 하나로 세계 각국의 수많은 인종이 마치 용광로처럼 섞여 거대한 합중국을 이룩한 점을 들 수 있다. 19세기 이후 종교적, 정치적인 박해를 피하거나 경제적인 성공을 위해 유럽 각국의 수많은 학자, 발명가, 숙련 기술자, 자본가, 노동자, 농민들이 신천지인 미국으로 몰려왔다. 19세기 초부터 20세기 초까지 약 100년 동안 3,000만 명이 넘는 유럽인들이 미국으로 이주하였으며, 이 같은 두뇌와 산업인력들의 대거 이동은 유럽의 쇠퇴와 미국의 약진으로 이어졌다.

이제는 우리도 미국처럼 세계 모든 나라 사람들을 이 땅에 불러들여 함께 어울려 사는 다문화 사회가 되어야 한다. 그러자면 우리나라에서 외국인들이 사는 데 불편을 느끼지 않고 오히려 본국에서보다 더 안락한 생활을 누릴 수 있게 외국인 거주자를 위한 교육, 문화, 생활 등 인프라 구축에 힘써야 한다. 아울러 세계 모든 나라 사람들이 와서 살고 싶어 하고 그것이 여의찮으면 잠깐 들렀다가 가고 싶은 마음이 드는 아름다운 나라를 만들어야 한다. 우리는 세계인들이 아름다운 금수강산에 반해 이 땅에 자리를 잡고 살거나 자주 들르고 싶은 마음이 들도록 국토를 더욱 아름답게 가꾸고 단장하는 일을 소홀히 하지 말아야 한다.

사회 갈등이 최소화된 정의사회 구현

미래 우리 사회는 사회적, 경제적 약자들이 고도로 선진화된 사법제도의 보호 아래 조금도 불편하거나 억울한 일을 당하지 않고 살 수 있게 돼야 한다. 간혹 본의 아니게 소송에 휘말리게 될 경우 정의감이 넘치는 유능한 변호사의 조력을 받아 비교적 적은 비용으로 소송을 진행할 수 있고, 보통 3~6개월이면 결론이 나서 이후 사업 또는 생활에 안정을 되찾을 수 있어야 한다. 전직 법관[46] 출신 변호사들은 공정하고 합리적인 소송 문화를 정립하는 데 앞장서고 사회적 약자 보호와 정의사회 구현에 선구자적 임무를 수행하는 등 사회 지도층 인사로서 만인의 존경과 사랑을 받을 수 있어야 한다. 이들은 돈이 없어 변호사를 선임할 수 없는 소송 당사자들을 위해 돌아가면서 국선 변호인을 자임하고 일반 의뢰인과 똑같이 소송 업무를 수행할 수도 있어야 한다.

◆ 정의의 사각지대 해소

그동안 정치권을 중심으로 우리 사회의 양극화 현상을 완화하기 위한 경제민주화 논의가 뜨겁다. 그런데 이와 비슷한 논리로서 우리 사회에는 사회적, 경제적 약자들이 각종 소송에 휘말려 들어갈 경우 대처 능력 부족으로 매우 곤경에 처하는 일이 자주 발생한다. 소위 돈 없고 백 없는 사람은 각종 재판에서 상대적 불이익을 당하는 경우가 많아

---

46) 검사도 법관에 포함되는 것으로 간주한다.

'유전무죄, 무전유죄'라는 유행어까지 생겨났다. 우리 주변에서는 일반 서민들이 자의 반 타의 반으로 각종 소송에 휘말릴 경우 수임료도 비싸고 고액의 성공보수금까지 따로 지급해야 하는 부담 때문에 승소율이 높은[47] 전관예우 변호사를 선임하지 못해 애를 태우는 모습을 많이 볼 수 있다.

세상에서 가장 공정하고 평등해야 할 소송 업무가 많은 돈을 들여 전관예우 변호사를 선임하면 승소율이 높아지고, 일반 변호사를 선임하면 승소율이 낮아지며, 그나마 변호사 선임할 비용도 없어 국선 변호인을 선임하면 승소율이 더욱 낮아지게 된다. 세상에 이런 법이 어디 있다는 말인가! 이는 경제민주화 논쟁의 주요 타깃인 소득 양극화 현상 못지않게 아니 어떤 의미에서는 소득 양극화 현상보다 심각한 우리 사회의 병폐요 어두운 면이다.

그런데도 그동안 정치권에서는 경제민주화를 위해 그렇게 많은 노력을 기울이면서도 사회적, 경제적 약자들이 각종 소송에 휘말리면서 겪는 설움과 절망감에 대하여는 그다지 관심을 기울이지 않았던 것 같다. 미래 사회는 이처럼 정의의 사각지대에서 남모르게 고통받고 사는 사회적, 경제적 약자들의 눈물을 닦아주는 법조 시스템이 구축돼야 한다.

◆ 전관예우 근절하고 재판 신속화

우리 사회 최고의 지식인 그룹이요 성직이라고 할 수 있는 법관들이

---

47) 형사재판에서 무죄 판결을 받거나 형량이 낮아지는 것도 같은 개념에 포함하기로 한다.

퇴임 후에는 전관예우로서 큰돈을 버는 길이 보장된다는 말을 듣는다는 것은 어쩐지 씁쓸한 느낌이 든다. 법관 퇴임 후 평생 변호사 업무를 수행할 수 있다는 것만으로 만족하면서, 전관예우라는 말뜻이 현직 법관들과 일반 변호사들에게 귀감이 되고 존경을 받는 대상이라는 의미로 받아들여진다면 얼마나 좋을까.

법관 출신 변호사에 대한 전관예우 논란은 미국, 일본, 독일 등 다른 선진국과 달리 유난히 한국에서 문제가 되는 것으로 우리의 국격을 생각해서라도 반드시 근절돼야 할 폐단이다. 우리나라도 전관예우의 폐단을 없애기 위해 '전관예우금지법'을 만들어 시행하고 있지만 규제가 미약해서 사실상 효과를 거두지 못하고 있다. 이 또한 대증요법이 아닌 근원적 근절 방안이 마련돼야 할 것 같다.

사법부의 영향을 받지 않는 완전히 독립적인 사법개혁위원회를 설치하고 전관예우 관행을 근절하는 방안을 마련하여 국민 앞에 내놓아야 한다. 그리하여 국민적 지지를 바탕으로 절대로 전관예우가 통하지 않는 법조 시스템을 확실하게 구축해야 한다. 참신하고 유능한 새내기 또는 일반 변호사들이 각자 능력에 부합하는 수준의 사건을 최대한 수임하여 드라마의 주인공처럼 사회적 약자의 편에서 종횡무진 활약할 수 있는 무대를 마련해줘야 한다. 이렇게 해서 변호사의 소송 수행 능력이 법관과의 친분 관계가 아닌 변호사 자신의 실력과 노력으로 좌우되는 사회가 되어야 한다.

최근 들어서는 요즘 심각한 사회문제로 떠오른 학폭에도 또 다른 유형의 전관예우가 등장하는 것 같다. 학폭을 행사한 학생은 전직 검사 출신 변호사인 아버지 덕분에 소송으로 시간을 끌어 유명 대학에 입학할 수 있었던 반면, 학폭 피해자는 후유증에 시달리다가 학업을 중단하게 되는 참으로 불공평한 일이 또 언제든지 일어날 수 있으니 말이다.

한편, 국내의 다양한 사회 갈등 해소를 위해서는 각종 재판의 신속화를 통해 억울한 일을 당한 사람이나 기업 간 또는 개인 간의 갈등 관계를 즉시 또는 조기에 해소할 수 있어야 한다. 우리 사회 전반에 걸쳐 수많은 갈등 관계가 장기간 얽히고설키다 보면 그만큼 우리 사회의 활력이 떨어지게 된다. 그런데 우리나라에서는 웬일인지 그다지 복잡하지 않은 사건이라도 소송을 제기한 후 최종 판결이 이뤄지기까지는 보통 수년이 걸린다. 특히 억울한 일을 당해 소송을 제기했거나 잘못한 일이 없는데도 소송을 당한 사회적 약자 또는 중소기업인의 경우, 최종 판결로 억울함을 씻고 재산상의 손해를 보전하기까지 피를 말리는 하루하루를 보내야 하고, 심한 경우 재판 도중에 망해 버릴 수도 있다. 선거법 위반으로 1심에서 당선 무효형을 선고받은 사람이 최종 판결을 받기까지 시간이 너무 많이 걸려 국회의원이나 단체장 임기를 다 채우게 되는 일 또한 비일비재한 실정이다.

공직선거법 제270조에 의하면 선거법 재판의 경우 1심은 공소제기 후 6개월, 2심 및 3심은 전심 선고 후 각 3개월 이내에 선고하도록 되어 있다. 그런데 2022년 9월 선거법 위반 혐의로 기소된 이재명 전 민주당 대표의 경우 공소 제기 후 2년 2개월이 지난 2024년 11월 15일에 1심 선고, 1심 선고 후 4개월이 지난 2025년 3월 26일에 2심 선고, 2심 선고 후 1개월 지난 같은 해 5월 1일 3심 선고가 이뤄졌다. 이렇게 1심 선고가 법정 선고 기한보다 1년 8개월이나 늦어지는 바람에 2025

년 6월 3일에 치러진 조기 대선을 앞두고 대혼란이 벌어졌다.

일반 민·형사 사건에서도 민사합의부 1심의 평균 처리 기간이 2019년 9.9개월에서 2023년 15.8개월로 길어졌고, 형사합의부 1심의 평균 처리 기간은 2019년 174일에서 2023년 228.7일로 길어졌다. 2024년 기준 법관 정원이 3,214명으로서 2014년 이후 10년째 동결되었기 때문이다. 2019년 기준으로 한국에서 법관 1인당 사건 수가 독일의 5.17배, 일본의 3.05배, 프랑스의 2.36배에 이르고 있다. 최소한 지금보다 법관을 2~3배로 늘려야 하는데, 향후 5년간 법관 370명을 증원하는 개정안도 폐기된 상태다.

정치권과 법조계 그리고 정부에서는 이 문제를 사법 제도상 불가피한 일이라고 간과할 것이 아니라 문제점을 해소할 방안을 심도 있게 검토하여 합리적인 방안을 내놓아야 한다. 일반 법관 또는 AI 판사를 대폭 늘려 소송 기간을 크게 단축함으로써, 사회적 약자들의 고통을 덜어주고 사회 갈등을 완화하는 것이 꼭 필요하다. 미래 우리 사회는 각종 소송 제도가 두려움의 대상이 아니라 사회적, 경제적 약자들의 근심을 덜어주고 애로사항을 해결해 주는 고마운 존재로 획기적인 변화가 이뤄져야 한다.

세계에서 가장 살기 좋은 복지국가 및
스마트 사회 구현

◆ 세계 최고의 복지국가, 안심사회 구축

우리나라가 통일 강국[48]이 되는 과정에서 막강해진 국부와 자연스럽게 늘어나는 조세 수입을 통해 그동안 국가 위기 극복 과정에서 자제해 왔던 복지 체제를 합리적으로 확대 재편하는 것이 가능하게 된다. 그동안 70여 년을 절망과 기아 속에서 힘든 고난의 세월을 보냈을 북한 동포들에게도 따뜻한 구호의 손길을 마음껏 보낼 수 있게 될 것이다.

그런데 사실은 아무리 나라가 부강해져도 상대적으로 가난한 사람 또는 불행한 사람은 있기 마련이다. 이와 같은 복지의 사각지대를 최소화하는 것이 복지 정책의 진수라고 할 수 있다. 우리는 지금부터 복지 사각지대를 최소화할 수 있는 세계에서 가장 합리적이고 효율적인 복지제도를 고안하여 점진적으로 정부 정책에 반영해 나가도록 해야 한다. 그리하여 우리나라가 통일 강국이 된 이후에는 세계 모든 나라 사람들이 부러워하는 최상의 복지국가를 반드시 구현하도록 해야 한다.

나아가서 이 땅에 세계인이 부러워하는 최상의 복지사회를 구현하기 위해서는 물질적인 풍요로움 못지않게 누구나 마음 놓고 살 수 있는 안심 사회, 성숙한 시민 의식이 뿌리내린 아름다운 사회를 만들어야 한다. 그동안 TV를 보는 게 겁날 정도로 끔찍하고 어처구니없는 사

---

48) 우리나라가 통일 대업을 이루고, 아울러 세계 주요 강대국의 일원이 되는 것을 의미한다.

건이 자주 일어났다. "이래서야 어디 마음 놓고 어딜 가거나 각종 시설을 이용할 수 있을까" 하는 생각도 든다. 미래 우리 사회는 치안 및 안전 유지에 필요한 각종 첨단 시스템을 충분히 갖추고 관련 공직자들의 자질 또한 크게 향상시킴으로써 모든 시민이 불의의 참사, 사고, 피습을 당하는 일이 없도록 해야 할 것이다. IoT, AI, 빅데이터, 로봇 기반의 첨단 기술과 우수한 인적 자원을 토대로 세계 각국이 부러워하는 한국형 치안 및 안전관리 시스템을 구축해야 한다.

◆ 전 국민이 한 가족처럼, 살기 좋은 스마트 사회 구축

우리나라가 국가 개혁의 성공적 추진으로 통일 강국의 꿈을 이루고 문화대국으로 자리매김하면서 우리 국민들의 의식 세계 또한 세계 모든 사람의 귀감이 되고 모범이 될 만큼 깨어 있어야 한다. 이 나라의 미래를 이끌어갈 주인공인 꿈나무들은 세계 최고 수준의 공교육 시스템 덕분에 감수성이 예민한 학창시절부터 올바른 가치관과 인성 함양에 많은 공을 들임으로써 성숙한 민주시민, 애국시민, 문화시민으로 성장할 수 있어야 한다. 모든 사회 구성원은 성숙한 민주, 문화시민으로서 서로 공경하는 마음을 잃지 않고 정의사회 구현을 위해 다 함께 노력해야 할 것이다.

한편, 4차 산업혁명 시대를 맞이하여 IoT, AI, 빅데이터 기반으로 조성되는 만물 초지능 생태계는 21세기 미래 산업구조뿐 아니라 우리가 사는 도시 형태까지 몽땅 바꿔놓을 것으로 보인다. 이와 같이 최첨단 IT 기술을 이용하여 네트워크화되고 지능화되고 똑똑한 '스마트시티(Smart City)' 시대가 도래하는 것이다. 지금 주요 선진국과 작지만 똑똑한 축에 들어가는 싱가포르, 두바이 같은 나라들을 중심으로 스마트 시티 개발 붐이 일기 시작하는 것 같은데, 우리는 지금부터라도 전국을 수많은 스마트시티로 연결하는 프로젝트를 수립하고 그 추진에 박차를 가할 필요가 있다. 우리는 전국 스마트시티 종합 개발을 통해 지역 간 갈등과 도시 안에서 발생하는 공해, 위생, 범죄, 교통, 안전 문제 등을 해소함과 동시에, 모든 시민이 가장 효율적으로 배치된 각종 공공, 문화, 복지 시설을 마음껏 이용하면서 최상의 복지와 안락을 누릴 수 있도록 해야 한다.

남북한을 합한 우리나라 국토 면적은 22만 3,348km²로 중국 충칭시 면적(8만 2,000km²)의 2.7배에 불과하다. 따라서 제3부에서 말한 것처럼 전국을 10개 정도의 대도시와 100개 정도의 중소도시로 재편하면서 각각을 세계 최고 수준의 스마트시티로 차츰 업그레이드시켜 나가야 할 것이다. 이 땅에 아담하면서 초지능적이고 똑똑한 스마트시티 천국을, 세계인이 부러워하는 지상 낙원을 건설하는 것이다.

내가 살아온 길

◆ 어린 시절

내가 태어난 곳은 전라북도 김제시 소재지에서 약 12km 떨어진 아주 한적한 시골 마을이었다. 나의 아버지는 얼굴도 미남이시고 꽤 똑똑한 편이었다고 하는데 쓰러져 가는 마을 친구분 집수리하는 데 도와주러 가셨다가 갑자기 집이 무너지는 바람에 꽃다운 23세 나이에 돌아가셨다. 내가 태어나기 4개월 전이었다.

그런데 신기한 것은 내 외할머니께서 아버지가 돌아가신 날 밤에 서울 외삼촌댁에서 주무시면서 꿈을 꾸었는데, 우리 집 후원 꽃밭에 아주 커다란 공작새 한 마리가 앉아 있더라는 것이다. 외할머니는 그 새가 공작새 같기도 하고 학 같기도 하였다고 말씀하셨다. 외할머니는 너무 신기해서 부엌에 계시는 어머니를 불렀고 어머니가 나타나자마자 그 새는 훌쩍 날아갔는데, 새가 앉았던 자리에는 커다란 알이 놓여 있었다고 하셨다. 어머니는 그 알에서 사람이 나올 거라고 태연하게 말하더라는 것이다. 아무튼 신기하게도 그날 아버지가 돌아가셨다.

나는 그렇게 유복자로 태어났는데 어렸을 때 마을 어른들이 신동이라고 부를 만큼 머리가 좋았다. 내가 초등학교에 들어가기 전에 할아버지께서 틈틈이 한자를 가르쳐 주신 것 같기는 한데, 서당에서처럼 정식으로 한자를 배우지는 않았다. 그런데도 아는 한자가 꽤 많아서 마을 어른들이 나만 보면 땅바닥에 나뭇가지로 한자를 쓰고는 읽어보라고 했는데 이때 어설프게 익힌 한자 실력으로 초등학교에 입학할 무렵에는 국한문 혼용체로 된 신문을 막힘없이 읽을 정도가 됐다.

당연히 초등학교 때 성적은 항상 선두를 달렸고 2학년에서 3학년을 건너뛰고 4학년으로 월반하기도 했다. 당시 내 보호자이셨던 삼촌이 내 출생신고 지연으로 입학이 1년 늦어진 것을 만회하기 위한 조치였다. 그런데 산수 과목의 경우 3학년 때 구구단을 배우게 되어 있으므로 4학년이 되기 전에 구구단을 다 외우는 것이 필요했다. 그래서 집안 형님 한 분이 어느 날 밤 우리 집에 오셔서 내게 구구단을 가르쳐 주었는데, 그때 내가 구구단 외우는 것을 보기 위해 우리 집에 모인 마을 어른들 앞에서 성공적으로 구구단을 다 외웠다.

이렇게 공부는 꽤 잘해서 마을이나 집안 어른들 모두 앞날이 촉망된다고 칭찬을 많이 해 주셨는데, 나에게는 아주 큰 약점이 하나 있었다. 신체가 또래 아이들에 비해 지극히 왜소하고 비실비실해서 같이 놀아 주는 동무가 없을 정도였다. 그러다 보니 나는 어디를 가나 항상 외톨이였고 사회생활은 그야말로 빵점 수준이었다. 이것은 결과적으로 내 청소년 시절의 실패를 가져온 결정적인 요인이 되었다.

◆ 청소년 시절

나는 초등학교를 졸업하고 전라북도에서 최고 명문 중학교인 전주북중에 입학했다. 당시 우리 학교에서는 체육관 건립 예산 확보를 위해

당초 예정 인원보다 60명을 더 뽑은 데다 기여 입학생으로 91명을 추가 입학시켜 입학생 수가 631명이었다. 나는 2학년 때까지만 해도 631명 중 6등을 할 정도로 공부를 꽤 잘했는데, 이 정도 실력이면 당시 국내 최고 명문 고등학교인 경기고에도 입학할 수 있을 거라고 했다. 게다가 내가 처음 입학할 때는 추가 모집 덕에 겨우 합격을 했으니까 500등 정도였고 입학 직후 첫 시험에서는 250등 정도, 그 후 계속 치고 올라가 6등까지 했으니 잘하면 전교 1등도 가능했을 것이다. 그렇지만 그게 전부였다.

나는 중학교에 입학한 후 초등학교 때에 비해서 체격 조건은 상당히 양호해졌지만 여전히 동급생들에 비해 매우 약한 편이었고, 그보다 큰 문제는 어렸을 때부터 또래 아이들과 어울려 지내지 못한 탓에 공부 외에는 아무것도 할 수 있는 게 없었다. 예를 들어 체육 시간에 다른 애들이 다 하는 뜀틀 넘기를 하지 못해 웃음거리가 되고, 구기 종목도 전혀 할 줄을 몰라 다른 애들이 즐겁게 뛰놀 때 운동장 한구석에 쪼그리고 앉아있어야 했다. 때마침 사춘기에 접어들면서 나는 이런 내 모습이 점점 너무 창피하고 싫어졌다. 내 주변에 친구라고는 한 명도 없어 외롭기도 했다. 공부는 못해도 친구들과 잘 어울리면서 폼나게 노는 애들이 부러웠다.

지금 같았으면 설령 그런 마음이 들었어도 "이제 3학년이 되었으니 더 열심히 공부해서 명문 고등학교에 입학한 후에 친구도 사귀면서 폼나게 놀아보자"라고 당연히 마음을 돌렸을 것이다. 그런데 그때는 사춘기라서 그런지 그게 안 되었다. 지금 생각하면 땅을 치고 후회할 일이지만 나는 그때부터 그래도 내가 공부를 잘한다는 이유로 약간 호감을 갖고 있는 몇몇 친구들과 어울려 호연지기를 기른답시고 산에 올라 막걸리도 마시고 하면서 자연히 공부와는 담을 쌓게 되었다. 한 번은 친구들과 산에 올라 막걸리를 마시다가 그 옛날 나폴레옹이 손바닥에 칼로 성공선(손금)을 그었다는 말이 떠올라 아픈 것을 참고 그대로 흉내 낸 적도 있었다. 이렇게 중학교 2학년 말에서 3학년 초까지 3~4개월 사이에 일어난 심경 변화로 인해 내 성격도 많이 바뀌었다. 지나치게 온순하고 얌전하기만 한 성격에서 여전히 점잖기는 하지만 내심으로는 승부욕과 성취욕이 강한, 한마디로 말해서 '외유내유'에서 '외유내강'으로 바뀐 것이다. 사실 그때부터 나는 일생을 평범하게 살기보다는 국가와 사회를 위해 뭔가 의미 있는 일을 해 보겠다는 생각으로 일관해 왔다. 능력도 없으면서 꿈만 야무진 철부지가 된 셈이다.

그 뒤로 나는 실업계 고등학교를 졸업하고 부산에 있는 공장 근로자로 6개월 근무하다가 고향 시골 마을로 돌아가 4H(청년농업인단체) 활동, 영농단체 소속 부화장 사환, 면사무소 사무 보조원 등으로 그럭저럭 세월을 보내다가 1970년대 초에는 신민당 김제시 지구당에서 청년 간부로 일하기도 했다.

그 후 단위농협에서 잠시 근무한 것을 빼고는 또다시 5년 동안 할 일 없이 빈둥거리며 세월만 축냈다. 몸은 농촌에 있지만 재산이라고는 시골 초가집 한 채와 논 2,400평이 전부이고 더욱이 농사일은 체질에 맞지도 않으며, 취업을 하자니 오라는 데도 없고 게다가 실력도 없고, 그야말로 눈앞이 캄캄하고 절망적이었다. 요즘 젊은이들이 말하는 헬조선이라는 표현이 그때 나에게 딱 들어맞았던 것 같다. 의식주가 곤궁했던 것은 아니지만 미래 희망이 전혀 보이지 않는 암흑 같은 현실이 내

마음을 지옥 같은 곳으로 자꾸만 밀어 넣는 것 같았다.

◆ 일체유심조

　이렇게 수년 동안을 번민과 고뇌 속에 방황의 세월을 보내고 있던 나에게 어느 날 갑자기 유명한 글귀 하나가 퍼뜩 머릿속에 떠올랐다. 얼마 전에 책에서 본 원효대사의 '일체유심조'라는 글귀였다. 세상 모든 일이 마음먹기에 달렸다는 말이다. 그때 내 나이가 27세였다. "그렇지! 나는 중학교 2학년 때까지 공부를 아주 잘했어. 내가 아직까지 중학교 2학년생이라 생각하고 지금부터 다시 시작하는 거야. 그동안 허송세월한 시간이 아직은 12년밖에 되지 않아. 나에게 남은 인생이 아직도 50년 이상 남았으니 지금부터 시작해도 늦지 않을 거야."

　그때 불현듯 사마천이 쓴 『사기(史記)』에 나오는 공손홍(公孫弘)의 이야기도 함께 머릿속에 떠올랐다. 그는 젊었을 때 낮은 벼슬아치인 옥리가 되었다가 죄를 얻어 면직된 후 돼지치기로 생계를 유지하였다. 그러다 40세가 넘은 나이에 비로소 입신양명의 뜻을 세우고 유학을 공부하기 시작해 60세에 이르러서야 박사로서 관직에 나가게 되었다. 그 후 당시 한무제에게 발탁되어 74세에 어사대부가 되고 76세에는 승상에 임명되었다. 공손홍을 생각하면 무슨 일을 시작해야 할 때 "나는 나이가 많아서 안 돼"라는 말을 할 수는 없을 것 같았다. '세상 모든 일은 마음먹기에 달렸다'는 생각으로 내 결심은 더 확고하게 굳어지는 것 같았다.

　이렇게 한순간 마음을 고쳐먹으니 갑자기 세상이 달라져 보였다. 칠흑 같은 어둠이 사라지고 새 아침을 맞이한 것과 같은 기분이 들었다.

한국을 다시 위대하게

그때부터 나는 중학교 2학년 영어 교과서부터 공부를 시작했다. 내가 공부를 시작하자 집안 어른들은 말할 것도 없고 마을 어른들까지 "공부도 다 때가 있는 법인데 지금부터 공부를 해서 무엇 하겠느냐. 그러지 말고 농사일에나 힘쓰거라"라면서 말리셨다. 그래도 한 번 결심한 내 마음을 그 누구도 바꿀 수는 없었다.

당시 내 공부 환경은 열악하기 짝이 없었다. 중·고등학교 교과서와 영어사전은 학교를 갓 졸업한 애들한테 빌려서 볼 수 있었지만, 어머니한테 용돈을 일일이 타서 써야 하는 형편인지라 내가 공부하는 것을 마뜩잖아하시는 어머니한테 필기도구 살 돈을 달라고 할 엄두도 나지 않았다. 요즘 젊은이들은 지금 내가 하는 말을 믿기 어렵겠지만 그땐 정말 그랬다. 아무튼 나는 그때 몽땅 연필을 대막대기에 꽂아 쓰고 달력 뒷면을 연습장으로 사용하였으며, 농사일을 거들면서 영어 단어를 적어 놓은 메모지를 주머니에서 꺼내 틈틈이 외우기도 했다. 그렇게 1년여 동안 열심히 공부하는 모습을 보신 어머니께서 비로소 내 비장한 결심을 이해하셨는지 공무원 시험 준비에 필요한 책 한 권을 살 돈을 마련해주시고 학원에도 보내주셨다. 학원에서 3개월 수강을 받은 후 9급 공무원 시험에 응시했는데 다행히 첫 시험에 합격했다.

그런데 그때만 해도 공무원 시험에 합격한 후 자신이 원하는 기관에 발령받으려면 누군가 힘 있는 분의 조력이 필요했다. 그 당시 내가 근무하고 싶었던 곳은 이권을 행사할 수 있는 기관이 아니라, 근무하면서 배울 점이 많고 뭔가 불합리하고 잘못된 점들을 내 작은 힘으로 찾아내 개선해 나갈 수 있는 그런 곳을 원했다. 그런데 당연히 내 뜻대로 되지 않았고 여기서 계속 근무해서는 내가 하고 싶은 일을 전혀 할 수

없겠다는 생각에 1년 6개월 만에 사직서를 내고 나와서 또다시 2년의
준비 과정을 거쳐 1980년 5월 감사원 7급 시험에 합격했다.

◆ 아쉬운 공직생활

나는 감사원에 근무한 28년 동안 실로 많은 것을 배우고 경험했으며
청년 시절에 못다 한 대학(방송통신대학)과 대학원(고려대학교 정책대학원)까
지 졸업할 수 있었다. 보통 사람들 같으면 당연한 일이지만 1970년대 번
민과 고뇌의 늪에 빠져 허우적대던 시절을 생각하면 성공한 삶이라고
말할 수 있을 것 같다. 보다 정확하게 말하면 반(半)성공이지만 말이다.

내가 감사원에 근무하면서 많은 것을 배우고 경험한 것은 맞지만 뭔
가 '불합리하고 잘못된 점들을 찾아내 개선해 나가는' 일 만큼은 기대
했던 것만큼 이루지 못했던 것 같다. 그동안 수많은 기관을 찾아 크
고 작은 정책 집행 과정을 상당 부분 살펴보았지만, 정부에서 정한 정
책의 틀 안에서 루틴화된 규정 위반사항을 찾아내 지적하는 것이 거의
전부였던 것 같다.

그래도 재직 기간 중에 불합리한 사업 추진 방식을 개선해 예산을
절감하도록 한 것 중 기억에 남는 사례가 있어 조금 보람이 느껴지기는
한다. 1990년에 농림수산부(현 농림축산식품부)가 농어촌 가로등 설치 사
업을 추진하면서 기존 전봇대에 가로등을 부착하기만 하면 될 것을 새
로 콘크리트 기둥을 세운 뒤 가로등을 부착하는 방식으로 사업을 추
진함으로써 예산을 낭비하고 있었다. 농림수산부에서 전국 시·군에 지
침을 시달하여 사업을 시행하는데, 전국 시·군 가운데 절반은 한전 지

사와 협의하여 기존 전봇대에 가로등을 부착한 반면, 나머지 절반은 새로 콘크리트 기둥을 세운 뒤 가로등을 부착하는 방법으로 사업을 시행하고 있었던 것이다. 전국 시·군의 절반이 이렇게 수년 동안 불합리한 방법으로 사업을 시행하고 있었는데, 나머지 사업 기간에 계속 같은 방식으로 사업을 시행할 경우 그 당시 화폐 가치로 약 200억 원 상당의 예산이 낭비되었을 것이다.

어떤 경우에는 '특정 정책 사항에 대하여 수개월 내지 1년 정도 시간을 두고 심도 있는 감사를 실시함으로써 당해 기관이 미처 생각하지 못했거나 무사안일주의로 인해 회피해 온 혁신적 정책 대안을 발굴해 제시할 수 있었으면' 하는 생각이 종종 들기도 했다.

혁신은 '창조적 파괴'에서 나온다. 앞으로 우리나라가 국내외적으로 어려운 상황을 잘 이겨내고 부강한 나라를 만들어 나가기 위해서는 정부 운영 규칙이 좀 더 파격적으로 바뀌어야 할 것으로 보인다. 다시 말해서 기존의 루틴화된 방식을 벗어나 보다 혁신적인 제도를 도입함으로써 정부의 효율성과 생산성을 배가할 수 있는 길을 찾아보자는 것이다.

◆ 책 만들기

나는 감사원 재직 중에 생각해 왔던 것들을 퇴직 후에 책으로 만들어야겠다고 생각을 해왔는데, 막상 퇴직하고 책을 쓰려고 하니 생각처럼 그렇게 쉽지 않았다. 그래서 퇴직 후 1년간 책을 만드는 데 소재가 될 만한 서적들을 20여 권 사서 탐독했다. 감사원 재직 중에는 깊이 있는 독서를 할 여유를 갖지 못했기 때문이다. 그러고 나서 중소기업 1년 그리고 현대건설㈜ 2년 이렇게 3년을 더 근무한 후, 2년 동안에 쓴 책을 2016년 2월에 내놓았다. 그런데 그해 7월경에 한반도선진화재단 이사장과 국회의원을 역임하신 박세일 교수님한테 출판사를 통해 연락이 와서 전화를 드렸더니, 내가 쓴 책을 보았다며 "지금 우리나라에 이런 책이 꼭 나와야 한다"라고 말했다. 그리고 지금은 사정이 있어서 만날 수 없으니 한두 달 뒤에 만나자고 하셨다. 그런데 그 뒤 연락이 없었는데 이듬해 1월 인터넷을 통해 교수님이 돌아가신 것을 알게 되었다. 그동안 암 투병 중이어서 연락을 못한 것이다.

그런데 그 후에도 3년 동안 내용을 보완해 가면서 세 차례나 더 책을 내놓았는데도 아무도 거들떠보지 않는 일이 되풀이되어 더 이상 도전할 엄두를 못 내고 포기를 했는데, 2020년 2월 내게 또 한 차례 시련이 다가왔다. 그 무렵 결혼을 앞둔 아들에게 아파트를 증여하는 데 필요한 세금(증여 주택에 포함된 전세보증금 양도세)과 생활비 등을 마련하기 위해 은행에서 1억 원의 담보 대출을 받았는데, 마침 내 친한 아우 한 사람이 지금 선물옵션 투자를 하면 돈을 벌 수 있는 길이 있다면서 권하기에 노후 자금이 절실하게 필요하던 차에 두말없이 응했다. 두 달 뒤 세금 납부 기한까지 회수하는 조건이었다. 그런데 어찌 된 일인지 한 달 만에 투자금이 반토막 나 버렸다. 코로나 때문이라고 하는데 아무튼 방법이 없었다. 나이가 많은 데다가 기존 은행 대출이 이미 한도를 초과해 더 이상 대출도 안 되고, 친구들한테 돈을 빌리려고 했지만 5,000만 원을 선뜻 빌려주겠다는 사람은 없었다. 생전 처음 당하는 일이라 당혹스럽고, 가족과 상의할 수도 없는 그야말로 벙어리 냉가슴 앓는 꼴이었다.

한국을 다시 위대하게

그런데 이번에도 걷잡을 수 없는 고뇌의 순간에 불현듯 뇌리를 스치는 글귀가 있었는데 바로 '일체유심조'였다. "나에게 또 이런 시련이 닥쳐온 것은 뜻있는 일을 중단 없이 계속하라는 의미가 아닐까?" 사실 더 이상 책을 만들어 세상에 내놓는 일이 엄두가 나지 않았었는데, 이 일을 계기로 불현듯 다시 도전해 보고 싶다는 생각이 떠올랐던 것이다. 어차피 단 한 푼의 용돈도 쓸 수 없게 된 마당에, 신세타령이나 하면서 하릴없이 집 안에 처박혀 있는 것보다는 그 편이 훨씬 나을 것 같은 생각도 들었다.

"그래! 다시 시작해 보자. 이번에는 2~3년 동안 관련 서적들을 더 열심히 탐독한 후에 혼신의 노력을 기울여 내가 하고 싶은 말들을 조리 있게 정리해서 제대로 된 책을 만들어 보자!" 그러고 나서 3년 반 동안 관련 서적 30여 권을 읽고 학습하는 일을 반복했다. 그리고 그 와중에 친구 두 사람에게 5,000만 원을 빌려 세금 납부와 생활비 등에 충당하고 매달 비싼 이자 납부하느라고 다른 친구들한테 수시로 돈을 빌리는 일이 반복되었다. 이렇게 해서 2023년 10월 다섯 번째 졸작을 내놓았지만 이번에도 역시 전혀 반응이 없었다. 그렇지만 이번에는 책 만드는 일을 포기하지 않고 또다시 책 내용을 보완하기 위한 준비 작업을 계속했다.

나는 처음부터 '좋은 책을 만들기 위해서는 관련 분야의 책을 많이 읽어야 한다'고 생각해서 책을 만들기 위한 준비 기간의 대부분을 독서로 보냈다. 그런데 나이가 들어서 그런지 책을 읽자마자 그 내용을 금세 잊어버리기 일쑤여서, 한참 뒤에 생각해 보면 아무것도 남아 있지 않은 것 같았다. 그래서 많은 책을 읽기보다는 꼭 필요한 책을 엄선해서 여러 번 반복해서 읽곤 했는데, 그래도 남는 게 별로 없다는 생각이 들어 고민하던 차에 마지막으로 한 가지 방법이 떠올랐다. 그래서 그 이후로는 책을 읽으면서 그 내용을 5~10분의 1 정도로 요약해 두고, 그 요약 분을 다시 반복해서 읽는 것이다. 그것은 맹자 이루장구(離婁章句) 하편 15장에 "널리 배우고 자세히 말하는 것은 장차 간략하게 설명하기 위함이다(博學而詳說之 將以反說約也)"라고 한 말에서 힌트를 얻은 것이다. 그런데 이 방법은 확실히 효과가 있는 것 같았다. 하지만 이 방법을 깨달은 게 겨우 1년 전이어서 본격적인 독서를 시작한 2020년 이후 4년간은 매우 비효율적인 방식으로 독서를 한 것 같아 아쉽다는 생각이 들었다.

그렇게 1년의 세월이 또 흘러갔는데 2024년 12월 3일 윤석열 전 대통령의 비상계엄 선포 이후 6개월간 우리나라는 국정이 마비되고 진보와 극우 세력이 연일 아스팔트에서 혈투를 벌이는 대혼란의 시기를 겪었다. 결국 조기 대선을 통해 2025년 6월 4일 문재인 정부에 이어 또다시 진보 정부가 들어서게 되었다. 반면에 한국 보수는 극우 세력이 당내에서 확실하게 세력을 구축하게 되었으며, 친윤과 친한계 간 대립과 갈등이 표면에 드러나면서 극심한 내홍에 빠져들었다.

지금 대한민국은 대내외적으로 안보와 경제 위기가 심화되고 있는 가운데, 이 나라 정치 또한 극과 극을 오가는 대립과 분열의 양상을 보임으로써 한 치 앞을 내다볼 수 없는 상황이다. 바라건대 현 진보 정부가 지난 문재인 정부 시절과 같은 아집과 독선의 국정 운영 방식을 벗어나, 이념을 초월해서 오로지 '한국을 다시 위대하게 만드는' 일에 집

한국을 다시 위대하게

중하는 모습을 보여주기를 빌고 또 빈다. 아울러 한국 보수는 윤석열 전 대통령에 대한 잔영(殘影)을 과감히 지워버리고, 극우 아닌 정통 보수 이미지를 되살려 국민에게 신뢰받는 대한민국 보수 정당으로 확실하게 자리매김해야 한다. 그리고 지금은 절체절명의 국가 위기 상황이므로 진보 여당이 현 위기 상황 타개를 위해 바른 정책을 지향한다면 기꺼이 협력해서 국력을 한데 모으고, 올바르지 못한 길을 가고자 할 때는 반대 사유를 분명하고 조리 있게 밝혀서 대국민 지지를 확보할 수 있도록 최선을 다해야 한다. 그리하여 가능하다면 2028년 총선에서 승리를 거두어 대안 정당으로서의 역할을 충실히 수행할 수 있게 되어야 할 것이다. 이와 같은 심경으로 지난 15년간 꾸준히 연찬해 온 개혁 관련 소견에 지난 2년 동안의 소견을 덧붙여 여섯 번째 졸작을 다시 내놓게 되었다.

2025년 7월
이용우

한국을 다시 위대하게

국민이 만들어 갑니다

초판 1쇄   2025년 7월 25일

지은이   이용우
발행인   김재홍
교정/교열   김혜린
디자인   박효은
마케팅   이연실

발행처   도서출판지식공감
등록번호   제2019-000164호
주소   서울특별시 영등포구 경인로82길 3-4 센터플러스 1117호 (문래동1가)
전화   02-3141-2700
팩스   02-322-3089
홈페이지   www.bookdaum.com
이메일   jisikwon@naver.com

가격   19,000원
ISBN   979-11-5622-945-2 03300